ALEX SAAB

Gerardo Reyes

ALEX SAAB

La verdad sobre el empresario que
se hizo multimillonario a la sombra
de Nicolás Maduro.

 Planeta

Obra editada en colaboración con Editorial Planeta – Colombia

© 2021, Gerardo Reyes

© 2021, Editorial Planeta Colombiana S. A. – Bogotá, Colombia

Derechos reservados

© 2021, Editorial Planeta Mexicana, S.A. de C.V.
Bajo el sello editorial PLANETA M.R.
Avenida Presidente Masarik núm. 111,
Piso 2, Polanco V Sección, Miguel Hidalgo
C.P. 11560, Ciudad de México
www.planetadelibros.com.mx

Primera edición impresa en Colombia: abril de 2021
ISBN: 978-958-42-9466-1

Primera edición impresa en México: mayo de 2021
ISBN: 978-607-07-7767-7

Impreso en los talleres de Operadora Quitresa, S.A. de C.V.
Prolongación Economistas #57, Colonia El Triunfo, C.P. 09430
Iztapalapa, Ciudad de México.
Impreso en México - *Printed in Mexico*

Índice

Prólogo

Los amigos de Alex Saab no se explican cómo un tipo tan común y corriente de aspiraciones modestas y sin ninguna pasión, aparte del amor por sus hijos, se convirtió en el chacal financiero de la revolución bolivariana. Cuando ocupaba la gerencia de la empresa de textiles de la familia en Barranquilla, su meta más apremiante era llegar al fin de mes con saldos suficientes en el banco para pagar la nómina. En esa época repartía su vida entre la fábrica y la atención personalizada de sus hijos que son su adoración. En una ciudad de personajes célebres, de gente ingeniosa y jaranera, Saab trabajó toda su juventud para ser un tipo intrascendente. "Ni fu ni fa", me dijo un amigo suyo. A las siete de la noche estaba en pijama, me contó otro. Pero un día que lo había perdido todo y lo perseguían los bancos y las tarjetas de crédito, la vida lo sacudió y se graduó de Forest Gump a la carrera. Sin proponérselo cambió de sentido el famoso proverbio del que fue por lana y salió trasquilado. Saab viajó trasquilado a Venezuela y regresó con lana, mucha lana. Para conseguirlo tuvo que correr solitario una maratón de lagarto de coctel hasta colarse en la presidencia a lo Forest. A los pocos años regresó a la ciudad que le volteó la espalda en avión privado y con una guapa esposa italiana con quien se instaló en el edificio de Shakira. El taimado comerciante de colita de caballo nadó entre las aguas tormentosas de la corrupción venezolana y el inservible embargo de Estados Unidos hasta llegar a un punto irreversible en el que la supervivencia del Estado venezolano dependía de sus improvisaciones furtivas.

La misión de Saab en Venezuela no se inspiró en el desprecio al imperialismo yanqui como podría pensarse al leer una de sus cartas desde la prisión de Cabo Verde en la que sueña con un nuevo Che Guevara. Ser de izquierda era parte del contrato. Su experiencia más cercana a la subversión fue haberle dado la mano a un alcalde socialista de Barranquilla. Lo más seguro es que escuchó a su padre libanés, defensor de la causa palestina, denigrar de los gringos a la hora del almuerzo. Pero hasta ahí llegó su militancia. Hasta el postre, porque su sueño era vivir en Miami.

Durante años los embargos económicos de Washington han engendrado toda clase de mercachifles paraestatales. Los países bloqueados tienen que sobrevivir y es imposible que el gobierno de Washington esté en capacidad de controlar todas las trampas disponibles para burlar su gendarmería en cualquier parte del mundo. Los hermanos Castro de Cuba tuvieron sus operarios, los mellizos De la Guardia y el general Arnaldo Ochoa que compraban de contado para la revolución desde carne Spam hasta automóviles. Venezuela contrató para lo mismo a los empresarios colombianos y pronto descubrió que eran más osados que los locales. Al momento de su aparición en la escena venezolana, Pulido había empezado una nueva vida. Tenía una identidad diferente a la del narcotraficante que triunfó hasta finales del siglo pasado. Cumplió una condena corta y decidió ser un hombre nuevo. Sus métodos para mover dinero, crear empresas de fachada y la logística minuciosa del negocio de la cocaína en Europa, están plasmados en el juego de escondites que los empresarios le plantearon al Tesoro de Estados Unidos. Un exanalista de inteligencia de Colombia que trabajó con el gobierno de Venezuela me comentó que Saab y Pulido supieron explotar además que los venezolanos son gente cándida, confiada, proclives a forjar amistades cálidas después de dos *whiskies*.

A excepción de unos banqueros que al final salieron libres, los corruptos de la Venezuela prechavista casi nunca fueron perseguidos por Estados Unidos. Al menos con la persistencia con que lo hizo el gobierno de Donald Trump. Al contrario, invertían libremente en Florida los dividendos de sus asaltos, como lo hicieron después los boliburgueses. De todos modos, no era tan conocidos. Saab ha sido más perseguido y vituperado que cualquiera de los banqueros de la Cuarta República que saquearon el sistema financiero de ese país. Para Estados Unidos él es el símbolo de la corrupción venezolana. Lo tienen captado en casi todas sus fechorías: Saab llevando oro en lingotes a Turquía, Saab de enlace con el Ayatolá Ali Jameni, Saab enviando leche falsa para niños hambrientos, Saab engañando a Cadivi, la fábrica oficial de las divisas fuertes, creando sociedades de fachada, retozando con su esposa modelo en Roma, en hoteles de lujo de París, entrando a bancos rusos. También influye en esa notoriedad que Saab se convirtió en la obsesión de Marshall Billingslea, un alto funcionario de Trump en el Tesoro de Estados Unidos que está convencido de que el comerciante colombiano es el testaferro de Maduro. Hasta ahora no se conocen pruebas contundentes en ese sentido.

Este libro es la historia de Saab desde su juventud en Colombia hasta el día de junio de 2020 en el que un oficial de Interpol detuvo en Cabo Verde su carrera de desafíos temerarios con una orden internacional de captura solicitada por Estados Unidos. Es una investigación que explica cómo el empresario y su socio llegaron a las cumbres borrascosas del poder en Venezuela para convertirse en los mercenarios logísticos de un gobierno en crisis permanente, desguazado y corrupto. La semblanza de Saab está basada en el testimonio de amigos y enemigos, fiscales, policías y funcionarios de América Latina y Estados Unidos y en centenares de documentos judiciales y corporativos con las huellas de su recorrido de diez años al servicio del gobierno de Venezuela y de su incontenible avaricia. Al final, en el líquido de revelado fueron apareciendo dos rostros diferentes de Saab en el tiempo: el modesto y taciturno comerciante barranquillero ahorrativo y buen padre de familia y el arrogante nuevo rico de la revolución bolivariana que pagaba propinas astronómicas en los restaurantes de París y que no tuvo escrúpulos en involucrar a sus hijos, esposas y familiares en negocios por los que podrían ser acusados penalmente.

Pero más allá de sus trampas denunciadas aquí y por colegas de varias partes del mundo, sin cuyo aporte sería imposible contar la historia, este libro es un esfuerzo por revelar los detalles perdidos de cómo Saab y Pulido salieron airosos de la persecución judicial de tres sistemas judiciales que fracasaron en sus esfuerzos por condenarlos. Falló el de Colombia, falló el de Ecuador y falló el de México. El de Venezuela ni hablar. Los empresarios pasaron de agache en medio de escándalos de procesos amañados y pagos de sobornos. Saab no ha sido condenado en ningún país del mundo.

En la vida de Saab hay dos personajes colombianos que son clave para entender sus logros: la exsenadora Piedad Córdoba y el abogado Abelardo de la Espriella, a quienes me refiero en varios capítulos del libro. Córdoba lo presentó ante el gobierno venezolano y el abogado lo mantuvo alejado de las cárceles con maniobras que quedaron en la impunidad. Pero ellos no son los únicos. Saab y Pulido no hubieran podido moverse alrededor del mundo en sus aviones ejecutivos, abrir cuentas bancarias, comprar propiedades suntuosas, crear compañías de fachada, sin la complacencia de testaferros, banqueros, firmas inmobiliarias y paraísos financieros en Estados Unidos, Colombia, Venezuela, México, España, Italia, Rusia, Turquía y Emiratos Árabes.

La historia de Saab tiene además un común denominador geográfico que jugó a mi favor como reportero basado en Miami. En esta ciudad y sus alrededores encontré las ramificaciones de casi todos los negocios en los que el empresario estuvo involucrado desde joven: aquí creó su primera compañía en Estados Unidos; aquí ocurrieron los hechos del presunto lavado de dinero de la corrupción del que se le acusa a él y a Pulido en una Corte Federal de la ciudad; aquí han vivido sus pilotos, sus socios, sus hijos y algunos de los proveedores de los alimentos de mala calidad que le vendían a Venezuela; aquí tienen mansiones algunos de los cadiveros que ayudaron a traficar con divisas, y los intermediarios que recibieron el dinero descongelado en Ecuador luego de una fallida investigación por lavado de activos. Y en esta ciudad funciona, además, una unidad de la Fiscalía Federal especializada en la corrupción de Venezuela en la que trabajan funcionarios que entienden la diferencia entre un boliburgués y un enchufado.

Quizás este libro no hubiera sido posible sin la colaboración involuntaria de Saab. Lo digo sin ironías. En 2017 De la Espriella y Richard Díaz, abogado en Estados Unidos, lo convencieron de demandarnos a Univisión y a mí en una corte de Miami a raíz de una publicación del perfil de los empresarios en las páginas de internet de Univisión. Durante por lo menos cuatro meses, antes de la publicación, le pedí a Díaz una entrevista con Saab. Siempre me dio una disculpa de Saab para postergarla. Finalmente, Díaz me respondió un cuestionario en nombre de su cliente. El caso fue sobreseído por un juzgado de Miami luego de que Díaz desistió de la demanda. En preparación para un eventual juicio avancé en la investigación de la vida y milagros de Saab. Viajé a Barranquilla, conocí su pasado y logré entrevistar a varias fuentes que lo conocieron en diferentes etapas de su vida. Algunas de las fuentes estaban dispuestas a declarar en su contra en un eventual juicio en Miami. A esas alturas, alrededor de 2018, la carpeta de Alex Saab de mi computador se empezó a llenar de la materia prima que constituye la base de esta biografía no definitiva del personaje.

Hice todos los esfuerzos para que Saab o sus abogados me dieran una entrevista para este libro. Ellos lo saben. En marzo de 2021 recibí una respuesta de la firma que maneja las relaciones públicas de Saab en Estados Unidos, Jo Marshall & Miranda Alcántara, en la que me informaron que "la agencia de España nos ha hecho saber que, de momento, no ofrecerán declaraciones para la publicación que está usted preparando". La decisión obedece, agregaron, a que el escritorio que dirige Baltasar Garzón en España –abogado de Saab– es a la vez, subalterno del bufete principal que está en Londres. "Garzón, no conoce en lo personal a Alex Saab, sino ejecuta las acciones estratégicas como despacho de defensa, por lo que hacer cualquier declaración podría no estar ajustada o no responder a sus necesidades periodísticas". Una semana después Garzón le concedió una entrevista a mi colega de Univisión, Patricia Janiot. Mis peticiones de entrevistas al canciller de Venezuela, Jorge Arreaza, y al exvicepresidente Jorge Rodríguez para conocer la versión del gobierno de ese país, no fueron respondidas.

CAPÍTULO 1

El abrazo

Los relojes de la sala situacional de la Cancillería ya habían marcado la medianoche, aunque en el horario invertido del alto gobierno de la República Bolivariana de Venezuela podrían ser como las diez de la mañana. El canciller Nicolás Maduro impartía órdenes en su despacho y recibía visitas mientras una mujer servía arepitas y jugo de papaya a quienes esperaban en la antesala del recinto. Entre ellos estaban el empresario colombiano Alex Naín Saab Morán junto con un asesor de la senadora colombiana Piedad Córdoba y el secretario personal del canciller, Williams Amaro.[1]

Corría la segunda semana de octubre de 2010. Córdoba había entrado primero a la oficina de Maduro. Lo estaba poniendo al día sobre su difícil situación en Colombia. Había llegado de Bogotá horas antes en el último vuelo de Avianca y a petición suya, Saab salió a recibirla. Un automóvil blindado del gobierno de Venezuela asignado a Córdoba lo llevó al aeropuerto de Maiquetía. Con un abrazo de solidaridad, el empresario de 38 años recibió a la senadora en el salón VIP. Córdoba había sido destituida dos semanas antes por la Procuraduría, por vínculos con las Farc, un golpe duro del que no paró de hablar en el camino de regreso a Caracas.

---

[1]   Descripción de una persona que estuvo presente y que pidió no ser identificada por razones de seguridad. Piedad Córdoba dijo que este testimonio es falso.

La camioneta blindada ingresó al estacionamiento del sótano de la Cancillería. Para mala suerte de Córdoba, que estaba afanada por llegar a su cita con Maduro, se le atravesó en el camino el asistente del canciller, Farahón Viera, empeñado en que conociera una 'bodega' de noticias que había montado recientemente. Tenía veinte computadores y pantallas para "combatir las matrices de opinión que los pitiyanquis querían imponer en contra del gobierno de Chávez".

Después del *tour* imprevisto, Córdoba y sus acompañantes esperaron hasta la una y media de la madrugada, cuando Maduro pidió que ingresara la senadora. Saab se quedó en la antesala, nervioso. Desde el salón de espera, los visitantes alcanzaron a escuchar a Córdoba quejándose con Maduro de las precarias condiciones de su seguridad personal. Creía que el presidente Álvaro Uribe quería matarla. La oyeron pedir automóviles blindados para ella y su hija. En un momento, Córdoba le dijo al ministro que le quería presentar al "palestino amigo". Saab saltó de su silla, ingresó a la sala y saludó reverencialmente al canciller. "A esta mujer hay que protegerla porque va a ser la próxima presidenta de Colombia", le dijo Maduro a Saab. El empresario colombiano celebró el augurio y recitó los grandes logros de la senadora en favor de los secuestrados, lamentándose de que pese a los sacrificios que había hecho por Colombia había gente que quería matarla. En presencia de Córdoba, Maduro llamó por teléfono a Tareck El Aissami, ministro del Poder Popular del Interior y Justicia, para que la recibiera. Antes de salir, Saab le pidió a Andrés Vásquez, asistente de Córdoba, que le tomara una foto con su BlackBerry junto a Maduro.

A los pocos días, el procedimiento se repitió con el joven dirigente de la revolución bolivariana El Aissami, hijo de un inmigrante sirio. Piedad entró primero a la oscura oficina de El Aissami, despotricó del gobierno de Santos y anunció que le quería presentar a un amigo palestino que estaba sufriendo por las demoras de Cadivi, el organismo encargado de administrar las divisas a los venezolanos. Dijo que trabajaba con ella como enlace con el empresariado progresista de Colombia. Saab, quien llevaba puesta una *hattah* –bufanda árabe–, ingresó a la oficina y rompió el hielo citando orgulloso su paisanaje con el ministro. Hablaron de causas comunes en español antes de pasar a un diálogo de unos quince minutos en "árabe", que terminó cuando ambos se fundieron emocionados en un abrazo.

Fue un abrazo de náufragos. A partir de ese momento, Alex Saab, un empresario quebrado, por quien nadie daba un peso en Barranquilla, empezó una laboriosa conquista de un gobierno manirroto –también a la deriva– que delegaba en amigos y extraños –sin evaluar experiencia ni responsabilidad– casi todas sus operaciones de supervivencia inmediata. Con su paciencia de buey, testarudo como nadie, y fustigado por su propia adoración por el dinero rápido, el empresario colombiano logró que la revolución bolivariana le confiara la alimentación de los venezolanos, la construcción de vivienda popular, la búsqueda de combustible y medicinas y la venta de lingotes de oro. También el lavado de dinero de la corrupción, según una acusación de Estados Unidos contra él y su socio Álvaro Pulido. A medida que se intensificaron las presiones comerciales de Washington y que otros operadores de origen venezolano fueron sancionados por el Departamento del Tesoro, la dependencia del gobierno con los empresarios colombianos se expandía. Las soluciones de Saab agregaron a esa relación un fuerte componente de osadía que no ofrecían los operadores venezolanos. "A Saab el riesgo lo invitaba a tomar más riesgo", me dijo un exdirigente petrolero de Venezuela. "Mientras más cerca sentía él que lo iban a agarrar, más estaba dispuesto a tomar riesgos. Era totalmente lo contrario a alguien que trata de desaparecerse". El celular del colombiano sonaba más que el de cualquier ministro apoltronado de la revolución. Si no había leche llamaban a Saab, si escaseaba la gasolina, le marcaban a Saab, si se necesitaba efectivo para elecciones también. "Faltó que lo llamaran para arreglar puentes caídos", recuerda un político de oposición venezolano. Saab y Pulido crearon el *dream team* del contraescape. Cada vez que Maduro estaba en un callejón sin salida, se presentaban con el croquis de un atajo.

19

El abrazo lo dejó multimillonario. Washington calcula que los dividendos que Saab obtuvo de los negocios que cerró con el aval del gobierno venezolano suman más de mil millones de dólares.

En 2017, la exfiscal de Venezuela, Luisa Ortega, fue la primera en denunciar que Saab y Pulido actuaban como "testaferros de Maduro". No hay por ahora una prueba definitiva de esa acusación. De lo que no hay dudas para la Fiscalía de Estados Unidos, es que desde que empezaron a defraudar al mercado cambiario venezolano en 2007, ninguna de sus actividades podría haber tenido éxito sin la colaboración remunerada de funcionarios venezolanos. Saab y Pulido contaron además con la complicidad de empresarios en Colombia, México, Ecuador, Panamá, Hong Kong y Turquía. En varios de sus cometidos aparecen huellas de abogados sin escrúpulos y de bancos de Estados Unidos que facilitaron sus operaciones sin pestañar. Pero quizás de todo lo que se les ha reprochado hay un ultraje que los venezolanos no superan: el envío de alimentos de mala calidad a precios inflados en medio de la hambruna del pueblo.

Alex Saab, el retraído empresario de 49 años, hijo de un inmigrante libanés antiyanqui que llegó a Barranquilla a finales de los años cincuenta con treinta dólares en el bolsillo, no ha aceptado una sola acusación en su contra. Desde la prisión en Cabo Verde escribe cartas de inocencia en las que denuncia torturas e injusticias. Estados Unidos odia el socialismo, dice, "porque si el pobre progresa lo puede explotar menos".

En su modelo de producción no parecen existir fronteras ideológicas. Saab unió las antípodas de la política. El dinero terminó cautivando a personajes de facciones adversas que depusieron sus armaduras ideológicas ante la fortuna obscena de la organización. Saab contó siempre con Córdoba, que simpatizaba con las guerrillas de las Farc, y en el otro extremo con su hablantinoso amigo, asesor y guía, el abogado de ultraderecha Abelardo de la Espriella. Ella fue la madrina de confirmación de Saab en la revolución bolivariana; él mantuvo alejados de las cárceles a Saab y su familia usando ardides que la justicia penal nunca se las cobró. De la Espriella logró incluso mantenerse incólume después de haber pedido la muerte del presidente Maduro. Entre tanto, Saab volaba sin escalas del capitalismo andino de Bogotá al socialismo bolivariano y pagaba abogados en Estados Unidos que exploraban un posible arreglo con el gobierno de ese país. Fiscales de Ecuador, Colombia y México, abrieron investigaciones de rigor contra los dos empresarios por lavado de dinero, pero todos los casos fracasaron en medio de escándalos de decisiones judiciales amañadas, acuerdos insólitos de inmunidad y corrupción comprobada. Estados Unidos también se sumó a la ofensiva con una acusación que se sacó de la manga bajo la presión del presidente Trump para mostrar resultados a sus votantes venezolanos. El 12 de junio de 2020, Saab fue detenido en Cabo Verde y pedido en extradición por una corte de Miami. Pulido, narcotraficante confeso, condenado en Italia en 1997, continúa prófugo en Venezuela bajo la asfixiante vigilancia de policías del régimen.

Antes de conocer a Maduro y a El Aissam, Saab llevaba varios meses esperando un encuentro con algún funcionario venezolano que solucionara su situación: desbloquear unos treinta millones de dólares que le debía Cadivi. Era tal su ansiedad que en 2009 se mudó a Caracas sin familia. En los primeros meses se instaló en una de las suites del Hotel Gran Meliá que el gobierno venezolano le pagaba a Córdoba. El presidente Hugo Chávez patrocinaba entonces el intercambio humanitario de secuestrados por guerrilleros de las Farc, para lo cual delegó a su amiga senadora. Como Córdoba viajaba con mucha frecuencia y las citas con el alto gobierno venezolano funcionaban sin agenda y en horarios insólitos, para Saab resultaba más práctico tenerla de vecina en el mismo piso que esperar su llamada en Barranquilla.

Saab no ocultaba que la estaba pasando muy mal. En un correo a un amigo suyo le contó que durante un vuelo de Caracas a Bogotá sacudido por fuertes turbulencias, un pasajero le preguntó si no tenía miedo de que se cayera el avión. "Le contesté que más me preocupaba llegar, jejeje", escribió Saab en el mensaje enviado el domingo 24 de octubre de 2010. A renglón seguido explicó la razón. "En el fondo es cierto, mañana es lunes y empiezan los proveedores a cobrar". Se excusaba de estar preguntando por los pagos de Cadivi un día domingo. "Por eso los molesto hoy con pena […] ¿tuvimos alguna noticia nueva? ¿Supieron si el BCV (Banco Central de Venezuela) le pasó la plata a Cadivi? Normalmente, cuando lo aprueban se la pasan casi siempre de una. Cuéntenme por favor, gracias, un abrazo, Alex".

En una amplia entrevista telefónica, Piedad Córdoba me dijo que la versión de que fue ella quien presentó a Saab con Maduro y El Aissami es absolutamente falsa, aunque reconoció que había intercedido por Saab y otros empresarios que esperaban los pagos atrasados de Cadivi. La exsenadora aseguró que no había cobrado ni un solo peso de comisión. "Si a mí me piden que yo ayude, yo ayudo. Pero a mí me da pena pedir comisión". "Yo ni le presenté a Nicolás ni se lo presenté a Chávez […] yo le voy a decir una cosa Gerardo […] yo nunca, nunca, nunca, jamás he ido a un ministerio con él […] Jamás le presenté a Maduro y es más, él [Maduro] antes me preguntó a mí que si yo lo conocía y que si era una persona de fiar. Y pues hasta donde yo sé, sí él es una gente muy rica de Barranquilla, le conté cómo lo había conocido. Soy la más sorprendida del poder de Alex porque yo no me imaginaba que había llegado a esos niveles". También negó rotundamente que Saab se hubiera hospedado en una de las habitaciones que el gobierno venezolano le asignó a ella en Caracas. "Yo jamás, jamás de los jamases, conocí dónde vivía Alex". Córdoba dijo que comprobó la importancia que había adquirido Saab dentro del gobierno de Maduro un día que le recomendó a su gran amiga la primera dama de Venezuela, Cilia Flores, a un conocido que quería comprar oro. "Eso todo lo maneja Alex", le dijo Flores, según Córdoba. "Me quedé de una pieza".

Durante la entrevista, Piedad empezó refiriéndose a Saab como una persona a quien escasamente conocía. "Yo no tengo ni jamás he tenido negocios con Alex para absolutamente nada", aseguró. Pero a medida que se enteraba de los documentos y testimonios en mi poder, la memoria de la exsenadora fue cediendo hasta admitir que intercedió por Saab ante Cadivi; que pasó una noche en su casa de París; que su esposa le había prestado la tarjeta de crédito para hacer compras en esa ciudad al día siguiente, pero que después le pagó lo debido; que viajó con el empresario a Cuba para convencerlo de que financiara la restauración del casco antiguo de La Habana; que Saab había financiado el viaje a unos muchachos del movimiento Marcha Patriótica, entre otras.[2] Confiaba tanto en Saab que cuando su hijo Camilo terminó la carrera de Economía lo envió a Caracas para que lo ayudara "en algo". Saab le cogió cariño a Camilo, según testimonios que obtuve, y estuvo siempre atento a sus quejas de patico feo de la familia. Ahora la senadora sostiene que desde entonces se decepcionó de Saab. "Camilo se cansó de suplicarle y Alex nunca le quiso ayudar […] Como me decía Camilo, gracias a dios que el tipo no me dio trabajo".

En Caracas, Saab mataba el tiempo en su habitación respondiendo correos en el computador sin despegarse de su BlackBerry. En las tardes bajaba al bar del *lobby* del hotel donde pasaba las horas tomando Red Bull y comiendo tequeños recién horneados. Con esa dieta vespertina y las cenas en el restaurante japonés cercano, ganó varios kilos. No hacía ni veía ningún deporte. Se vestía cada día con la pinta de siempre, jeans azules o negros con camisas blancas o negras de manga larga. En el zapatero tenía parqueada una colección de mocasines Gucci. Quienes lo conocieron en esa época dicen que era un tipo cordial de pocas palabras que soñaba con tener un avión propio y se reía como si se estuviera asfixiando.

---

[2]   Entrevista realizada el 8 de marzo de 2021.

CAPÍTULO 2

Palabra de honor

En una sala de interceptaciones de la Policía de Colombia en Bogotá, un patrullero investigador escuchaba atento la conversación telefónica entre un hermano de Alex Saab y una administradora de confianza del empresario en Barranquilla.[1] La joven resolvía las tareas domésticas más dispares de Saab y su familia, desde la limpieza de los filtros del *jacuzzi* hidromasaje de su mansión hasta el envío de generosas mesadas para su exesposa en París. A esa hora, 7:33 p. m. del 27 de junio de 2016, Karen Junco, además de las labores que demandaba su cargo, tenía que prestar atención a las tristes reminiscencias familiares que le contaba por celular Amir Luis, el hermano de Alex. Amir se quejaba de que hacía muchos años su papá había sido injustamente involucrado en un escándalo de unos auxilios enviados desde Colombia al Líbano, su país natal. De la síntesis desordenada de la llamada, escrita por el patrullero Eddie Pinto, se puede inferir que el padre de Alex Saab, Luis Amir Saab Rada, había despachado al Líbano artículos de primera necesidad, pero en los periódicos colombianos se publicó que estaba patrocinando la guerra. El policía escribió que Amir Luis defendió a su papá diciendo que "nunca enviaba armas para ya (sic) para la guerra"… "Que una vez envió un camión

---

[1]   Este relato está basado en los resúmenes que hizo el patrullero Eddie Pinto de las conversaciones telefónicas interceptadas por él como parte de la investigación a Alex Saab, su familia y colaboradores. Policía Judicial, 2015, consecutivo 186.

lleno de comida y a ese camión le pusieron una bandera de Colombia y lo acusaron de patrocinar la guerra en ese sitio, lo sacaron en todos los periódicos de Colombia", agregó el patrullero.

A través de la periodista colombiana Betty Peláez,[2] quien manejó las relaciones públicas de don Luis, como le dicen sus allegados al padre de Alex, le envié un cuestionario al señor pidiéndole precisión sobre este incidente y otras anécdotas. Peláez me dijo que guarda decenas de notas de entrevistas con la idea de escribir su biografía. Son historias que don Luis cuenta con agitación y que casi siempre remata con la expresión "palabra de honor". El padre de Alex respondió que fue víctima de una infamia del periódico que publicó el envío de armas a mediados de los noventa. Lo que ocurrió, dijo, es que ante las apremiantes necesidades de sus paisanos en el Líbano recogió entre sus amigos en Colombia ropas, zapatos y otros artículos no perecederos que en efecto cubrió con la bandera de Colombia y despachó en un contenedor. Por esa razón, comentó, fue "perseguido y atacado por la prensa diciendo que era el jefe de Septiembre Negro y que estaba enviando armas". Septiembre Negro fue una organización palestina terrorista que secuestró once atletas israelíes durante los Juegos Olímpicos de Múnich de 1972.

"Realmente yo no envié ningunas armas, yo lo que envié fue dinero, dinero para ayudar a los pobres, a los más necesitados. Yo cómo voy a patrocinar la guerra si salí huyendo por lo mismo. ¡Esos periodistas de mierda son unos brutos! Yo no gusto de periodistas, son unos hijos de… Hay muy pocas excepciones". Don Luis le explicó a la periodista que gracias a sus buenas relaciones con la Policía colombiana, "el general de turno quien le conocía ampliamente, lo apoyó desmintiendo lo escrito como falsas noticias". Aunque no

---

[2]   Betty Peláez me envió un recuento de la vida de Luis Saab en noviembre de 2020, basándose en respuestas que el empresario le dio a preguntas específicas del autor. También compartió los apuntes que ella había reunido en los años en que trabajó con don Luis.

encaja cronológicamente, don Luis vincula ese incidente con otro que ocurrió antes de que se formara Septiembre Negro. Él dice que en 1963 envió una donación desde Miami al presidente de Egipto, Gamal Abdel Nasser Hussein, en solidaridad con su pueblo por los bombardeos de Israel. Nasser le respondió con una carta de su puño y letra agradeciendo la donación, un gesto que marcó su vida. A raíz de la publicación del supuesto envío de armas, don Luis recuerda emocionado las expresiones de solidaridad de amigos de la comunidad libanesa, que le entregaron cheques en blanco para su defensa legal contra los medios.

No explica el patrullero en su informe de interceptación cómo se fueron entrelazando las historias de malquerencias que contaba el hermano de Alex Saab durante la llamada. Lo cierto es que la siguiente se sitúa en la Embajada de Estados Unidos en Bogotá, a donde el padre de los Saab se había presentado a sacar una visa. El cónsul que lo atendió, escribió Pinto, "le dijo que le daba la visa pero que se uniera con ellos" y para cumplir con esa condición "tenía que decirle quiénes eran sus paisanos que envían droga a Estados Unidos". Saab enfureció y le respondió al cónsul "que lo respetara, que él no sabe nada, que agradeciera que estaba en la casa del cónsul, que si estuviera en la calle lo mataba". El diplomático "se enojó y lo echó". A la semana siguiente, agrega el relato, el cónsul le envió la visa con un capitán de Avianca. En el año 2004, Saab padre solicitó la renovación de la visa y cuando llegó a retirarla, lo entrevistó un agente de la DEA. "Le dice que si enviaba droga, Luis dice que [los colombianos] hacen la droga y a los gringos les gusta la droga, y en ese momento le negaron la visa; que otro día fue con Amir, el hermano mayor de Alex y tuvo un altercado [en Panamá] porque los revisaron porque eran colombianos".

Consultado sobre la discusión con el cónsul, don Luis agregó nuevos detalles. Explicó que hizo los papeles para presentar una solicitud de renovación de visa con el fin de visitar a sus hermanos en Estados Unidos. En la entrevista todo iba bien hasta que el cónsul, "después de muchas y muchas preguntas", lo invitó a pasar a un espacio aparte para hablar con él en privado. El cónsul le preguntó que si estaba dispuesto a colaborar con la ley. Don Luis le contestó que claro, claro que sí. "Bueno, necesitamos que usted sea un informante, que nos mantenga al tanto de cualquier asunto sospechoso que suceda a su rededor, con sus amigos, todo, todo lo que sepa". Ahí sí que cambió todo. Luis, asombrado le respondió: "¿Y por qué yo? Si yo no vivo allá, solo voy de vacaciones a visitar a mis hermanos y me regreso a mi Colombia". El cónsul insistió y le dijo que en Maicao había muchos paisanos lavadores de dólares, que él podía suministrar sus nombres; si no aceptaba, le negaría la visa. Ante esta situación, Luis se puso de pie, lo miró a los ojos y le dijo: "¡Pues no me la dé! Y si ustedes saben dónde están, pues vayan y cójanlos ustedes. Yo no estoy para esto, y el cónsul le rayó su pasaporte". La periodista agregó que esta es una de las razones por la que se le considera antiamericano. "¡Mencionarme viajar a Estados Unidos es peor que mentarme la madre!", dijo.

El patrullero Pinto tenía la misión oficial de analizar las comunicaciones telefónicas de la familia Saab de Barranquilla. Buscaba indicios de lavado de activos, exportaciones ficticias y vínculos con Hezbollah, el partido político chiita islamista del Líbano que Estados Unidos mantiene en su lista de organizaciones terroristas, pero que muchos árabes consideran el único detente del sionismo en la región. La glorificación del partido es parte del repertorio de poesías y canciones compuestas por don Luis. "Arriba Hezbollah, milicia de valientes, libertadores que luchan contra el mal, que importa aviones, buques, tanques, frente a un pueblo convencido y cabal. ¡Palestina, la reina de oriente, maravilla para siempre tú serás, tú que vives y reinas en la mente, no se afligen, que pronto apsurala llegará!".

En la misma charla interceptada, el hermano de Alex le explicó a Junco que el Líbano está dividido en veintitrés 'tribus' (expresión usada por el patrullero en su síntesis) y que su familia pertenecía a la mejor porque "su ideal es la justicia y el amor". Según el relato, el padre de Saab vivía en aldeas en las que se hablaba árabe e inglés mientras que en otras usaban árabe y francés. "Él quería hablar inglés y cogió un burro para irse a la otra aldea para hablar inglés, pero antes escuchó a los de su aldea decir que los niños hagan una fila y a todos los compañeros del colegio los fusilaron".

En palabras de don Luis, este es el relato de esa tragedia que los consternó por el resto de su vida: "En ese mes de agosto era mes de higo, y yo veo siete u ocho niñitas, niñitos bajando ahí, con una canastica a la frontera, porque ellos no tenían del lado libanés árboles, pensaron que del lado palestino estaba abandonado, que no había nadie, entonces, podían traer un poco de higos. Yo cuando los vi dije mierda, los van a matar, palabra de honor, no alcanzaron a pisar… y tatata y venía una de las niñitas de siete u ocho años y de la pierna de ella, aquí fuiiiishhh… y la sangre hacia asiií… fuiiissshh; nunca jamás se me puede olvidar… sonaba. El mayor de los niñitos se paró y alzó la mano, tenía once años y llegó un hijo de puta y sacó un revólver y le pegó un tiro en la frente y el niño cuando cayó en el piso el hombre vio que nosotros estábamos del lado libanés y gritó ¡Ehhhh, salgan de aquí! Y bajó el mayor que era de nosotros de edad, y le dijo, vaya y encierre todo. Mi hermano le dijo, de pronto está vivo, de pronto está vivo y el judío le dijo yo no soy médico, a mí no me interesa. ¡Sácalo de aquí! Mi hermano lo tocó y vio que estaba muerto con el tiro en la frente y le dijo ¿por qué lo mataste? Es un niño palestino que bajó por un poquito de higo. Y que le contestó ¡hoy niño, mañana hombre! Y no diga Palestina, diga Israel si no quiere que le haga lo mismo. El niño fue levantado en brazos y lo trajo a unos cuantos metros de la frontera de este lado, mierda, y llegó la mamá y se tiró sobre ese niño. ¿Tú crees que eso se me puede olvidar a mí? Nunca se me va a olvidar. Si lo hubiera leído, tal vez, pero lo viví, lo vi".

Su nombre original no es Luis. Es Abdul Amir. De apellido Saab Rada. Don Luis se cambió el nombre apenas llegó a Barranquilla alrededor de 1956. A la dueña de la pensión donde pasó sus primeros meses le pareció muy exótico el nombre y el día que lo estaba registrando le dijo que se pusiera Luis. "Mira, ponte Luis que era el nombre de mi exnovio", y el joven de dieciocho años obedeció. Con ese nombre se hizo ciudadano colombiano. Había salido del Líbano porque sabía que podía terminar bajo el fuego del que fue testigo. Su carácter rebelde desde pequeño no ayudaba. Tampoco que sus amigos lo vieran como un líder. Ante su mirada impotente, desde la ventana de su casa fue testigo del escenario de muerte y destrucción de los ataques al Líbano. "Nunca jamás me olvidaré del volumen de gente que corría y corría. Mi casa en el Líbano se llenó por todos lados, en el patio, en la casa, no cabían. Llegaban a mi casa para buscar refugio, buscaban refugio para tener dónde dormir".

Al cumplir dieciocho empezó a estudiar los países sudamericanos y decidió que se iría a Colombia porque allí estaba todo por hacer. Su padre, Naín Saab, un próspero agricultor que sembraba tabaco, le dijo que estaba loco. "Qué allá no tenía a nadie, no conocía a nadie, que lo mejor era que se fuera para Estados Unidos donde estaba su hermano mayor y que él le podría ayudar". Naín, el abuelo de Alex Saab, conocía las penas y los triunfos del inmigrante. Según la leyenda familiar, había viajado a los catorce años a Estados Unidos. A la edad de trabajar se enroló en la fábrica de vehículos Ford en Michigan. Posiblemente se estableció en Detroit o Dearborn, la zona con el mayor número de inmigrantes árabes en Estados Unidos, la mayoría musulmanes chiitas. Entre la década del cuarenta, gran parte de la fuerza laboral de la fábrica estaba compuesta por inmigrantes árabes. Su fundador, Henry Ford, prefería contratar trabajadores del Medio Oriente que afroamericanos, lo que siempre le reprocharon los líderes negros.

Llegada a Colombia

Cuenta don Luis que un mediodía que su padre estaba orando sobre una estera en uno de los corredores de la fábrica, un ejecutivo se detuvo a observarlo absorto por su devoción y lo invitó a su oficina para que terminara allí el salat. Al llegar al despacho del ejecutivo se enteró de que era Henry Ford. El magnate le tomó aprecio y lo nombró jefe de producción, según la historia familiar. La anécdota del padre y su relación con Ford, contada por don Luis, no llegó a las biografías más conocidas del personaje de la industria automotriz.

Don Luis recuerda que se plantó ante su padre y le insistió: "No iré a Estados Unidos, iré a Colombia". Su papá le respondió: "Te veré regresar con el rabo entre las piernas, humillado y avergonzado. Lo único que te puedo dar son cincuenta dólares, tu verás cómo vas y cómo regresas". Me cuenta Peláez que con esa frase Abdul dio por entendido que había conseguido el permiso y se acercó a su abuela y demás familiares y "les pidió la bendición prometiendo que regresaría, pero no avergonzado, sino a buscarlos". Sus cuatro hermanos terminaron trabajando en Estados Unidos, Ali, el mayor; Mohamed, Hassan, ya fallecidos; y Youseff, el menor que murió en 2020.

Con los cincuenta dólares en el bolsillo y en compañía de un primo y cinco amigos que contaban con el permiso de sus padres porque confiaban en el joven líder, "si Abdul va, ustedes también van", tomó un buque que recaló en un puerto venezolano después de veintisiete días de travesía. Uno de sus compañeros de viaje trató de convencerlo de quedarse en Venezuela, pero el joven insistió en su destino: Cartagena. "Sin saber hablar ni una palabra de español, buscando y buscando, se encontraron con paisanos que le brindaron información y hospedaje advirtiéndole, «No te quedes en Cartagena, vete a Barranquilla, allá es donde se mueve el comercio»", relata Peláez. Solo le quedaban treinta dólares. Tomó un camión de carga a Barranquilla donde se hacinó con sus acompañantes en una estrecha habitación de una pensión. Un paisano le enseñó palabras básicas y de combate. Las vulgaridades las aprendieron en las calles de Barranquilla. Aunque a veces eran involuntarias. Se comía la "n" cuando le decía "apunta" a la casera, y ella le reclamaba porque no era ninguna puta. Un paisano le dio en consignación unas telas que empezó a vender a señas por los barrios y garabateando en papelitos los números recién aprendidos. Uno de los primos que lo acompañó en la travesía se enfermó de una pierna y le rogó que volvieran al Líbano. Luis se negó. Por esos días se presentó una oportunidad que le dio el impulso definitivo a su carrera de comerciante: con su primo reemplazaron a dos empleados enfermos del almacén de telas Pica-Pica. Uno de ellos se hizo cargo de la caja y el otro de las ventas callejeras. "Pasado un tiempo le compran por veinte mil pesos el almacén al paisano pagándolo por cuotas. Tiempo después su primo decide venderle su parte a Luis para viajar a los Estados Unidos donde años más tarde muere. Luis siguió comprando uno y otros más almacenes ampliando la cadena de negocios", le relató a Peláez.

A fuerza de negociar telas con las mujeres aprendió a ganarse su compasión con el cuento del inmigrante solitario en busca de afecto, separado de su familia y su país por varios mares. La fórmula dio resultado, según dicen. "¿Qué tiene Luis que siendo el más feo las mujeres lo persiguen?", se preguntaba un amigo. Se casó con Rosa Morán Aguacha, de familia palestina, pero nacida en la ciudad en 1940. Con ella tuvo a sus hijos Katya, Amir Luis, Alex Naín y Luis Alberto. Y con ella montó una pequeña fábrica de jeans. Él se encargaba de hacer los cortes y ella de coserlos. A los treinta años regresó a su pueblo. Sus abuelos habían fallecido y varios de sus amigos habían caído muertos en las guerras sin fin del país.

"¡Abdul!, ¡Abdul, volviste…! ¡Inshallah! (aleluya)", le dijo un profesor del colegio que había mandado a llamar junto con otro a quien recordaba. "La gente colombiana es la mejor del mundo", le contó de inmediato. Don Luis tiene un gran aprecio por Colombia. Ha compuesto poemas y canciones que exaltan las virtudes de la gente y su geografía. En una entrevista con el periodista de Barranquilla, Sergio García[3] le preguntó al reportero: "¿Usted sabe cuántos ríos tiene Colombia?". García no lo sabía. "¡Mil doscientos ríos!", exclamó don Luis. "¿Usted sabe la riqueza que eso produce en la tierra?".

---

[3]   "Le pido a Dios que se haga justicia": padre de Alex Saab. Impacto News, noviembre 22, 2020, archivo digital.

Don Luis relata que montó una pequeña fábrica de toallas con treinta operarias en una casa pequeña bajo el nombre de Textiles Saab. "Al cabo de un tiempo después compraron una manzana completa llegando a tener tres mil operarios en turnos de día y de noche, despachando lencería al mundo entero", me contó Peláez. Exportaban a Estados Unidos, Canadá y México. Textiles Saab se transformó en un símbolo industrial de Barranquilla. Parte del éxito se lo debía a la confección de las toallas con los símbolos y colores del Junior de Barranquilla, el venerado equipo de fútbol de la ciudad. Después agregaron los motivos de otros clubes. Desde Cabo Verde, donde está preso Alex Saab, resumió estos años diciendo que el éxito de la familia Saab se debe a la suma del duro trabajo de sus padres y después "a los esfuerzos de mis hermanos y yo que decidimos emprender nuestros propios caminos en los negocios". Alex inicialmente creó Shatex y Jadi, y su hermano Amir la empresa Saafartex. La política de apertura económica del presidente liberal César Gaviria –1990-1994– inundó al país de textiles chinos a precios con los que la industria nacional no podía competir. Varias veces los amigos escucharon decir al viejo Saab que Gaviria mató la industria textil colombiana. Su fábrica quebró.

En la familia Saab se mezclan los dogmas raizales de la religión cristiano-musulmana y el credo de los Testigos de Jehová, la denominación fundada por un pastor estadounidense que dejó su trabajo en la mercería de su padre para promover el regreso al cristianismo primitivo. La madre de Saab y su hermana son activas seguidoras de ese culto. "Nosotros somos cristianos, musulmanes y Testigos de Jehová. Alex y todos mis hijos, desde niños asistieron con su madre al Salón del Reino", le explicó don Luis al periodista García. La madre de Saab, con una salud muy frágil, no sabe que su hijo está preso. Cuando pregunta por Alex le dicen que no puede viajar por la pandemia y cada vez que los noticieros de televisión anuncian un informe del hijo, alguien cambia el canal.

Policía cívico

Al padre de Alex Saab se le conoce en Barranquilla por haber sido el director casi vitalicio de la Policía Cívica de Mayores. Tiene en gran estima la institución porque nunca olvidará que la primera persona que lo ayudó a su arribo a Colombia fue un policía, como se lo ha contado a los comandantes metropolitanos que han pasado por la ciudad en los últimos veinticinco años. Andaba con poco dinero, solo con un edredón al hombro para la venta y el estómago vacío, cuando el agente le dio de comer. "Eso no lo puede olvidar", me comentó el general de la Policía Gonzalo Ricardo Londoño Portela,[4] que lo conoció en 2016 cuando ocupaba la comandancia de la Policía Metropolitana de Barranquilla. "Don Luis compuso el himno de la Policía Cívica y expresaba constantemente su amor por Colombia, era como poeta, decía ustedes los colombianos lo tienen todo en este país".

Algunos barranquilleros me expresaron su extrañeza de que altos oficiales de la Policía continuaran como si nada departiendo con el padre de Saab después de que se conocieron públicamente las andanzas de su hijo. Las investigaciones estaban a cargo justamente de la Policía Judicial. La galería de fotos de la página de Facebook de la Policía Cívica[5] de la ciudad está colmada de imágenes de altos oficiales al lado de Luis Saab en celebraciones, homenajes, brigadas de salud y alimentación. Las fotos van desde 2015 hasta principios de 2019. Como anoté anteriormente, las primeras interceptaciones de la Policía a los Saab se dieron a principios de junio de 2016. Justo un año después, con motivo de un homenaje al padre de Alex en Barranquilla por sus veinticinco años de vinculación a la institución, asistieron a la celebración altos oficiales de la Policía, incluyendo a Londoño, el entonces comandante de la Metropolitana. Al fondo de una de las fotos de los oficiales invitados se puede ver a Alex Saab. Las relaciones

---

[4]   Entrevista telefónica, octubre 18 de 2020.
[5]   https://www.facebook.com/policia.civica.de.barranquilla/.

sociales continuaron pese a que en agosto de 2017 la fiscal de Venezuela denunció a Saab y a Pulido como los testaferros de Maduro. En Colombia, Saab ya era investigado por cargos de lavado de dinero, estafa y sospechas de conexiones con Hezbollah.

El general Londoño me explicó que cuando llegaba un nuevo comandante metropolitano a Barranquilla, don Luis Saab era "como parte del inventario" de la Policía regional, admirado por su energía y capacidad de convocatoria en la organización de eventos para la gente más necesitada. El Ejército, agregó, le hacía guiños para que trabajara con ellos también en esas actividades. Londoño me dijo que al menos en su tiempo él no veía un conflicto de intereses en esa relación institucional. "Nunca hablaba de sus hijos y los eventos eran públicos". Durante el periodo que Londoño estuvo al frente de la Metropolitana de Barranquilla, de enero de 2016 a febrero de 2017, los teléfonos de la familia Saab ya habían sido interceptados por la Dijín, la institución de la que fue director a partir de enero de 2019. Londoño comentó que durante su paso por Barranquilla no sabía de la investigación y que por cuestiones de confidencialidad muchas veces es mejor que ese tipo de información no se comparta. En la foto más reciente de la galería, abril de 2019, aparece el brigadier general Mariano Botero Coy, comandante de la región de la Costa, tomando juramento al padre de Saab para un nuevo periodo como director de la Policía Cívica. El general en retiro Juan Carlos Buitrago, quien investigó la organización de Alex Saab, cree que su padre es ajeno a sus actividades. Según Buitrago, es un "líder social destacado, distanciado de los negocios ilícitos de su hijo. Fue condecorado no solo por la Policía, el Ejército y el Congreso, también por gremios reconocidos del Atlántico".

En junio de 2020, el empresario octogenario recibió un comunicado de la Policía separándolo de su cargo. Para él fue demoledor porque como se lo dijo a García, había dedicado veintiocho años de su vida a la institución. Cuenta el reportero que el 10 de junio de 2020, "a través de un frío comunicado", don Luis Saab fue notificado de una resolución de la Unidad de Seguridad Ciudadana de la Policía

Nacional destituyéndolo. Dos días después, su hijo Alex fue capturado en Cabo Verde. Tras la detención, don Luis recibió una llamada de Maduro. "El presidente Maduro me llamó para tranquilizarme, me dijo que con su cuerpo diplomático están ayudando a mi hijo. No nos han dejado solos, han demostrado lealtad", le dijo don Luis a García para luego hacer una cerrada defensa del mandatario venezolano. "Cuando uno crece, empiezan a atacarlo, siempre le tiran piedras a los árboles con frutos. Sabía que la labor de Alex no iba a ser fácil, y quiero que sepa algo, ahora soy promadurista".

¿Si es tan buen líder Nicolás Maduro, por qué hay tanto desabastecimiento y problemas económicos en Venezuela?, le preguntó García. "Pienso que allí se cometió un error, en vez de enseñarles a pescar les regalaron los pescados. Los venezolanos se acostumbraron a recibir todo".

Entre sus conocidos, Luis Saab, según palabras de un amigo de la comunidad libanesa, tiene fama de ser "un tipo bonachón que no se aguanta a los Estados Unidos". En las fiestas le gusta recitar de memoria los extensos poemas del escritor libanés Khalil Gibran. Uno de esos poemas habla de los hijos que "aunque estén contigo, no te pertenecen. Puedes darles tu amor, pero no tus pensamientos, pues ellos tienen sus propios pensamientos. Puedes abrigar sus cuerpos, pero no sus almas, porque ellos viven en la casa del mañana, que no puedes visitar, ni siquiera en sueños". Una amiga de la familia me comentó: "El viejo Saab debe de estar sufriendo mucho. Sus hijos eran pelaos normales, no eran problemáticos ni se metían en peleas o andaban armados. Lo que no sé es en qué momento Alex se voló la escuadra".

CAPÍTULO 3

Ni fu ni fa

Alex Saab Morán nació en Barranquilla el 21 de diciembre de 1971. Vivió su infancia y juventud en esta ciudad, que al igual que otras del país azotada por el narcotráfico, tenía una cara de mostrar y otra para el disimulo. Del lado orgulloso, las chimeneas de cervecerías tradicionales humeando noche y día, el sonido cacofónico de las fábricas de textiles de "los turcos" y la algarabía de etiqueta de clubes sociales de primera categoría. Del lado oscuro, las balaceras entre clanes de indígenas guajiros por el control de la marihuana, las mansiones ostentosas de los narcos, sus hoteles, fincas, automóviles de lujo y las parrandas de Old Parr *all you can drink.*[1]

Los jóvenes se movían en esos dos mundos sin complicarse. Hijos e hijas de traquetos y de empresarios millonarios del Country Club socializaban en las rumbas sabatinas de la discoteca Lime Light o en los recreos de los colegios privados. Barranquilla no sufría como otras ciudades del país la atroz oleada de violencia de los narcotraficantes de esos tiempos contra la población civil o la Policía. La persecución policial de los narcos parecía cosa de cachacos (gente del interior). Los bloques de búsqueda daban golpes certeros en Medellín y Cali, pero en Barranquilla los narcos no tenían a quien temerle. Aun así, la fragilidad de la frontera entre el trasiego de drogas y los

---

[1]   Este capítulo sobre la vida de Alex Saab está basado en entrevistas con una docena de personas que lo conocieron en su juventud y madurez.

negocios tradicionales quedaba expuesta cada vez que la sociedad barranquillera se enteraba en clave de murmullo que un respetado empresario de la ciudad había sido acusado en Miami por narcotráfico o lavado de dinero. Rumores ciertos que pocas veces se convertían en noticias de la prensa local.

En esa Barranquilla creció Alex Saab. Estudió primaria y bachillerato en el Colegio Alemán, fundado en 1912 por inmigrantes alemanes. Estaba situado en el barrio Riomar en medio de un hervidero de hormonas; al frente el Liceo Cervantes, muy cerca La Enseñanza, donde Shakira estudiaba primaria; a pocas cuadras el Saint Mary School y el Nuestra Señora de Lourdes. El alemán, como pocos en la ciudad, era mixto y no requería uniforme. Promovía la libertad individual y el libre pensamiento. Tampoco imponía código de vestimenta ni cortes de pelo. De las pocas cosas expresamente prohibidas estaba perseguir a las iguanas que retozaban en sus patios. Justamente una iguana con colores de la bandera alemana es el símbolo del colegio y el nombre de la publicación de las actividades estudiantiles. No todas las clases se impartían en alemán. Solo dos horas al día.

Una estudiante del colegio a quien le gustaba Saab lo recuerda como un "pelado medio chacho" (guapetón), simpático, muy consciente de su éxito con las estudiantes de secundaria. Se vestía con lo último de la moda casual, camisas de manga corta a las que le hacía dobladillo en el borde, y generalmente jeans holgados de Ocean Pacific. "Llevaba un corte de paje. Era atractivo sin ser buen mozo, tenía unos ojos árabes penetrantes y lo más importante es que era audaz, perseverante, no se rendía ante el primer rechazo de un beso", explicó la exalumna a quien Saab terminó besando.

Llegaba al colegio con su hermano Amir en un automóvil con vidrios polarizados que estaban de moda, lo cual les daba a ambos otra ventaja entre las peladas. Tener carro en bachillerato era un privilegio, explicable en el caso de los Saab por ser los hijos ricos del dueño de la próspera fábrica de Textiles Saab. El aviso del gran galpón de la fábrica no se lo podía perder el visitante al salir del

Aeropuerto Ernesto Cortissoz. Ahí sobresalía la enorme sede del negocio de producción de confecciones y toallas que fundó su padre.

A Saab no se le conocía en el colegio ni entre sus amigos por su afición a la lectura o por algún *hobby* en especial, ni se destacó en ningún deporte. Opciones no le faltaron. El Colegio Alemán se conoce por la promoción de la cultura, la educación física y la música clásica. Tiene una orquesta filarmónica juvenil que interpreta los éxitos de Joe Arroyo con violines, vientos de madera, metal y percusión.

La constancia para conquistar mujeres parecía costumbre familiar. En uno de los intercambios de colegios alemanes del país que se celebró en Barranquilla, Amir, el hermano de Alex, se enamoró de una muchacha de Medellín. Ambos persiguieron el autobús en el que la joven regresaba a su ciudad. En el trayecto Amir le gritaba como loco desde la ventana, "Paty te amo, Paty te amo". Luego la visitó en Medellín, y a pesar de que el muchacho tenía solo dieciocho años, le propuso matrimonio. Ella se asustó y lo despidió, recordó una exalumna del colegio. Amir se casó después con una muchacha de Barranquilla que había tenido un hijo siendo adolescente.

Un amigo suyo me contó que Saab en algún momento al final del bachillerato o recién graduado, pasó una temporada con su hermano en Alemania donde se contagió del espíritu libertario de la juventud del país recién integrado y "que allá se volvió extrovertido y se dejó crecer el pelo, o sea que él allá se sentía libre". En Alemania los hermanos se enteraron de nuevas tecnologías de la industria textil que pusieron en práctica en la fábrica de toallas de su papá. "Llegaron a innovar la fábrica con unas máquinas traídas de Alemania, mucho más veloces", agregó la fuente. Todo esto para enfrentar la feroz competencia de Industrias Cannon, otra fábrica textil de Barranquilla de proyección internacional.

La década del ochenta fue terrible para los colombianos. La violencia del narcotráfico y la guerrilla causó estragos de los que aún hoy el país no se recupera. Los desastres naturales también se unieron a la racha. El asalto al Palacio de Justicia, la avalancha de

Armero, la voladura del avión de Avianca, el terremoto de Popayán, masacres del paramilitarismo a civiles inocentes, ataques sanguinarios de la guerrilla, el asesinato de candidatos presidenciales, periodistas, magistrados y activistas de izquierda, son parte de ese almanaque fatal.

"¿Cree usted que los próximos diez años van a ser mejores o peores que los que acaban de pasar?", preguntaba una encuesta de la revista *Semana* en diciembre de 1989. Un 60,2 % respondió que serían peores. La cifra contrastaba con las buenas notas que le dieron a su felicidad los miles de encuestados. Los estratos medios la calificaron con cuatro sobre cinco y en los niveles sociales de menores ingresos con un 3,8. La Iglesia, las Fuerzas Armadas y los medios de comunicación encabezaban las instituciones en las que más confiaban los colombianos; un 70 % se oponía a la legalización de las drogas, pero un 64,3 apoyaba perdonar a los narcotraficantes si se retiraban del negocio. Consideraban que el premio Nobel Gabriel García Márquez era el colombiano más importante de la década, seguido por el político Luis Carlos Galán y el científico Manuel Elkin Patarroyo. En el deporte ganaba en popularidad el ciclista Lucho Herrera, a una buena distancia del arquero de la selección René Higuita y del delantero Carlos "el Pibe" Valderrama.

Saab se matriculó en la Facultad de Administración de Empresas de la Universidad del Norte, en Barranquilla, la preferida de los jóvenes acomodados de la sociedad que no querían estudiar en el exterior. "Un pelado bollón [engreído], bien parado, de buena posición y las peladitas de esa época se derretían por él", comentó un egresado de la universidad que lo conoció. "Era básicamente un recochero, un tipo buena gente, de una familia decente", agregó un excompañero de grupo. "No era ni fu ni fa. Era un rebuscador, eso es lo que le gustaba, era el negocio, no el estudio. Buena gente. No se metía con nadie".

Para entender la cultura de la juventud local de la época no hay que perder de vista que durante generaciones la sociedad barranquillera ha profesado un profundo y extraño afecto por Miami. En la época que nos ocupa, años ochenta, muchos de los jóvenes de la clase alta de Barranquilla visitaban con más frecuencia el Bal Harbor Shops de Miami que Unicentro de Bogotá. Saab también tenía a Miami en sus planes a mediano plazo. Cuando estudiaba Administración de Empresas se enamoró perdidamente de una atractiva estudiante de Derecho, "una pelada que resaltaba también mucho por su figura y porte, también del mismo círculo social y por ese entonces hija del alcalde de la ciudad", según el exalumno de la universidad que también la conoció. Se refiere a Cynthia Eugenia Certain Ospina, la hija del arquitecto Gustavo Emilio Certain Duncan, que en efecto fue alcalde de Barranquilla de 1989 a 1990, respaldado por una coalición de caciques locales entre quienes se encontraban Jorge Gerlein y José Name Terán, los amos políticos del departamento. Cindy, como le dicen sus amigos, estudió en los mejores colegios de la ciudad, el Mary Mount y el Karl Parrish. "Es una familia muy culta, muy educada, muy decente", señala un amigo de los Certain.

La joven no ocultaba la fortuna familiar. Llegaba al colegio en un Mercedes Benz que le había regalado su papá el día de sus quince adornado con un moño gigantesco sobre el techo. Durante su juventud se había aficionado a la cultura árabe y casi todos sus pretendientes fueron 'turcos', como se les llama erróneamente en el Caribe a las familias inmigrantes del Líbano, Siria y Palestina. El error del gentilicio es además injusto pues muchos de los árabes salían de sus países huyendo del imperio turco. "La expresión turcos, de todos modos, no tenía una intención peyorativa, sino que obedecía a una realidad muy simple: los recién llegados eran parte del imperio otomano, y su único documento era su pasaporte turco", explicó Roberto Llano Rodado, quien fue corresponsal de *El Tiempo* en Barranquilla.[2]

Después de cuatro años de noviazgo, Cynthia y Alex se casaron. Fue una boda espectacular en el Country Club aunque precedida del

---

[2] "Más de un siglo de árabes en el trópico", Roberto Llanos Rodado, 18 de noviembre de 2004, *El Tiempo* edición digital.

concierto de chismes de parroquianos que pensaban que los novios tenían religiones incompatibles. A Cynthia no le importó porque estaba encantada con la cultura árabe y enamorada del más "bollo" de los hermanos Saab. La pareja abandonó sus estudios cuando él no había terminado el tercer año de Administración de Empresas.

El sueño incumplido

Alex soñaba con ser un magnate en Miami. En julio de 1995 registró en Florida la firma Saab Company Inc.[3] con la idea de abrir el mercado internacional de la fábrica de toallas de la familia. Montó oficina en Brickell, el distrito financiero de Miami, planeaba constituir otra firma en Nueva York y contrató a un abogado para tramitar su visa de inversionista mientras usaba la de turismo. La pareja se estableció temporalmente en una casa del barrio Kendall, al suroeste de Miami, que el padre y la madre de Cindy, Juliana Isabel, habían comprado en 1981.[4] Cynthia estudiaba idiomas en el Miami Dade Community College.

Todo andaba sobre ruedas hasta que los planes se descarrilaron repentinamente en 1997, cuando Saab se presentó a renovar el visado de turista en el consulado de Bogotá. La embajada anuló las visas de él y su esposa sin dar explicaciones. A los pocos días el matrimonio recibió una carta informando que el visado había sido cancelado por sospechas de narcotráfico y lavado de dinero. Fue un golpe muy duro para Saab y toda su familia. Días antes, en Barranquilla corría una versión que parecía explicar la decisión de la embajada: la Policía había encontrado cocaína en unas cajas de toallas de la empresa de los Saab cuando iban a ser enviadas al exterior. "El cuento se regó por toda Barranquilla", recuerda una chismosa de la ciudad.

---

[3]   División de Corporaciones de Florida, Saab Company Inc, constituida el 21 de julio de 1995, inactiva desde el 23 agosto de 1996. Director: Alex Saab.

[4]   Miami-Dade Clerk of the Courts, base de datos de escrituras de propiedades en el condado de Miami-Dade.

En 2018, después de una larga búsqueda, encontré a Richard Hawkins, el cónsul que firmó la carta de anulación de la visa de Alex Saab. Lo llamé a su casa en Nuevo México donde disfruta plácidamente del retiro.[5] Con voz de locutor, el exdiplomático de 75 años no me dejó terminar la descripción del episodio de las toallas para decirme que lo recordaba porque había sido el encargado del "portafolio de narcotráfico" en Colombia entre 1996 y 1998. No tenía presente cómo se había enterado del incidente con las cajas de exportación, pero me dio un detalle desconocido: que la cocaína había sido esparcida sobre las toallas en forma de solución líquida. Un hombre, quizás Alex Saab, que se presentó para dar explicaciones, le dijo al cónsul que todo había sido una confusión, un malentendido, pero Hawkins se mantuvo en la decisión, me dijo. La esposa de Saab intentó de nuevo, según otra fuente, pero el funcionario que la atendió le puso como condición que entregara información sobre el caso. Certain no tenía nada que ofrecer.

Saab no pudo volver a Estados Unidos. En marzo de 2016, casi veinte años después del incidente, la embajada estadounidense en Colombia rechazó una solicitud de visa a dos de sus tres hijos. En el formulario de reprobación el cónsul señaló una disposición que justifica la decisión si el solicitante "obtuvo un beneficio financiero o de otro tipo proveniente de actividad ilícita" y sabía que tal beneficio no era legal.

Don Luis Saab, el padre de Alex, me envió su versión a través de la periodista Betty Peláez. Él cree que este episodio no tuvo nada que ver con el retiro de la visa de su hijo, aunque acepta que ocurrió. Según su versión, en Puerto Colombia estaban listos unos contenedores con la lencería para exportación, pero alguien les plantó unos cuantos kilos de droga "para dañarles el negocio y la reputación". "La envidia por ser trabajadores y prósperos era cada vez más grande y este fue uno de varios intentos de sacarlos del mercado. La Policía

---

[5]   Entrevista telefónica realizada el 15 de julio de 2018.

ya lo conocía y le avisaron lo que estaba sucediendo, dándose cuenta de que eso fue todo un complot para sacarlos del camino". Por otras fuentes me enteré de que los Saab comentaban con sus amigos que la droga fue sembrada en el cargamento por una familia judía con quien el padre de Saab mantenía una agria relación. "Ellos fueron y les dijeron a los gringos, mira esta gente está haciendo esto", recordó una persona directamente conocedora del episodio. "Desde antes la relación de los judíos con el papá de Alex era muy mala, un día se iban a dar tiros", agregó.

Ninguno de los Saab fue acusado judicialmente por el caso de las toallas.

Sin título académico, con el primogénito recién nacido, Saab montó una modesta empresa de venta de publicidad que fabricaba llaveros de promoción empresarial. A mediados de 2002, constituyó Jacadí de Colombia Limitada[6] con la que empezó a confeccionar uniformes de trabajo, camisetas estampadas y ropa de vestir. Entre sus clientes estaban los supermercados Vivero y las estaciones Esso, y existen registros de exportación de sus productos. Saab sostiene que su exitoso espíritu empresarial comenzó desde adolescente.

"A los 18 años creé mi propia marca de ropa y tras cumplir los 20 dejé un negocio familiar que contaba con 2.000 trabajadores directos y 10.000 indirectos", escribió desde Cabo Verde.[7] Según él, la empresa producía más de doce millones de prendas al año y exportaba a veinte países. De ser cierto, un éxito empresarial de esta magnitud en solo dos años de existencia de la compañía, no tendría antecedentes en Colombia. Un comerciante que tenía una casa de cambio en la ciudad me dio una descripción menos boyante. "Es cierto que Saab y sus hermanos eran muy buenos trabajadores, para qué, y Alex era un tipo

---

[6]   Registro Cámara de Comercio de Colombia. Fecha de matrícula: 16/01/2003. En liquidación. Último gerente: Gastón Urueta Ariza. Reemplazó a Julio César Ruiz Maestre quien renunció en enero de 2012.
[7]   Noticias Aldía, 10 de agosto de 2020. Edición digital.

muy buena persona, pero a veces yo tenía que hacerle adelantos para que pagaran la nómina".

Otra fuente de la época recordó que varias veces los Saab tenían que "correr bases" cuando se acercaba el pago del personal. En una ocasión, agregó, tuvieron que acudir a un extraño vendedor ambulante que se apostaba a la entrada de la fábrica. El hombre, además de vender chicles, cigarrillos al menudeo y galguerías, prestaba dinero a los empleados alcanzados con intereses de agiotista. La fuente recuerda que cuando Alex Saab le pidió que llevara a la oficina al vendedor, pensaba que estaba bromeando en medio de su afán por cumplir con los obreros.

"Pero era verdad, me decía que sí, que era en serio, y fui y llamé al hombre y negociaron".

En esos años Saab y Certain vivían en el edificio Bellagio de Barranquilla, una construcción de veinticuatro pisos en una zona de estrato cinco y seis. Para los estándares de la ciudad, llevaban una vida social poco agitada. "Ambos tenían una personalidad reservada, no eran muy sociables y su hogar era muy hermético. Ellos no eran de los que estaban en fiestas", comentó una amiga de juventud de la pareja.

La rutina de Saab entonces no tenía sobresaltos: salía en su BMW negro a las cinco de la mañana de su casa a su fábrica, luego regresaba a llevar a los niños al colegio. Su segundo hijo Isham Ali nació en 1999. Después se iba a trabajar a la fábrica del padre y a la una y media recogía a los niños. Decía que no había un momento más "invaluable" del día que la conversación con sus hijos en esos recorridos. "A las seis de la tarde ya tenía la pijama puesta, no le gustaba tomar", me dijo un amigo suyo. Cuando le pregunté por la afición más importante de Saab me respondió que ser padre. Para él estaban primero los hijos, luego el papá y al final la esposa. "Es obsesionado con los hijos, si él pudiera amamantarlos lo haría, él los cambiaba, los peinaba, les armaba la lonchera y él era siempre el primero en llegar a todas las celebraciones del colegio de los pelaos

45

y las esposas nos decían ¿te das cuenta que Alex si llegó a tiempo? Mierda, se tiraba la plaza".

Una persona que trabajó para el matrimonio en esa época, años 2001, 2002, recuerda que la vida de Saab giraba en torno a la fábrica. Como gerente comercial trabajaba duro todos los días de la semana junto a su papá y su hermano con quienes hablaba en árabe libanés. Mientras tanto, Certain estaba al cuidado del primogénito Shadi Naín de no más de un año. A medida que crecían los niños, Certain debió asumir un rol de madre estricta que imponía orden y autoridad ante las alcahueterías de Saab. A ella la recuerdan como una joven atractiva que usaba minifaldas espectaculares, muy consciente de su belleza y de su clase social.

Casa y quiebra

Saab salió adelante en el negocio textil cuando ya tenía más de 35 años. Según él, lo combinó con inversiones en el sector de la construcción. Dice que llegó a construir mil apartamentos "de forma privada y sin subsidios ni ayuda del gobierno". He consultado con varias personas cercanas al empresario que me han dicho que no recuerdan una actividad tan prolífica en este sector. En 2007, sus ingresos le permitieron echar los cimientos de una casa de 15.000 pies cuadrados en una exclusiva zona a las afueras de Barranquilla conocida como Lagos de Caujaral. En planos tenía seis habitaciones, un cuarto principal y dos de huéspedes, además de un sótano con *spa* y teatrino. "Era un tipo bastante seco, excéntrico y raro para mí, pero muy retraído", recuerda alguien que lo conoció en esta época.

Gustavo Certain, el padre de Cindy, ejecutó los planos diseñados por el costoso arquitecto de moda Virgilio Sierra. Cindy insistió en que su *walking closet* debería ser lo suficientemente amplio como para contener su colección de más de doscientos pares de zapatos y unas quinientas carteras. Saab se cercioró de que los arquitectos reservaran un espacio para construir un helipuerto donde pensaba aterrizar un minihelicóptero que tenía en su lista de caprichos.

Algo empezó a salir mal en los negocios de Saab. ¿Había invertido en exportaciones a Venezuela y no recibía los pagos? ¿Se cayeron las ventas de la fábrica por la crisis mundial de las hipotecas? ¿Había crecido demasiado rápido? ¿Todas las anteriores? Estos interrogantes daban pie a sesiones enteras de chismes del Country Club de Barranquilla. Las bases de datos judiciales de Colombia contaban una historia más objetiva y alarmante. A finales de 2009 y principios del año siguiente Saab, su esposa y Shatex, la empresa familiar gerenciada por él, empezaron a recibir citaciones de juzgados de circuito de Barranquilla por procesos ejecutivos. Bancolombia, Fiduciaria del Valle, Banco Davivienda, Leasing de Occidente y Cooperativa de Ahorro y Crédito Santander perseguían lo que estuviera al alcance del patrimonio del empresario.[8]

Los bancos embargaron el lote y la casa en obra negra. Las tarjetas de crédito fueron canceladas y sus titulares notificados a la despiadada lista de deudores morosos de Datacrédito. Los Saab tuvieron que mudarse a un apartamento alquilado en el edificio San Ángelo, donde vivía el hermano de Alex. Para pagar parte de los gastos mínimos, Certain debió empezar a vender una deliciosa torta de chocolate preparada por ella y que ya había hecho famosa en los cumpleaños de sus amigos. La torta Cindy, le decían. En medio de esa crisis, el comerciante de Barranquilla Reinaldo Slebi le dijo a Saab que le presentaría a un amigo a quien le estaba yendo muy bien en Venezuela. Un tal Álvaro Pulido.

---

[8] Casos citados por la base de datos de procesos de la rama judicial de Colombia, Consulta de Procesos Nacional Unificada (CPNU).

CAPÍTULO 4

La primera encarnación

En el tranquilo puesto de aduanas de Smrzov, República Checa, los guardias de turno pidieron desocupar un contenedor de un camión que se dirigía al interior del país.[1] Durante el procedimiento de rutina, un mal movimiento hizo que el soporte de madera (*pallets*) de las cajas con frijoles colombianos se rompiera, dejando a la vista un tubo de aluminio que llamó la atención a los guardias. Dentro del tubo la Policía encontró cocaína. "Septiembre 30 de 1991", escribió ese día el guardia de turno en la parte superior del reporte del hallazgo que sumó 208 kilos de la droga encontrada en los maderos. Sobre los *pallets* iba un *container* de frijoles en mal estado que había salido de Cartagena de Indias. Así comenzó el derrumbe estrepitoso de un consorcio colombo-europeo de narcotraficantes al que las autoridades italianas le atribuyeron la capacidad de "abastecer de droga, de modo continuo, el mercado europeo". Poco a poco, la investigación de la incautación empezó a dar frutos. Todo indicaba que no era una acción aislada de los narcos. Policías de Alemania, Holanda, Italia, Polonia y Checoslovaquia unieron retazos de informaciones durante un año hasta concluir que la organización ya tenía un buen tiempo

---

[1]   Esta información está basada en los documentos enviados por el gobierno de Italia a la Cancillería colombiana en relación con las investigaciones y actuaciones judiciales en contra de Germán Enrique Rubio Salas. Los documentos contienen la sentencia condenatoria de Rubio. Nota verbal 4126 del 25 de abril de 2001 de la Embajada de Italia en Colombia.

funcionando. La cadena de testigos que apuntaban sus dedos acusadores hacia la cúspide de la organización, como lo hizo el alemán Niel Uhlendorf desde el día en que fue arrestado, puso a los investigadores frente al nombre de uno de los cerebros de la operación: Germán Enrique Rubio Salas, alias Losano Bermúdez, un bogotano de veintinueve años.

La investigación abarcó desde el despacho de la droga en Colombia hasta el blanqueo del dinero producto de su venta en Europa. Rubio aparecía en todas las etapas del proceso, según la acusación. Coordinó el envío de los dos cargamentos incautados, había pagado por la constitución de la empresa checa Yaros que recibiría la mercancía, cubrió los gastos de cientos de *pallets* europeos con los cuales se camuflaron los soportes hechos en Colombia y su nombre estaba ligado a las cuentas que fueron usadas para retornar el dinero a los dueños de la mercancía. Desde Bogotá, Rubio atendía sus negocios en las oficinas de la calle 100 de una firma de importación de vehículos.

Los investigadores lograron establecer que la operación de los narcos tenía cabeza y cola, y que estaba viva. En el puerto polaco de Gdynia otro cargamento de droga esperaba y días antes la organización había recibido un contenedor con arroz y azúcar en el que se escondían 149 kilos de la droga. Había llegado al mismo puerto el 14 de junio. En ambos extremos de la cadena las autoridades consiguieron evidencias. Dieron con uno de los sospechosos al tomar muestras de trazas de sangre que hallaron en los galpones donde los narcos extrajeron los paquetes de cocaína de los tubos cortándolos con sierra. El hombre fue detenido y también cantó. Mediante interceptaciones telefónicas, escucharon al cuñado italiano de Rubio desde Bogotá advirtiéndole a otro miembro de la organización que habían arrestado a la persona que estaba coordinando la llegada del cargamento. Y en otra llamada se enteraron de que Holanda era el país preferido de la organización "ya que allí era posible comercializar la cocaína en poco tiempo y de modo estable".

Rubio trabajaba mano a mano con el siciliano Guglielmo Bonuomo, que se había casado con su hermana y vivía en Colombia.[2] Giuseppe, hermano de Guglielmo, también ocupó posiciones itinerantes en la red. La coordinación de los contenedores y la extracción de la droga de los tubos en Europa, estaba a cargo de Alonso Delgado Martínez, detenido el día de la inspección de aduanas. Uno de los testigos explicó a los detectives que había logrado establecer los niveles jerárquicos de la organización a partir de la distribución de las ganancias y del grado de respeto que observó en el saludo entre los cabecillas. Del producto de la venta de cada diez kilos de cocaína, un cincuenta por ciento debía ser entregado a Christian Rabaca Baza, pariente de uno de los lugartenientes de la organización conocido solo como Ojos de Rana. El producto de tres kilos le correspondía a Rubio y dos a Bonuomo, su cuñado. Por la forma como se saludaban entre ellos, Rubio era el más respetado de los jefes.

En general, los cabecillas de la organización mostraban ciertos niveles de preparación. Crearon varias empresas importadoras; compraron *pallets* europeos para camuflar los colombianos que iban premiados; contrataron "controladores" enviados desde Bogotá para supervisar la venta y distribución de la droga; pusieron a funcionar la infraestructura de galpones para extraer la cocaína en Frankfurt y en Checoslovaquia, y para el lavado del dinero contaron con el dueño de la tienda de antigüedades Old Rusian de la calle Scarlatti de Milán, que enviaba puntualmente millones de dólares a las cuentas bancarias indicadas. El día en que la policía allanó el anticuario encontró dos millones de dólares en efectivo y varios miles en monedas de diferentes

---

[2] El 15 de septiembre de 2020, el autor le envió un mensaje a Guglielmo Bonuomo a su página de Facebook pidiéndole que se contactara, pero no respondió. La Procuraduría General de la República, ante el Tribunal de Apelación de Milán sostuvo que Bonuomo y su hermano Giuseppe participaron en la constitución de sociedades utilizadas para la comercialización de la mercancía en la que fue camuflada la cocaína.

países europeos. Usaban el banco UBS de Chiasso, Suiza, y una cuenta llamada Schula en el ABM Amro Bank.

No obstante, hay detalles que contrastan con las precauciones. Los narcos les ponían candados a los contenedores con droga, pese a que la práctica general en cualquier cargamento lícito es asegurarlos con broches metálicos para los cuales hay un procedimiento sencillo de ruptura. Aparentemente, los cabecillas de la red no sabían que los candados son una invitación para que los inspectores desocuparan hasta la última caja del contenedor. En la organización de Rubio la entrega de llaves de candados parecía un rito mafioso. El colombiano viajó expresamente a Praga y se hospedó el 26 de mayo de 1992 en el Hotel Panorama, habitación 612, para entregarle personalmente a Delgado la llave de un contenedor. Esta información se sabe con precisión porque los policías ya conocían la extraña ceremonia de la entrega de llaves.

Durante una etapa avanzada de la investigación, los policías descubrieron una conexión que subió de estatus la organización en sus organigramas: una cuenta con las iniciales GG, que según ellos significaba Gente Grande, abierta en el Discount Bank de Nueva York y manejada por Manuel Alberto Botero Uribe. El documento de condena de Rubio identifica a Botero como "blanqueador mundial" asociado a Pablo Escobar y a Gilberto Rodríguez Joreguela (sic)". La conexión directa con Botero se la atribuyeron los investigadores a Gugliemo, el cuñado de Rubio. En 1992, Botero figuró como el principal acusado en una denuncia criminal masiva de una corte federal de California. En la famosa operación Hielo Verde que se enfocó en el Cartel de Cali, la DEA lo identificó quitar como lavador de dinero.

Una corte de apelaciones de Milán condenó a Rubio en abril de 1997 a quince años de prisión por el delito de "asociación finalizada al tráfico de ilícito de sustancias estupefacientes", según la traducción oficial de la sentencia. La condena no parece haber escarmentado al narcotraficante. Tres años después, en mayo de 2000,

El Tiempo informó de una redada internacional en la que había caído el jefe del Cartel de Bogotá, Germán Enrique Rubio Salas, con una condena pendiente en Italia.[3] Además de los policías locales, en el operativo participaron agentes de la DEA mientras que se hacían arrestos en Estados Unidos y Venezuela. Bajo las órdenes de Rubio los acusados habían enviado dos toneladas de cocaína y diecisiete kilos de heroína durante el último año a Gran Bretaña, Holanda, Alemania y España, informó el periódico de Bogotá. "Según las autoridades, Rubio está desde hace dos años en Colombia, trabajando con cinco identificaciones falsas con las que entraba y salía del país", agregaba la nota. "La DEA asegura que ha introducido más de diez millones de dólares a Europa con su red [...]".

A raíz del arresto y de que el detenido estaba recluido en la cárcel La Picota de Bogotá, la embajada italiana en Colombia solicitó su extradición. "Se ruega proceder a la incautación de los objetos pertinentes al delito", solicitaba ingenuamente la nota verbal. En la práctica, la petición italiana era un saludo a la bandera pues la ley prohibía extraditar colombianos por hechos cometidos con anterioridad a 1997. Consciente de la restricción, la embajada pidió en su defecto que Rubio fuese procesado en Colombia con las pruebas obtenidas por Italia o que cumpliera en el país la pena impuesta en 1997.

Lo que siguió en la justicia colombiana fue una montaña rusa burocrática en la que el expediente saltaba de una dependencia a otra hasta que terminó con un fallo del magistrado de la Sala de Casación Penal, Carlos Eduardo Mejía Escobar, en julio de 2001.[4] En la sentencia de diez páginas, Mejía señaló que la Cancillería falló por no haber recaudado la documentación para tramitar la aplicación de la

---

[3]   "Policía dio golpe al Cartel de Bogotá", *El Tiempo*, 11 de mayo de 2000, archivo digital.

[4]   Exequatur de Germán Enrique Rubio Salas, proceso 18394, Corte Suprema de Justicia, Sala de Casación Penal, aprobado acta número 104, 24 de julio de 2001.

condena en Colombia, como lo señala la ley. La sala se abstuvo de pronunciarse y devolvió la documentación al Ministerio de Relaciones Exteriores. De acuerdo con la base de datos del sistema judicial de Colombia,[5] Rubio se acogió a sentencia anticipada. Salió libre en julio de 2007 para empezar una reencarnación en la que pondría en práctica, bajo un nuevo nombre, su experiencia internacional en el movimiento de mercancía sin candado, creación de sociedades de papel y transferencias millonarias de dinero. En una entrevista telefónica le pregunté:[6] ¿usted ha tenido algún problema en Italia? No, nunca, respondió y agregó que incluso había estado en Milán tres días en 2012. En ese año ya había cambiado de identidad. Se llamaba Álvaro Pulido Vargas, comerciante y empresario de la construcción con domicilio en Bogotá y prósperos negocios en Caracas.

---

[5] Reporte del proceso 11001070400220000015508, radicado el 8 de marzo de 2004, delitos contra la seguridad pública.

[6] Entrevista telefónica grabada en audio y video, septiembre 2016.

CAPÍTULO 5

Pulido, el cadivero

Los inspectores de prevención de lavado de activos del Banco de Venezuela en Caracas se acostumbraron a que una buena parte de los clientes que recibían divisas sufrían de crisis de identidad. Algunos de ellos, que hablaban y oían perfectamente, figuraban como sordomudos en las cuentas que tramitaban en las oficinas del banco. También se presentaban pilotos de fórmula que jamás habían siquiera asistido a una carrera de barrio. Algunas veces los inspectores del banco visitaban a las empresas que habían sido autorizadas para recibir millones de dólares en divisas y descubrían que estaban en locales derruidos, sin avisos ni personal.

Así funcionaba el mundo zombi de Cadivi, un universo oscuro de individuos reales y empresas fantasmas que asaltaron el frágil sistema cambiario de la Revolución Bolivariana, con la complicidad de funcionarios que les entregaban pagos multimillonarios en dólares preferenciales por importaciones inexistentes. Para el lector recién llegado al tema, Cadivi es el acrónimo de la Comisión Nacional de Administración de Divisas, un organismo creado en febrero 2003 por el gobierno de Hugo Chávez para controlar el acceso de los ciudadanos a la moneda extranjera hasta que se estabilizara el nivel de las reservas internacionales que habían caído por el paro petrolero. Cadivi se convirtió en el epicentro de un saqueo multimillonario. No habían pasado tres meses de su creación cuando ya las trampas pululaban, según relata Adina Mercedes Bastidas, una economista venezolana que fue vicepresidenta del país entre 2000 y 2002 y luego conformó la primera Junta Directiva de Cadivi.[1] Bastidas aseguró que ya en mayo recibió una comunicación de los directores de casas de cambio "donde me señalaban que algunos funcionarios de Cadivi les cobraban un monto de cinco millones de bolívares por resolver el problema de las ventas de divisas". Las declaraciones de la economista están sepultadas en una demanda civil que no prosperó y que fue radicada en Nueva York por el banquero Eligio Cedeño contra varios empresarios y exfuncionarios de Venezuela.

Sin entrar en mayores detalles técnicos, el sistema funcionaba en su primera etapa así: una empresa que importaba mercancías solicitaba a Cadivi una cantidad determinada de dólares para pagar a sus proveedores en el exterior. Cadivi aprobaba la solicitud y ordenaba el pago al vendedor extranjero. El solicitante estaba en la obligación de presentar la factura de compra de las mercancías y las constancias de su importación.

Una tasa de cambio del dólar en el mercado negro excesivamente más alta que la del oficial, distorsionaba el proceso por completo. Muchos de los beneficiarios de los dólares Cadivi cambiaban las divisas en bolívares en ese mercado ilegal y con los bolívares compraban dólares por cantidades que superaban exponencialmente las sumas iniciales. Es decir que en cuestión de días cien dólares se podían convertir en trescientos, cuatrocientos o más.

La avaricia rompió el saco. Lo que se había concebido como un sistema para controlar las divisas, degeneró en una tentación inevitable para muchos, incluyendo empresas estadounidenses y de

---

[1]   Declaración de Adina Mercedes Bastidas Castillo ante la Fiscalía a Nivel Nacional en Materia de Salvaguarda con Competencia Especial en Bancos, Seguros y Mercados de Capitales (Venezuela). Esta declaración fue aportada al proceso civil 2009-CV-09716 en la Corte del Distrito Sur de Nueva York. Demandante: Eligio Cedeño y Cedel International Investments Ltd. Demandados: Intech Group, Domingo R. Martínez, Pedro Carreño, Jose Jesús Zambrano, Adina Mercedes Bastidas y otros.

venezolanos que hoy viven como reyes en Miami. El fraude causó un desangre en cantidades billonarias que aún no se han terminado de calcular. En la vecina Colombia, desde donde varios empresarios le apostaron a Cadivi, el gobierno celebraba orgulloso el aumento de las exportaciones a Venezuela cuando en realidad muchos de los contenedores llegaban vacíos o con chatarra de relleno, como me explicó la exfiscal venezolana Luisa Ortega.

Con el incentivo del dólar negro y la relativa facilidad del negocio, las ventanillas de Cadivi se inundaron de solicitudes de empresas de fachada que presentaban certificados falsos de importación o utilizaban un mismo cargamento de contenedores para registrar varias veces su ingreso. Los ansiosos cadiveros se sentaban a esperar, y ante la abrumadora cantidad de peticiones, la aprobación del cupo terminó dependiendo de la cuantía del soborno del funcionario que daba el visto bueno. Bastidas explicó que era muy común que cuando la Junta de Cadivi pedía para su consulta un expediente de un proceso de solicitud de dólares, lo más seguro es que no estuviera en el archivo. Generalmente la carpeta había sido sacada del edificio por funcionarios corruptos para probarles a sus clientes que estaban bajo control del trámite, explicó Bastidas. Las empresas exportadoras en el exterior, también de papel, recibían los pagos del banco.

Entre los beneficiarios consuetudinarios de Cadivi se encontraba el empresario colombiano Álvaro Pulido Vargas, quien se camufló sigilosamente en el mecanismo. Quienes lo conocen afirman que Pulido es un apostador compulsivo, así sean cosas cotidianas. Si llueve o no por la tarde, por ejemplo, o quién va a aparecer en la puerta de su oficina. Y puede apostar en una mesa de dominó de tres a cinco mil dólares, lo mismo que en el truco venezolano que se juega con una baraja española sin ochos, nueves ni comodines.

Pulido también le apostó a Cadivi. Alrededor de 2010 montó una oficina frente al Hotel Marriot de Caracas desde la cual se dedicó a crear, comprar y alquilar sociedades, tanto reales como de papel, que participaban en la gran lotería mensual de las divisas. Las empresas se hacían pasar como importadoras de productos que solo existían en las facturas. No todas resultaban beneficiadas, pero los premios gordos, es decir, las solicitudes que pasaban la prueba, cubrían los gastos de todas las descabezadas.[2]

"Había que tener bolas de todas maneras. Las pérdidas de las empresas que te bloqueaban porque creaban desconfianza en Cadivi eran grandes, costaban plata, pero él seguía apostando", me comentó una persona que lo conoció en esa época. Poco a poco, el colombiano fue acumulando una fortuna importante para mantener cómodamente a una familia numerosa con hijos de varios matrimonios. Se instaló en una suite del Hotel Marriot y viajaba los fines de semana a Bogotá en uno de los vuelos diarios de Avianca.

Pulido no necesitaba hacer operaciones matemáticas en la computadora o en el celular para tener una idea de sus ganancias. "Todo lo hacía con la cabeza, calculaba como si fuera un preso que no tiene dónde multiplicar", dijo una persona que lo conoció. Muy reservado y serio. "Un tipo raro", me dijo un piloto que lo llevaba de Bogotá a Caracas en vuelos privados. Varios conocidos recuerdan que de las pocas veces que se mostraba comunicativo era para recitar las capitales del mundo, sin importar lo remoto o desconocido que fuese el país.

Nombre de muerto

Por razones obvias casi nunca hablaba de su pasado: Pulido llevaba el nombre de un muerto. Su documento de identidad pertenecía a un colombiano fallecido en un hospital de Miami. La cédula del verdadero Pulido fue cancelada y luego reinstaurada a solicitud del muerto, Álvaro Pulido Vargas, que ahora está vivo y es un experto en truco venezolano.

---

[2]   El proceso está descrito en la acusación contra Saab y Pulido en la Corte Federal de Miami.

La historia es la siguiente:[3] el 10 de abril de 2006, la Registraduría Nacional del Estado Civil de Colombia canceló la cédula de Álvaro Enrique Pulido Vargas por muerte de su titular en Miami en el año 2005. Su cuerpo fue cremado en Abco Crematory de Fort Lauderdale, Florida, de acuerdo con el certificado de defunción presentado ante la sede consular de esa ciudad. Según me comentó un alto funcionario de la Registraduría, la anulación de la cédula fue tramitada por una vicecónsul del consulado de Colombia en Miami, pero en septiembre de 2014 la Registraduría revocó esa decisión afirmando básicamente que Pulido estaba vivo y por lo tanto la cédula continuaba vigente. El funcionario me explicó que para tomar la decisión de restaurar el documento de identidad en el consulado de Miami se requería que Pulido hubiera pasado un examen personal de sus huellas digitales (cotejo dactiloscópico, lo llaman formalmente). Y lo pasó. El problema es que resultaba altamente improbable que el Pulido de esta historia estuviera en Miami, donde supuestamente se hizo el trámite, no solo porque no tenía visa sino porque su verdadera identidad figuraba en los radares antinarcóticos de varias policías del mundo. Pulido en realidad era Germán Enrique Rubio Salas, condenado en ausencia por narcotráfico en Italia en abril de 1997, como expliqué en un capítulo anterior.

"Sabemos que hay un nudo en el consulado [...] Está rarísimo el caso...", me dijo muy diplomáticamente el funcionario de la Registraduría en un esfuerzo por aclarar una situación con todos los visos de un fraude. Pero no todo le salió bien a Pulido. En mayo de 2014, cuando ya era un hombre nuevo, con su flamante identidad, los padres del verdadero Álvaro Pulido Vargas se presentaron en un juzgado a corregir el nombre de su hijo en la partida de defunción. Según los documentos, demostraron que el segundo apellido de su hijo no

---

[3]   Este relato está basado en resoluciones de la Registraduría Nacional del Estado Civil y correspondencia electrónica con voceros de esta dependencia. Entre las resoluciones de interés están: 1316 de 2014; 2600 de 2006; 3722 de 2014.

era Vargas sino Brand. La cédula fue anulada por la resolución 13161 del 8 de septiembre de 2014. Dos años después, Pulido se las ingenió para demostrar que estaba vivo otra vez y obtuvo nuevamente el restablecimiento de su cédula, número 79.324.956, bajo el nombre de Álvaro Enrique Pulido Vargas, nacido en Bogotá el 10 de diciembre de 1963. Para esta época ya había enterrado su otra identidad, la verdadera. Germán Enrique Rubio Salas figura como muerto en los archivos de la Registraduría, según una resolución de noviembre de 2014.

Con estos antecedentes llamé desde mi oficina en Univisión a Pulido.[4] Un camarógrafo grababa la conversación. Le agradecí que me hubiera devuelto la llamada anteriormente para acordar la entrevista *on the record,* a lo cual me respondió: "Ah, no, yo estoy pendiente de – porque me es [no se entiende] un periodista honesto y serio y por eso también te devuelvo la llamada".

Pulido estaba muy nervioso. De entrada le expliqué la situación. Le dije que nosotros teníamos información de que su verdadero nombre era Germán Enrique Rubio Salas. Transcribo textualmente lo que respondió: "Eh, a mí me robaron el pasaporte de… yo ya fui a la Registraduría y en este momento está vigente. O sea, yo no tenía ninguna… el nombre mío es Álvaro Enrique Pulido Vargas. Siempre, eh, me cedulé en el año 83 y siempre esa es mi identidad".

¿Pero por qué sus hijos tienen apellido Rubio?, le pregunté. "Eso es muy sencillo, respondió. Yo no soy el papá biológico de ellos. Si quiere le hago una prueba de paternidad mañana mismo. Es una historia muy larga. Les he colaborado, he sido como un padre para ellos. Todo arranca porque uno de ellos se va a trabajar conmigo a Venezuela y en el trago y la borrachera decía que yo era su papá y se quedó así y yo no le vi ningún problema a eso. Pero es muy fácil con una prueba de paternidad y se sabrá si son mis hijos o no son mis hijos".

---

[4]   Entrevista telefónica grabada en audio y video, septiembre 2016.

Le insistí que me explicara el asunto de la identidad. "A mí me robaron el pasaporte y tengo entendido que esa persona muere y cuando muere [..] eh, lo mete como si fuera muerto. Pero yo ya fui a la Registraduría a aclarar eso. Y, y ahí está la, la última en la última certificación que dan, la cédula mía está vigente y estoy cedulado desde el año 84".

Señor Pulido, no entiendo lo de la pérdida del pasaporte, ¿qué tiene que ver con que una persona haya asumido otra identidad? Estoy un poco confundido.

"No estoy seguro, me suplantaron el nombre mío. Si quiere yo mañana le pido a la Registraduría una certificación que digan quién es y si es realmente mi identidad o no es realmente mi identidad. Es así de sencillo".

No era así de sencillo. Nunca recibí esa información ni la prueba de ADN.

"Pausar y pensar"

La idea de entrevistar a Pulido hacía parte de un proyecto periodístico que Univisión Investiga inició en 2016 con los reporteros de Armando.info y con la periodista ecuatoriana Mónica Almeida. Armando.info ya había publicado una primera entrega mostrando las conexiones de la *holding* petrolera Trenaco y Alex Saab; y Mónica otras notas en relación con las operaciones del Fondo Global de Construcción en su país. Mi intención era contar el pasado de los personajes. Ofrecí además a Ewald Scharfenberg, director de Armando.info, que participara en la entrevista que prometió Pulido con sus abogados en Miami pero que nunca cumplió.

Para conocer la versión de Saab busqué a Rick Díaz, su abogado en Miami. El abogado estaba asesorando a Saab para aclarar algunos asuntos pendientes con las autoridades americanas, según me comentó sin entrar en detalles. Los reporteros de Univisión Investiga, Juan Cooper, Tomas Ocaña, Margarita Rabin y yo, sabíamos que aunque Saab no había sido acusado formalmente, la DEA estaba esculcando su pasado.

Entre varias preguntas de un cuestionario que le envié a Díaz por correo electrónico, agregué una sobre cuánto sabía Saab de los antecedentes de Pulido en el mundo del narcotráfico. Pensaba que la iba a pasar por alto, pero me sorprendió al revelar que Saab estaba enterado del tema. El abogado admitió que Pulido le había explicado a Saab "recientemente" que tuvo ese problema en el pasado "pero que fue hace mucho tiempo y que pagó su condena y deuda por eso y que a RAÍZ de eso, para poder rehacer su vida cambió su nombre legalmente". (Las mayúsculas son de Díaz).[5]

"Al parecer, el Sr. Pulido sí purgó su condena y eso es historia pasada. Y no es de sorprender que para rehacer su vida, cambió su nombre. Pero en concreto y más importante, el Sr. Saab viene a conocer estos detalles del Sr. Pulido muy recientemente". Agregó que, si bien el haberse enterado de los antecedentes era un motivo para "pausar y pensar", las personas que han sido acusadas y condenadas "tienen el derecho de rehacer su vida bajo las normas de la sociedad en un esquema comercial".

A medida que los ingresos de Cadivi aumentaban, la oficina de Pulido empezó a recibir más visitas de gente que quería proponerle toda clase de negocios, venderle o alquilarle algo. Su esposa que vivía en Bogotá lo visitaba de vez en cuando y con más frecuencia su hijo Emmanuel. En esta naciente alianza de Saab y Pulido se jugaba con las cartas abiertas: los cambistas Slebi conocían a Pulido porque le habían prestado sus servicios para "bajar plata" de Estados Unidos y Saab sabía del pasado oscuro de los Slebi y de la verdadera identidad y oficio de Pulido.

Saab se levantó de las cenizas del negocio de los textiles y empezó a comprar mercancía barata o en desuso para llenar los contenedores.

---

[5] Correo enviado al autor por Richard J. Díaz, el 10 de febrero de 2017.

"Aquel personaje en la sombra compraba con un grupo de Quilleros [barranquilleros] todo el inventario posible de las empresas de la ciudad, con factura legal y todo, para exportar a Venezuela, y todo el mundo rezando para que llegaran a su empresa y salir de todo lo obsoleto que tenían",[6] me escribió una persona que conoció en Barranquilla los primeros negocios de Saab con el país vecino.

Saab hizo todo el montaje. Por una comisión convenció a los dueños de varias empresas venezolanas de que le prestaran el nombre de sus negocios para recibir las importaciones. Despachó la mercancía de comodín y se sentó a esperar los pagos de Venezuela. Pero no contaba con que las relaciones entre ambos países estaban siempre pendiendo un hilo. A mediados de 2009, Hugo Chávez, enfurecido por uno de sus altercados con el presidente Uribe, ordenó suspender las importaciones desde Colombia y congeló los pagos de Cadivi a los exportadores colombianos.[7] La ira de Chávez tenía que ver con la decisión de Uribe de permitir la utilización de siete bases militares colombianas a soldados estadounidenses. Fue una jugada de Chávez a dos bandas. Por un lado, castigaba a los colombianos que se enriquecían haciendo trampa con la tasa permuta del mercado venezolano y por el otro golpeaba a la oligarquía colombiana cercana a Uribe en los sectores de textiles, alimentos y automotores. Se hablaba de casi ochocientos millones de dólares congelados.

A Saab se le cayó el mundo. Estaba esperando que Cadivi le hiciera el giro de unos treinta millones de dólares. En medio del pánico, preguntándose cuál sería la movida más prudente para salvar el dinero sin hacer reclamos altisonantes al gobierno venezolano, tanto él como los grandes exportadores colombianos colgados de la

---

[6]   Entrevista por escrito con empresario de Barranquilla que pidió no ser identificado.

[7]   "El bloqueo de Chávez", revista *Semana*, noviembre 11 de 2009. Chávez sostuvo que el trato de Colombia con Estados Unidos, "no es para luchar contra el terrorismo, como lo ha dicho Colombia, sino para invadir su país y matarlo a él".

brocha entendieron que todos los caminos llevaban a la senadora Piedad Córdoba. En esos momentos Córdoba era el último puente en pie entre Colombia y Venezuela, los ojos y oídos de Chávez en Bogotá por cuenta de su posición en el intercambio de secuestrados de las Farc por prisioneros de la organización armada.

CAPÍTULO 6

"Aquí como un marica limpiando BurgerKings"

Desde finales del 2007, Piedad Córdoba tenía asignadas en el Hotel Gran Meliá de Caracas tres habitaciones pagadas por el gobierno de Venezuela: la 7132, 7134 y 7135, todas bajo el nombre ficticio de Julio Montiel. Había sido nombrada facilitadora del intercambio humanitario de secuestrados de las Farc por prisioneros de la organización. A partir de la drástica medida de Chávez de congelar los pagos a Colombia, Córdoba se dio el gusto de poner a gatear detrás de ella a empresarios que esperaban el descongelamiento de los fondos. En esa cola iba Alex Saab.

"Piedad fue delegada oficialmente por Chávez para hacer un mapa económico-político de Colombia, y con este insumo tomar la decisión de detener el pago de todas aquellas empresas que tuvieran relación con el uribismo, que hablaran mal de Chávez o simplemente no le gustaran a Piedad, y por el otro lado para pagar", me dijo una fuente cercana a las operaciones.[1] En la lista negra estaban el Sindicato Antioqueño, la Organización Ardila Lulle, propietaria del canal de televisión RCN que la atacaba constantemente, y el emporio de Luis Carlos Sarmiento Angulo, el hombre más rico de Colombia, agregó.

---

[1]   Esta persona pidió no ser identificada por razones de seguridad. Confirmé con fuentes independiente su relación con este tema.

La ansiedad por recuperar el dinero no tenía fronteras ideológicas. A finales de 2009, el entonces congresista Miguel Pinedo Vidal, quien sería condenado por parapolítica, se reunió con Córdoba en el Club El Nogal de Bogotá para interceder por un amigo que esperaba el pago de Cadivi. Pinedo me confirmó la reunión y aclaró que estaba actuando como abogado "para cobrar unos temas de Cadivi".[2] Dijo que viajó a Venezuela aunque sus gestiones fueron infructuosas porque no fue posible que la exsenadora lo acompañara. "Si yo le pedí el apoyo a Piedad es porque ella y yo éramos buenos amigos, seguimos siendo buenos amigos y ella tenía esos contactos". Recordó que Córdoba había hablado "con las personas allá, pero ella no me pudo acompañar y eso terminó siendo un viaje en nada efectivo". Al pedirle al excongresista el nombre de la persona que representó, respondió: "Sabe que el abogado es como el cura para la confesión".

Córdoba también confirmó la reunión con Pinedo aunque dijo que no recordaba los nombres de los empresarios recomendados por el excongresista. Me confesó que no estaba muy interesada en ayudarlos. "Te lo digo con toda franqueza, yo tenía muy mala imagen de ellos. Muy mala imagen porque yo los conocí". Insistí a quién se refería al decir "ellos". "A Miguel", me respondió. "Entonces yo le decía 'sí, yo voy a ver qué puedo hacer'. No hacía nada. Pero él sí me buscó. Eso es cierto". Una persona cercana a estas operaciones me dijo que a la hora de los negocios, la militancia política de Córdoba se rendía ante los "bichetes" como se refería la senadora al efectivo, al imitar el acento argentino de Battistetas, apodo que le puso a una voluptuosa asistente de su amigo Carlos Battistini.

En la contabilidad interna de Córdoba y sus asistentes se crearon dos grandes grupos de acreedores de Cadivi que fueron identificados como Los Árabes Amigos y Palestino Amigo. En el primer grupo estaban los apadrinados por políticos y empresarios colombianos. La deuda de este primer grupo sumaba 120 millones de

---

[2]   Entrevista telefónica realizada el 12 de diciembre de 2020.

dólares. En el segundo solo estaban las empresas de Saab que buscaban recuperar unos 30 millones. Saab pertenecía al primer grupo originalmente, pero se le hizo casa aparte con la intención de que se le diera prioridad en el gobierno venezolano. ¿Pero cómo había llegado Córdoba a esta posición sin cargo que le permitía definir deudores y acreedores, amigos y enemigos de Venezuela? Una persona que conoció su metamorfosis me dijo: "lo que sucedió con Alex no fue un azar del destino, fue una estrategia organizada, planeada con el fin de recoger dinero para Piedad y hacerla presidenta de Colombia. Ella utilizó la oportunidad política que le dio el acuerdo humanitario y las liberaciones en Venezuela para montar una estructura económica robusta. Lo de Cadivi fue solo uno de los negocios".

La hija de Zabulón

Piedad Esneda Córdoba Ruiz nació en 1955 en Medellín de un matrimonio de clase media entre el profesor afrocolombiano Zabulón Córdoba y la paisa blanca Lya Ruiz. "Zabulón era un negro no mestizo, fácil de deducir por su nariz ancha, pelo churrusco y color de piel que hacía honor a su sobrenombre, negro, en el sentido cabal de la palabra. En términos vulgares no era negro sino azul", escribió su nieto Juan Luis Castro Córdoba, hijo de Piedad.[3] Castro, un siquiatra con especializaciones en Estados Unidos que terminó a regañadientes en la política, publicó en Colombia dos libros autobiográficos colmados de cándidas revelaciones de los dilemas de la familia y de las terribles humillaciones racistas sufridas por todos sus miembros.

Zabulón, que había nacido en el Chocó profundo (San Rafael de Negua), fue contratado como profesor en Yarumal, Antioquia, un pueblo tan tedioso que uno de los pocos pasatiempos de sus

---

[3]   Las frases atribuidas a Juan Luis Castro en este capítulo son tomadas de su libro *Un discurso en la plaza de Abril*, editorial Libros en Red, 2010.

habitantes consistía en presenciar el sacrificio diario de un cerdo y una vaca en la plaza principal, contaba el profesor. Zabulón siempre estaba bien vestido, con corbata, traje de seda y un sombrero fino. Por ser el único negro, "la mayoría de los niños lo veían y huían despavoridos como si hubieran visto al mismísimo Belcebú, algunos otros le preguntaban si podían tocarlo pues sus familiares les habían dicho que los negros tenían poderes", escribió Castro. Agobiados por el racismo de Yarumal, Zabulón y Lya se mudaron a Medellín donde construyeron su casa. Piedad se casó con Luis Castro, un sociólogo político y salsómano de Guapi, Cauca, a quien había deslumbrado por su "culo supersónico" mientras caminaba por la avenida Guayaquil de Medellín, explica Castro. Tuvieron cuatro hijos, Juan Luis, Camilo, Natalia y César. La pareja se separó. El médico conserva un gran aprecio por su padre. No puede olvidar que de adolescente la mejor manera de saber que había llegado el viernes era cuando escuchaba las primeras notas de un clásico de salsa en el estéreo de su casa en Medellín.

Córdoba estudió derecho en la Universidad Pontificia Bolivariana. "Se metía en todas las peleas y reivindicaciones de los estudiantes que pudiera", recordó un compañero de curso. Acudía a clases abrumada por tribulaciones económicas. "Yo recuerdo que a mis 25 años estaba embarazada, en cuarto año de Derecho, y que mi esposo estaba viajando por Antioquia buscando como traer comida a la casa", explicó en un discurso de campaña. Hoy no se queja de cuestiones económicas. "Yo no soy una persona que viva mal porque no es así", me dijo en la entrevista de marzo de 2021. "Yo tengo una muy buena pensión. Yo tengo negocios, yo hago asesorías. Yo me muevo".

Es admirada por muchos en Colombia por su papel histórico en la resolución de conflictos. Citan su coraje y humanismo como virtudes que ha demostrado en momentos críticos de la historia del país. A sus 65 años, puede ufanarse de haber toreado a todos los actores claves de la violencia en Colombia. Luchó por la restauración de la extradición de los narcos; se enorgullece de haber sido una de las primeras políticas en censurar los vínculos de la guerrilla con las drogas; de condenar el paramilitarismo desde su génesis en Antioquia cuando Álvaro Uribe, el entonces gobernador, alentaba las cooperativas Convivir. En esos años lo llamaba mafioso. En otras lides intercedió por los derechos de los gays y las negritudes y denunció fraudes millonarios al Estado como el del ministro de Interior y Justicia de Uribe, Fernando Londoño, a quien interpeló en el Congreso. Sin su intermediación quizás el proceso de entrega de secuestrados por las Farc no hubiera sido posible. Durante el intercambio humanitario tenía línea directa con los jefes guerrilleros. Chávez le pasaba al teléfono y Uribe tenía que responderle. El presidente colombiano le había confiado la coordinación del proceso.

Al final, la exsenadora borró la distancia sana del buen mediador y terminó envuelta en una tórrida relación con sus interlocutores en la guerrilla y en el Palacio de Miraflores. Daba consejos, hacía lista de enemigos y prioridades, llevaba y traía mensajes secretos. Los colombianos se acostumbraron a ver sus discursos de adulación desgañitada al presidente Maduro durante mítines proselitistas del gobierno vecino. En una de esas intervenciones se ofreció a recorrer Venezuela para sacar a los paramilitares del país. "Yo me pongo como un soldado a favor de la revolución bolivariana", exclamó llevándose la mano a la frente como en el saludo militar ante miles de mujeres venezolanas de un foro femenino que celebraba en marzo de 2015. "Vamos a decirle al mundo que contra la revolución bolivariana no pueden, que nosotros somos capaces de defender a Palestina, de defender lo que tenemos que defender de Cuba y la paz en Colombia, pero sobre todo no nos dejaremos poner un pie en Venezuela porque a Venezuela se le respeta". Los aplausos opacaron su voz. En otro discurso le dijo en su cara risueña a Maduro que "era un lujo" tenerlo como presidente por su "paciencia" y "humildad".

"La 'negra del turbante' ha trabajado sin descanso por lo que lastimosamente nadie más ha trabajado (la libertad de los secuestrados), incluso cometiendo enormes errores por falta de cálculo político, como dejarse ver como la ficha de Chávez en Colombia y no ser lo suficientemente cuidadosa en la elección de sus enemigos", escribió el periodista Yohir Akerman.[4] El problema de la relación de Córdoba con Saab no fue de cálculo político sino todo lo contrario, fue una maniobra políticamente muy bien calculada. Y con un amigo muy bien elegido. Su amistad con el empresario colombiano tenía dos vías: ella ponía las influencias y él pagaba sus cuentas. De esa manera Córdoba terminó sacando provecho personal del caótico esplendor que produjo la corrupción oficial de Venezuela. Ella sabía de dónde salía el dinero de Saab; sabía cómo funcionaban las cloacas de Cadivi; sabía que los procesos de licitación se habían convertido en reliquias de la Cuarta República porque en la Quinta todo se adjudicaba con el dedo que los venezolanos usan para mezclar el *whisky*. Era la misma Córdoba –quizás no– que en 2003 le gritó "guaquero" e "impostor" a Fernando Londoño en el debate del Congreso. La misma que abrió entonces un sitio en la red que se llamaba delitocuelloblanco.com.

El viernes 15 de mayo de 1999, la senadora por Antioquia fue secuestrada por órdenes de Carlos Castaño, el jefe de las Autodefensas Unidas de Colombia (AUC). Tras su liberación se estableció con su familia en Montreal, Canadá. La familia salió a las carreras de Colombia con la idea de pedir asilo. De la eterna primavera de Medellín a las nieves perennes de Norteamérica, la vida no fue fácil. Sus hijos le reclamaban que solo pensaba en ella a la hora de buscar pleitos. Juan Luis y Camilo debían combinar sus estudios con empleos en Burger King. Un día Juan Luis explotó contra su mamá con un rabioso reclamo que podría ser clave para entender los cambios de prioridades de Piedad en el futuro: "Que no tenés ni un peso para la campaña, que nadie quiere escuchar tu discurso, que nadie está interesado en los desplazados, los pobres, los homosexuales, el aborto o

---

[4]   "La negra del turbante", Yohir Akerman, *El Colombiano*, 5 de abril de 2010.

nosotros los negros y que a todo el mundo le importa un reverendo culo el futuro de este país, incluido los tales recursos naturales. No hermana, ya no guevoniemos más, no tenés plata, nosotros estamos exiliados mientras todos los otros políticos en Colombia están ganaos; aquí me mantengo viendo a los hijos de ellos en Montreal, viviendo en el West Side (zona de clase alta) con buenos carros, buen apartamento y con el futuro asegurado, mientras que yo estoy aquí como un marica limpiando Burger Kings".

El reproche de Juan Luis delataba una frustración que su mamá aparentemente comprendió con el tiempo: que no se puede hacer política sin hacer dinero y que ese dinero sirve no solamente para mantenerse en el poder sino para vivir como los colombianos "ganaos" del West Side. Y vivir bueno es en el caso de Piedad, vestirse con ropa fina como lo hacía su papá Zabulón. El gusto de Córdoba por las carteras de marca y las joyas es muy conocido en su círculo cercano de amigos y colaboradores. Uno de ellos dice que eran comunes los paseos de la senadora por el centro comercial Sam Bill de Caracas con las bolsas de Louis Vuitton al tope y cajitas de alhajas de Roberto Coin.

Durante la estadía en Canadá, Natalia, la única hija mujer de Córdoba, se escapó de la casa con un novio sin avisar. También estaba desesperada. La buscaron infructuosamente en México, Colombia y Venezuela, hasta que la dieron por muerta. Cinco años después de desaparecida, la familia supo que un pastor evangélico de Cúcuta, alertado por uno de sus feligreses, se enteró de que en una casa de un barrio humilde de la ciudad se escuchaba a un bebé llorar todo el día. El pastor se presentó en la casa, pero la mujer que lo atendió se negó a colaborar y le cerró la puerta en su cara. Al regresar con dos ayudantes, encontraron la puerta abierta. La mujer se había ido y lograron ingresar. Ya en el interior escucharon el llanto de un bebé que venía de una habitación asegurada con candado. Volado el seguro con barretón, encontraron a una mujer de unos veinte años y al niño muriendo de hambre. Natalia parecía catatónica, perdida en el tiempo y el espacio.

Ambos fueron llevados al hospital y sobrevivieron.[5] Hoy Natalia le colabora a su mamá en actividades comunales.

Luego de que Córdoba se enteró en Miami de la noticia de la aparición de su hija, tomó de urgencia el próximo vuelo de Avianca a Colombia. Al lado de su asiento le tocó de vecina Yolanda Pulecio, mamá de la candidata presidencial Íngrid Betancourt, quien llevaba cinco años secuestrada por las Farc. Pulecio le imploró llorando a Córdoba que intercediera por su hija, cuenta Juan Luis. Para la senadora ese encuentro no fue una simple casualidad.

"Definitivamente, yo creo que Dios me puso en esta situación para ayudar a liberar esa gente que tiene retenida la guerrilla", comentó la exsenadora en forma de anuncio a su familia de lo que sería su próxima cruzada: el intercambio humanitario. "¡No, no, no!, ¡Puta vida, homeeee! ¡Qué chimba pueees! ¡Pero si acabamos de salir de semejante rollo con Natalia! ¡Dejemos eso así; para qué te tenés que meter en eso!", exclamó Juan Luis a su mamá al enterarse de los nuevos planes.

Córdoba le respondió que a ella no le interesaba la política y reiteró que Dios la había escogido para esa misión. Con mirada de siquiatra, Castro aventuró un diagnóstico de su mamá: "De nuevo el espíritu narciso por un lado y del salvador del mundo por el otro se le había metido adentro. Yo sabía que iba a ser un problema súper grande; o más bien, el HIJUEPUTA. Porque políticamente quien se ha metido, para bien o para mal con la guerrilla ha quedado destrozado". El pronóstico no estaba del todo errado. La misión dejó secuelas agridulces a la senadora. Hubo quienes la postularon al Premio Nobel de la Paz y a la Presidencia de la República y otros que la tildaron de estafeta de las Farc, la acusaron de traidora a la patria y de haber actuado como canciller de Chávez ante la subversión. En el gobierno de Uribe la pusieron en los temibles radares de persecución e interceptación del Departamento Administrativo de

---

[5]   Relatado por Juan Luis Castro en su libro *Un discurso en la plaza de Abril*.

Seguridad, DAS, que entonces operaba como una oficina gubernamental de sicarios con corbata.

"Soy patria o muerte"

En 2008, el gobierno colombiano reveló una serie de correos electrónicos que estaban en una computadora portátil del comandante
de las Farc, Raúl Reyes, muerto en Ecuador en una operación del
ejército colombiano. El nombre de Córdoba y el alias de Teodora,
que el gobierno sostenía que era ella, aparecían en unos novecientos
correos, según la revista *Semana*. De acuerdo con la versión oficial,
en uno de los mensajes Reyes escribió: "Piedad (...) está feliz y considera llegado el momento de estrechar sus relaciones con las Farc
con miras a apoyar un nuevo gobierno, donde la Negra contaría con
la ayuda de Chávez y las Farc sería la parte principal. La Negra se
reclama socialista, bolivariana, chavista y amiga de las Farc. Odia a
Petro, Navarro y los dos Garzón por inconsecuentes (...)".[6]

Otro de los mensajes nos regresa a la historia de Saab después
de esta fuga biográfica. Allí, Teodora le cuenta a sus amigos de las
Farc que está molesta "porque los ricos de Colombia se enriquecen
más hoy, de cuenta de Venezuela" y se pregunta ¿qué tal que se vol-
teara la torta y Chávez dejara de comprarle a Colombia y quebrara
a todos esos tipejos? ¿Saben ustedes lo que tienen en las manos? (...)
yo soy PATRIA O MUERTE".

La torta se volteó. Chávez suspendió los pagos de Cadivi.
Algunos de los mensajes fueron citados por la Procuraduría para
destituir como congresista a Córdoba e imponerle una inhabilidad
general de dieciocho años en septiembre de 2010. En un fallo de 82
páginas el Consejo de Estado exoneró a la exsenadora argumentando
que los correos de la Operación Fénix no eran pruebas legítimas
dado que no se cumplieron los requisitos legales en su obtención y

---

[6]   "Las pruebas del Procurador contra Piedad Córdoba", La Silla Vacía, 27
de septiembre de 2010.

recolección. Agrega que "en realidad corresponden a una serie de archivos en formato Word, es decir, archivos estáticos, sin prueba alguna de que hubiesen sido insertados en un navegador o red de transmisión de datos, con un origen y destino localizable".[7]

En varias oportunidades, Córdoba calificó de falsos los mensajes electrónicos que le atribuyeron, aunque sin entrar en detalles. Andrés Alberto Vásquez Moreno, quien fue uno de sus más fieles asistentes en el Congreso, no cree que los correos sean falsos y esta es la primera vez que se conoce su postura al respecto. En medio de una disputa con Córdoba, Vásquez le envió en 2019 un mensaje de WhatsApp a Juan Luis Castro en el que afirmó: "Piedad claramente sabe que ella sí es Teodora de Bolívar, que ella envió esos correos electrónicos conmigo, que las solicitudes se hicieron concertadas con Ucho, enviado de Iván Márquez. Que Maduro sí le pagó las campañas políticas".[8] Ese mensaje de Vásquez tenía una historia. Un año antes, en octubre de 2018, la periodista María Isabel Rueda comentó en La W que Córdoba había dicho que Vásquez "la estaría extorsionando" con la revelación de sus negocios y vínculos con el gobierno de Venezuela. Rueda citó todo el tiempo a Córdoba, pero no consultó con Vásquez.[9]

De allí el tono del mensaje de Vásquez al hijo de Córdoba. El politólogo de la Universidad Javeriana escribió que había esperado pacientemente que la exsenadora hiciera la debida corrección de la denuncia, pero no había cumplido. "Esperé un año, respeté sus tiempos […] pero

---

[7] El Consejo de Estado también dejó sin valor probatorio la exhortación a las naciones latinoamericanas a que cortaran relaciones con el gobierno colombiano y una invitación a unirse a las filas de la subversión que lanzó a los jóvenes participantes en el Congreso de la Federación de Estudiantes Universitarios en la Universidad Nacional en septiembre de 2008.

[8] Los correos de Teodora fueron enviados desde teodoraah07@yahoo.es, pero la Corte tenía otra dirección muy parecida teodora07@yahoo.es. Cuando la corte cotejó con Yahoo, la dirección correcta no apareció, me explicó Ándres Vasquez.

[9] Piedad Córdoba expuso que Andrés Vásquez, su antiguo asesor, la estaría extorsionando. ¿Qué se estará preguntando María Isabel? La W, 19 de septiembre de 2018.

claramente ustedes no son gente de palabra sino delincuentes y terroristas de la palabra que para ocultar sus escándalos destruyen a otros". En la introducción del mensaje, Vásquez se quejaba de que la familia Córdoba lo volviera a contactar cuando ya les había dicho que llevaba seis años "tratando de superar el trauma mental que tu madre me dejó". Vásquez le pedía el favor a los Córdoba de "alejarse de mi vida que son una maldición para mi vida… Qué mal ser humano es Teodora".

Córdoba me negó que ella fuese Teodora de Bolívar. Calificó su experiencia con Vásquez como "trágica". "Ese muchacho para mí era como un hijo mío. ¿Y de dónde arranca el problema con ese muchacho? Porque cuando a mí me indemnizan por el despido[10] a mí me dan como dos mil millones de pesos. Y el tipo juró a taco que yo le tenía que dar la plata a él y plata a otros dos muchachos que porque ellos yo también los tenía que indemnizar y yo me paré en la raya y le dije que no. Y ellos fueron a hablar inclusive con mi abogado y el abogado le dijo no. De ahí empezó toda la joda con ese muchacho".

Vásquez me dijo que Córdoba, en su entrevista, acomodó caprichosamente las fechas porque su rompimiento con ella ocurrió en 2011 y la indemnización fue aprobada cinco años después. ¿Pero entonces cuál fue el motivo del rompimiento?, le pregunté a Vásquez quien solo coincide con la exsenadora en que ella fue como una madre para él. Respondió que el proyecto político de Córdoba y sus principios éticos "iban en absoluta contravía de lo que en un principio me enamoró de ella y su movimiento".[11] Agregó que no soportó más "su enfermiza relación con las Farc, su inexplicable apoyo a una dictadura como la venezolana y la insaciable hambre de dinero".

El exasesor, quien llegó a ser secretario del Partido Liberal, aseguró que él y Córdoba crearon la cuenta de Yahoo de Teodora de la cual salieron los correos que se cruzaron con las Farc. "Yo estuve

---

[10]   Destitución e inhabilidad de dieciocho años que le impuso la Procuraduría General de la Nación.
[11]   Entrevista realizada el 10 de marzo de 2021.

cuando ella llegó del monte de visitar a Raúl Reyes y él le dijo que su alias sería Teodora. Estamos hablando que desde el 2011 en el que rompí con ella, la he confrontado [con el tema de los correos], pero ella, muy astuta, saca un conejo de un sombrero diciendo que es porque yo quiero quitarle su indemnización".

Según Vásquez, luego de que salió el fallo contra el Estado por la destitución ilegal de la senadora, un grupo de colegas de la Unidad de Trabajo Legislativo de Piedad basándose en la sentencia como prueba de que ellos también habían sido destituidos ilegalmente y por lo tanto tenían derecho a un reintegro de dineros dejados de percibir, presentaron otra demanda.[12] "Previamente nuestro abogado se reunió con el abogado de ella para pedirle que coadyuvara nuestra demanda, pero ellos reiteradas veces se negaron, porque decían que nosotros no teníamos derecho a pedir indemnización. Ella tenía muy claro que no estábamos interesados en su dinero, solo le pedimos que coadyuvara. Piedad miente como siempre". Tras su separación, Córdoba inició una relación de muy bajo perfil con Luis Alberto Pérez Olaya, con quienes sus hijos Natalia y Camilo crearon la entidad sin ánimo de lucro Corporación Somos Causa Justa.

Córdoba me dijo que ella y sus hijos se distanciaron de Saab luego de enterarse de que el empresario le había comentado a uno de los hermanos Slebi de Barranquilla, socio de Saab, que se sentía incómodo de andar con la senadora y sus hijos. "Quedé aterrada cuando, le dijeron a mi hijo mayor que a Alex le daba pena que lo vieran conmigo y que además con ellos por negros y porque como yo era oposición en Colombia no quería tener problemas", aseguró Córdoba. De que Córdoba contaba con la admiración de Chávez y su canciller Maduro, no había duda. Lo que pocos sabían es que esa afinidad por el ideario político bolivariano estaba además apuntalada por una íntima fraternidad de los tres con el espiritismo sincrético.

---

[12] La noticia de la demanda fue registrada por el portal Las2orillas. Exasistentes de Piedad Córdoba también exigen indemnización, 13 de agosto de 2016.

CAPÍTULO 7

La Gran Yolba

Casi a la media noche de un día de septiembre de 2010, una caravana de carros oficiales trepaba las colinas de La Pastora, un barrio popular al norte de Caracas.[1] La camioneta Escalate blindada en la que iba la senadora colombiana Piedad Córdoba se detuvo frente a una de las casas herrumbrosas del barrio. Dos escoltas del canciller Nicolás Maduro de apellidos Vargas y Sánchez, ayudaron a salir del automóvil afanosamente a Piedad, que llevaba el rostro cubierto por uno de sus famosos turbantes. "La casa olía espantoso y parecía un todo en uno, en el primer piso había máquinas de estética y camillas, en el segundo había habitaciones, en una de ellas una señora octogenaria con muy mala cara junto a un perro, y el tercero, al cual se llegaba con una improvisada y enclenque escalerilla, llegamos a la escena más surreal que hubiese yo vivido en mi vida". Así relata la primera impresión del lugar un acompañante de Córdoba. Gran Yolba es una venerada espiritista del gobierno venezolano, consultada durante años por los altos mandos sobre los más delicados asuntos del estado de la nación y de sus almas. Yolba es considerada la médium oficial del Libertador Simón Bolívar. Esta vez el propio Maduro había enviado a la senadora para que la espiritista le leyera su futuro.

---

[1] Entrevista con una persona que estuvo presente, pero pidió no ser identificada por razones de seguridad.

Según el testigo, los visitantes fueron conducidos a un pequeño cuarto donde la mujer muy joven vestida de blanco fumaba tabaco frenéticamente. A su lado estaba un joven también de blanco. En la pared del fondo se leía "Altar del Negro Felipe", un espíritu festivo y burlón, invocado con frecuencia por los médiums venezolanos. Dice la leyenda que el Negro Felipe era un esclavo que combatió el vasallaje hasta que sus amos le cortaron la lengua, razón por la cual a veces no se entiende muy bien lo que dice a través de sus intérpretes espirituales. "A todo le saca el lado divertido, pero establece que cuando hay que estar serios, hay que estarlo. El Negro Felipe es de carácter muy temperamental, cuando se molesta, humildemente puede hacerte llorar. Baja también a hacer curaciones y a dar muchos consejos buenos y a advertir. No le gusta bañarse, solo se baña un día al año", dice el portal dedicado a su memoria.

El acompañante de la comitiva recuerda que en el altar había todo tipo de figuras de vírgenes, santos, próceres, la deidad máxima del folclore venezolano María Lionza "levantando su pelvis al cielo, mapas de Venezuela, frutas, juguetes, y velas, muchas, muchas velas".

La Gran Yolba que continuaba fumando tabaco profusamente, saludó con amabilidad a Córdoba y para entrar en confianza le dijo que ella, Yolba, era la médium del Libertador Simón Bolívar. La mujer explicó cómo logró el acceso al gobierno de Chávez y se ufanó de "sus capacidades infinitas para ayudar a las revoluciones bolivarianas, no solo la de Venezuela sino en Bolivia, Ecuador y Brasil".

En la misma habitación maloliente de La Pastora, los acompañantes de Piedad fueron testigos de cómo, en medio del humo del tabaco y música salsa, la Gran Yolba empezó a hablarle con una voz diferente a Piedad. El visitante espiritual se presentó como el Libertador Simón Bolívar. El Libertador exaltó el trascendental trabajo por la paz que Córdoba había hecho, las liberaciones y su relación con la revolución chavista. "Bolívar le dijo que ella iba a ser la presidenta de Colombia sellando la paz y la alianza de la Gran Colombia que él soñó". Además fue directo al decir que "la persona con la que vas a sellar la paz de

Colombia es Iván Márquez, no hables con ningún otro". Márquez es el jefe guerrillero de las Farc que participó en las conversaciones de paz con el gobierno colombiano, pero abandonó el proceso a mediados de 2019 y anunció una nueva guerra contra el Estado.

Córdoba me confirmó el encuentro con Yolba y la predicción de Bolívar. "Soy amiga de Yolba. Y es más, por una razón muy sencilla, porque yo soy santera", me dijo. La exsenadora reconoció que había quedado asombrada con las palabras de El Libertador en boca de la espiritista. "Pues sinceramente yo quedo loca con eso, porque ella habla con Bolívar y dice cosas muy coherentes, ¿me entiendes?". Cuando le recordé que la espiritista citaba a Bolívar diciendo que ella sería presidenta de Colombia, la exsenadora sonrió con orgullo y me precisó lo que había dicho la mujer. "Ella me dijo que, y me lo dijo también Chávez, en un regaño en un avión con Nicolás, me dijo: 'Si tú no tienes organización con la gente, si tú no tienes campesinos organizados, los indígenas, los negros, tú no puedes llegar a ninguna parte' […] Ella [la espiritista] me dijo que yo podría llegar a la presidencia si me aplicaba a hacer todas esas cosas y me apliqué, pero no me salió. Pero ella sí hablaba con él [Bolívar]. Ella se transformaba".

A los tres días de la sesión espiritista, en una reunión en el Hotel Meliá, el jefe de seguridad de Maduro, Williams Amaro, le comentó a Piedad que la Gran Yolba había hablado con el canciller sobre el encuentro. "Allí dijo [Amaro] que Yolba le había dicho a Maduro: «Piedad es la mujer de la revolución en Colombia». Y desde ese momento todas las puertas se le abrieron a Piedad; habló de dinero, acceso, negociación, todo", me dijo la fuente.

La fe que le tenía la cúpula chavista a la Gran Yolba se remonta a 2002, cuando la mujer se abrió paso en medio de una concurrida manifestación chavista y le entregó una carta a Amaro, el asistente de Maduro, entonces presidente de la Asamblea Nacional. Según cuenta ella, el mensaje profetizaba la tumultuosa historia que le esperaba a Venezuela en un futuro cercano: el golpe contra Chávez, la breve toma del poder de la oposición, pero también el resurgimiento del chavismo en abierto desafío a la burguesía local y las incursiones del imperialismo. Los primeros pronósticos empezaron a cumplirse dos meses después, cuando se produjo el golpe contra Chávez, según cuenta el círculo cercano de Maduro. "De inmediato todos los que conocían de la carta buscaron desesperadamente a Yolba, y se convierte en la espiritista, santera, vidente y médium del régimen. Acumuló un poder extraordinario que permeaba alcaldías, la Asamblea Nacional, y hasta el mismo Chávez. Hay historias en las que se dice que el gordo [Juan Alejandro] Barreto, alcalde de Caracas en 2007, no tomaba ninguna decisión trascendental sin consultar con la famosa Yolba", me escribió el testigo.

En otra sesión, la senadora Córdoba se unió a un rito de sacrificio de animales. De acuerdo con el testigo, tomó una lengua de res, se la puso sobre sus piernas y "empezó a insertar clavos en ella, diciendo el nombre de sus enemigos para callarles la lengua y que nunca pudieran ganarle. La lista fue interminable, empezando por Uribe, José Obdulio Gaviria, Francisco Santos, Juan Manuel Santos, Germán Vargas, César Gaviria, Juan Fernando Cristo. La lista fue enorme, políticos, periodistas, líderes empresariales". Luego tomó un corazón de vaca que también perforó con clavos oxidados. "La lengua y los corazones fueron envueltos en los mapas de Colombia y debían ser enterrados en el cementerio central de Caracas", escribió el testigo.

La leyenda de los poderes de la Gran Yolba llegó a Colombia. Los líderes de las Farc empezaron a consultar diversos temas a través de Córdoba. Según el testigo, se hicieron rituales para recuperar la vista del comandante Jesús Santrich, que empezó a perderla desde los catorce años por un glaucoma tratado tardíamente; pero la más curiosa fue una consulta con el Libertador para romper las maldiciones que los masones habían hecho para esconder su espada por siempre. Los guerrilleros querían rescatar la espada que estaba en un apartamento de un masón en Bogotá.

"Las Farc nos contaron que habían encontrado el apartamento, el lugar en donde la escondían, y que la persona que la encontró estaba en estado de locura absoluta hablando en lenguas. Dicha espada nos fue presentada en el campamento de Iván Márquez en Venezuela, un mayo del 2009. Allí estaban Santrich, (Rodrigo) Granda y Márquez", comentó la fuente.

Consulté con Piedad el hallazgo de la espada con la ayuda de Yolba:

—Sí, señor, sí señor, eso es verdad. Y efectivamente la encontraron.

—¿Y el hombre que la encontró quedó como loquito? —pregunté.

—Sí, sí. ¡Qué pecado!

CAPÍTULO 8

"El edecán"

El designio de ultratumba del Libertador Simón Bolívar sobre el futuro de Piedad Córdoba como presidenta de Colombia fortaleció la convicción de Chávez y Maduro de que sería el golpe ideal para cambiar la historia del país vecino que más incomodaba a la revolución. La senadora supo sacar provecho de esa situación. Córdoba estaba comprometida en darles una mano a dos empresarios en aprietos: Alex Saab y el venezolano de ascendencia colombiana Carlos Balilla Battistini. De paso, buscaría directamente otros negocios con el gobierno en el sector petrolero y de importaciones de carne y atún.

Saab conoció a Piedad Córdoba en 2009. Se la presentó un médico masón santandereano que combinaba su práctica en obstetricia con el parto de las finanzas de campañas políticas del Partido Liberal. El doctor Lorenzo Hernández Oliveras[1] recaudó fondos para Horacio Serpa, el político liberal fallecido en 2020. También colaboró con Córdoba en las campañas al Senado de 2006 y 2010. La exsenadora me confirmó que Hernández había sido la persona que le presentó a Saab durante un almuerzo en la casa del médico en Barranquilla donde conoció, además, a sus hermanos y a su papá. Con el papá compartía la causa palestina. Ella sostiene que en esa reunión no se habló del problema que ya acosaba fuertemente a Saab, la deuda de Cadivi, pero

---

[1]   Intenté en varias ocasiones conocer la versión de Hernández, pero no respondió.

una fuente me comentó que Saab aprovechó esa ocasión para pedirle ayuda a la senadora. Se hizo una pequeña reunión en un cuarto aparte en la que estaban Saab y Hernández.

Al día siguiente Córdoba almorzó con Saab en el apartamento de este, donde conoció a su esposa Cynthia y posiblemente a sus hijos, aunque de esto último no está segura. Días después Hernández llevó a Saab al apartamento de la senadora en Bogotá para que le explicara su difícil situación con papeles de Cadivi en mano, según la fuente. Córdoba ha vivido casi toda su vida pública en el *penthouse* de un edificio de la carrera séptima con calle 26 que es una joya arquitectónica del modernismo urbano de la capital. Córdoba le mandó a instalar puertas y ventanas blindadas.

Al final de la reunión, la senadora dijo que haría lo que estuviera a su alcance para ayudar al empresario barranquillero. "Ella quedó comprometida a ayudarlo a sacar los 29 millones de dólares que las empresas de Alex Saab tenían represados en Venezuela con la prestación del pago de un porcentaje del 10 por ciento para Piedad", me explicó una fuente cercana a la operación. Saab se comprometió a apoyarla en gastos de campañas. El total exacto de la deuda de Cadivi con Saab era de 29.546.849 dólares.[2] Al contrarrestar esta versión con Córdoba aceptó que ayudó al empresario colombiano, pero gratuitamente: "Yo soy incapaz. A mí me da pena pedir una comisión", me dijo.

Desde las reuniones con Hernández, me explicó la fuente, Saab "se convirtió en el edecán de Piedad, la recogía y la llevaba al aeropuerto en sus camionetas, andaba en su Hummer y estaba pendiente de ella". De esos favores quedan algunas fotos que muestran a Saab al lado de la senadora en el aeropuerto de Barranquilla, en una calle de la ciudad y en una reunión con el cura Bernardo Hoyos, exalcalde. Saab y Córdoba se cayeron bien y la relación funcionó armoniosamente. Las comunicaciones que conocí de ambos reflejan el alcance de ese pacto de beneficio mutuo. En un mensaje, Córdoba pide tres

---

[2]   Dato de la contabilidad interna de Piedad Córdoba obtenido por el autor.

iPad y dos celulares; en otros, que le envíe los pasajes a Sao Paulo para un grupo de muchachos. Córdoba me confirmó que pidió ese favor para unos jóvenes militantes de Marcha Patriótica, un movimiento de izquierda de la que ella era vocera. En contraprestación por esa colaboración, Saab le dice que espera que se presente en una reunión con Jorge Antonio Giordani, ministro del Poder Popular para la Planificación del gobierno venezolano. Piedad se excusa "porque le toca cumplir cita con la Corte" y él bromea diciéndole que está más ocupada que Bill Gates. Hablan del negocio de un frigorífico y un empresario chino. Saab pide ayuda para William Amaro, el secretario de Maduro, y se queja de un "periodista triplehijueputa que me llamó, me dicen que soy el bolichico colombiano". Y entre uno y otro mensaje de negocios, el empresario se escapa a otro chat para ofrecerle su compasión a Camilo Castro Córdoba, el hijo de Piedad, que se quejaba de la predilección de su madre por su hermano Juan Luis. Camilo le confiesa que no aguanta que su mamá y su hermano estén siempre presionando "a todo el mundo" para que sean "de izquierda y socialistas".

En 2009, Córdoba se veía casi a diario con el canciller Maduro y tenía muy buena relación con Chávez. Maduro recibió la orden de Chávez "de apoyarla política, logística y financieramente", dice la fuente. Asdrúbal Chávez, actual presidente de PDVSA, debía también estar pendiente de lo que necesitara. El funcionario le dio un curso de inmersión a Córdoba en los "cupos de petróleo" o cuotas de venta del crudo de PDVSA a particulares y empresas independientes por los cuales el intermediario cobraba una comisión. Pero Córdoba no tenía la infraestructura para este tipo de transacciones. Asdrúbal la puso en contacto con una empresa petrolera de Brasil para que estudiara la posibilidad de que la firma solicitara el cupo y ella cobrara una comisión. También sostuvo conversaciones con el programa Casa (Corporación de Abastecimiento y Servicios Agrícolas) para importar caraotas, carne y atún. Córdoba asegura que jamás hizo un negocio con el gobierno venezolano.

Saab decidió mudarse a Caracas en 2009 y fue tal su obsesión por lograr la aprobación de los desembolsos de Cadivi que terminó viviendo durante dos meses en una de las suites del Hotel Gran Meliá que el gobierno venezolano le solventaba a la senadora, dice la fuente. "Alex siempre fue una persona muy amable, muy respetuoso, cálido, nunca tenía una palabra o postura fuera de lugar, una persona que generaba confianza desde el primer momento", me dijo la fuente. "Al inicio de la relación con Piedad, su único interés era el pago de los dólares, siempre contaba la grave situación por la que estaba pasando, que además, si Venezuela no pagaba ese dinero cuanto antes tenía que cerrar su fábrica y despedir empleados; siempre relataba el drama de esas familias y se mostraba genuinamente preocupado por el cierre de sus empresas y el despido masivo que veía venir. También estaba muy interesado en demostrar que tenía palabra y que en el momento que a él le cumplieran con el pago él también cumpliría con el diez por ciento pactado con Piedad". A veces hablaba de su simpatía y la de su familia por la causa palestina. De llegar a rico su primer capricho sería comprarse un avión. Un día, el médico Hernández le comentó que su sueño era llevar a toda su familia en un vuelo privado a Europa y Saab le respondió: "el mío es ser el dueño del avión que te lleve".

De acuerdo con la fuente, Saab conversaba con Córdoba en la *suite* de esta y otras veces salía con ella a almorzar al restaurante La Cita, de comida gallega, el preferido de la senadora. Córdoba asegura que Saab jamás se hospedó en las *suites* del hotel que costeaba el gobierno de Chávez.

A raíz de que Córdoba empezó campaña política, Saab la veía poco. Sin dar el brazo a torcer se mudó a otra habitación en la torre principal del mismo hotel, esta vez pagada por él, y allí continuó la paciente espera. Irónicamente, sus esperanzas de recuperar el dinero de Cadivi y de abrir nuevos horizontes en Venezuela, se arrimaron más a la realidad después de haber pasado un gran susto en Caracas. Saab salió a cenar con el médico Hernández, pero antes ambos bajaron de sus habitaciones al *lobby* a cambiar dólares con los botones del hotel. Con los bolsillos llenos de bolívares tomaron un taxi en el Paseo de Sabana Grande. Dentro del vehículo les apuntaron con pistolas mientras los llevaban a un callejón oscuro debajo de un puente donde les quitaron dinero, relojes y joyas. Los soltaron en ese lugar.

Tras el atraco, Córdoba le pidió al asistente personal del canciller Maduro, Williams Alexander Amaro Sánchez, que a partir de ese momento se encargara de la seguridad del empresario. Amaro ya lo conocía desde el día que lo acompañó en la larga espera del canciller Maduro. Saab se entendió a la maravilla con Amaro y con el tiempo terminaron buscando empresas para ordeñar a Cadivi. "En compañía de Williams Amaro, Saab empezó a ir a restaurantes y a tener una vida social en medio del chavismo, con lo que logró conectarse con muchas otras personas vinculadas con el chavismo", comentó la fuente. "Amaro era una persona con pocos modales y poca educación, obsesionado por las motos de alto cilindraje. Su estado normal era dar órdenes a sus subalternos, muy desconfiado, siempre tenía una opinión para desconfiar de alguien". Por su hambre insaciable por el dinero, Córdoba lo puso Tiburón. "Todo se lo quería comer ferozmente". Otra fuente consultada para este libro asegura que Saab conoció a los hijos de Cilia Flores, la primera dama, y por esa vía a Maduro, gracias a Amaro. "Ellos se hicieron muy amigos, pero muy amigos".

Maduro había designado a Amaro como enlace con Córdoba y hombre de confianza para la entrega de dinero en efectivo de la partida secreta del gobierno venezolano. El funcionario ocupaba la suite 7134 del Hotel Gran Meliá. Casi nunca viajaba con el canciller por el terror a volar. Ventaja para Córdoba, que así podía disponer de un ujier de tiempo completo que le ayudaba a moverse en las oficinas claves de la burocracia bolivariana mientras que Maduro estaba de gira en el exterior. Es poco lo que se sabe de la carrera oficial de Amaro. Dice Poderopedia, la enciclopedia virtual del poder, que figuraba desde 2005 como empleado de la Asamblea Nacional. Los medios venezolanos lo identifican como secretario privado de Maduro. A cambio de su fidelidad, Córdoba soportaba la desconfianza generalizada de Amaro. Al hombre no le gustaba Carlos Barilla Battistini, el otro empresario que buscaba un empujón de Córdoba.

No fue arte de magia

Piedad se mostraba acomedida con Saab. Hacía lo que estuviera a su alcance para la recuperación del dinero. Saab era parte de "El Palestino amigo", como bautizó la senadora a las empresas ligadas a Saab y que esperaban el pago de Cadivi. En el otro grupo mal llamado Árabes Amigos por cuanto incluía judíos, estaban el concesionario de automóviles Carlos Mattos, con un pago pendiente de 11 millones de dólares por exportaciones de carros; Pepe Douer, un reconocido líder de la industria textil (Pat Primo Venezuela), que esperaba 9.3 millones de dólares, y Samir Hussein Abdulhamid, un comerciante de Cali de origen palestino que tenía represados 14.6 millones de dólares, según la contabilidad a la que tuve acceso.[3] Hussein registró como beneficiaria de las divisas a Vencohilazas, una firma con sede en Venezuela. Córdoba me dijo que lo conocía. "Es un muchacho de Palmira con quien me da pesar porque él ha sido muy especial conmigo, y me ha rogado para que le den un contratico en Venezuela y a él no le han dado nada". Córdoba me aseguró que ella no intercedió por él para cobrar a Cadivi.

En un mensaje de actualización del estado de las cuentas enviado a Douer y Hussein, el tramitador de las divisas ante Cadivi les dio la buena noticia de que le habían informado que en cualquier momento podría "comenzar el 100 por ciento del pago" a Vencohilazas y Pat

---

[3] En el estado de cuentas el tramitador informaba que de la deuda de Pat Primo Venezuela CA "existen 29 solicitudes con un banco que fue intervenido por el Estado, Helms Bank Venezuela, nosotros hicimos EXPRESA solicitud que se las desastascaran y por dicha razón 29 cuentas serán migradas lo antes posible a un operador cambiario del Estado para su total depuración y pago".

Primo Venezuela.[4] Lo único que le faltaba a Vencohilazas era "adjuntar unos pequeños requisitos logísticos". Después se "¡inicia de inmediato el pago!". A Pat Primo Venezuela le reportaba que los documentos que estaban pendientes "se validaron hoy". Al final del mensaje escribió una sutil nota de cobro: "Te ruego que compartas esta información con Samir para dejar claro que la gestión de TODAS estas cuentas no salió por arte de magia". Pepe Douer murió en diciembre de 2020. Intenté comunicarme por teléfono con Hussein, pero no respondió. Le escribí un mensaje de WhatsApp a su teléfono de Colombia preguntándole si había pagado alguna comisión a Córdoba por el trámite de estos desembolsos. "Esto es calumnia y falsedad. No me interesa hablar con usted, gracias", me respondió. "No conozco qué tipo de amistad pueda tener Piedad con Alex... y no conozco a Alex Saab... no está en mi círculo de conocidos ni de amigos", agregó.

La fuente me explicó que "durante los últimos meses del 2009, Alex esperó muy paciente que Piedad le resolviera el problema. Y de verdad Piedad hizo todo lo posible para que a la lista de empresarios que ella tenía le fueran aprobados los pagos de dólares preferenciales". Literalmente, Córdoba hizo lo divino y lo humano para ayudarlos. En una de las sesiones espiritistas con la Gran Yolba, envolvió un puñado de caramelos con el listado de los empresarios y luego de bañarlo en licor lo dejó al pie de unos de los santos como ofrenda. Y en un esfuerzo más mundano se reunió a principios de 2010 con el entonces director del Servicio Bolivariano de Inteligencia Nacional, Sebín, Miguel Eduardo Rodríguez Torres –2002-2013–,

---

[4]   Mensaje a piedadcordobaruiz@gmail.com Tema: Saludos, Informe, primero de diciembre de 2010, 10:21 p. m. El mensaje dice: "El día de hoy nos reunimos con los encargados del proceso y nos informaron que se realizaron llamadas para confirmar y comenzar el 100 % del PAGO a las siguientes empresas venezolanas: -TELAS LAFAVEN: 1.453.815,11 USD. -VENCOHILAZAS 14.689.955,38 USD. Desde el correo de piedadcordobaruiz@gmail.com de un BlackBerry de Movistar respondieron: Ya hablaron con Samir!!".

para hablar de varios temas que incluía ponerle el acelerador a los pagos de Cadivi. Rodríguez tenía órdenes de Chávez de recibirla.

"Para esta época, Piedad estaba muy desesperada por el pago de esos dineros porque Maduro le había puesto mucha presión para que se lanzara como candidata presidencial en Colombia; pero en una encuesta, pagada por monómeros Barranquilla a Ipsos Napoleón Franco, los resultados fueron devastadores y ella decidió no hacerlo e ir en contra de ellos, argumentando que primero debía ser la senadora más votada de Colombia, demostrar que tenía capital electoral, pero para eso necesitaba mucho dinero", explicó la fuente.

La demora en los pagos no se debía solamente a la decisión de Chávez de congelarlos. Los asistentes de Piedad que tramitaban los cobros se enteraron de que las empresas de Saab, a través de las cuales hicieron las supuestas importaciones a Venezuela, tenían problemas serios de credibilidad con el gobierno. En un memo enviado a Saab por la gente de Córdoba y en el que ella está copiada, se informa del estado del proceso de cobro de cada una de las empresas y frente a varias de ellas aparece el comentario: "los pagos están congelados pues esta empresa es investigada por presunta información falsa relacionada a exportaciones ficticias, además de estar en el listado de empresas insolventes en Ince, Ivss, Conavi y Mintra". En otras observaciones se afirmaba: "esta empresa es investigada por 'importación no habitual'. En otros comentarios se indicaba como razón de la demora "insolvencia en el Mintra (Ministerio de Trabajo)".[5]

Córdoba y su hijo Juan Luis recibían copia de los informes preparados por los asistentes de la senadora sobre el estado de cuentas pendientes. En diciembre de 2010, por ejemplo, le informaron a ambos de los procesos de cobro de cuatro empresarios entre quienes se encontraba Alex Saab "Palestino de Barranquilla", según lo identifican frente a su nombre y tres de sus empresas reclamantes:

---

[5]   Correo fechado el 8 de noviembre de 2010.

Yumah, Canali Color Siete, Metas, Corporación All, Importadora GML. La observación sobre Corporación All dice: "la llamaron pero tampoco la pudieron conseguir, ya Alex nos mandó los teléfonos, nosotros los mandamos al amigo y mañana a primera hora se comunican con ellos para sus pagos".[6] Esta correspondencia indica que contrario a lo que dice Córdoba que no supo del desenlace de los reclamos, su equipo le informaba del control minucioso y actualizado del trámite y estaba siempre atento a que nadie se atribuyera sus triunfos. "Como ves, hay un subtotal de más de 34 millones de dólares que empezamos a pagar desde HOY", decía el reporte. "Hay que estar muy atentos con Samir, que no vaya a decir que la gestión de las cuentas de él y Pepe (Douer) las hizo otro!". Piedad misma también le respiraba en la nunca a los altos funcionarios bolivarianos. Antes de reunirse con Rodríguez, director del Sebín, le había enviado un correo impaciente para que Cadivi autorizara los desembolsos. Lo transcribo textualmente:

"Compatriota –escribió Piedad el 23 de septiembre de 2010 a las 6:53 p. m.–, me da mucha pena molestar, pero se me está convirtiendo en un grave problema lo de los empresarios que te enviamos los listados. El ministro de comercio de Colombia le ha informado uno por uno a quién le van a pagar y nada, por ningún lado aparecen los árabes que siempre nos han apoyado. Ellos están confundidos, me preguntan por qué le están pagando primero a los que están en contra del proceso y hasta apoyan a los paracos y a aquellos que nos han apoyado históricamente son rechazados". Agregaba que "el grave problema es que yo les dije que no hicieran nada a través del ministro, que lo hicieran conmigo que yo me comprometía a que serían los primeros pagos en salir". Según Córdoba, al día siguiente saldrían 230 millones en pagos a otras empresas que no estaban amadrinadas por ella. A medida

---

[6]   Correo dirigido a Piedad Córdoba con copia a Juan Luis Castro, fechado el primero de diciembre de 2010.

que escribía, su ansiedad se hacía evidente. "¿Por favor ayúdeme, qué hago, le mando una carta al Presidente, voy personalmente? Hago lo que sea necesario, pero esto es de vida o muerte".[7]

Al ponerle de presente este mensaje a Córdoba no me negó su existencia y me explicó que el antecedente fue una reunión en Valledupar con empresarios de la Costa y Santander que también estaban pendientes de los pagos de Cadivi. A esa reunión acudió el ganadero y presunto narcotraficante José Guillermo Hernández, o alias Ñeñe Hernández, me dijo Córdoba, ya que a él "le debían una cantidad de plata, mejor dicho a la gente de Valledupar" por lo que ellos "mandaban mucho ganado o carne" a Venezuela. Hernández fue asesinado en Brasil en mayo de 2019. En 2020 su apodo se convirtió en el prefijo de un nuevo escándalo en Colombia, "La Ñeñepolítica, en el que se supo de una masiva compra de votos para la campaña del presidente Iván Duque patrocinada por Hernández. Córdoba me dijo que no sabía qué había pasado con los pagos pendientes de Hernández en Venezuela.

De acuerdo con los correos que conocí, Saab presentó las cuentas de cobro a Cadivi de diecinueve empresas venezolanas que supuestamente habían recibido las mercancías exportadas por él. El más alto de los cobros fue de 4 cuatro millones de dólares presentado a nombre de Inagrinca C.A. y el más bajo por 119 mil reclamado por Distrimodas. Inagrinca es una empresa con sede en el estado Portuguesa de Venezuela, dedicada a la comercialización de maquinaria industrial para procesamiento de granos con un sacrificio extra, según su página en internet "llevar soluciones agroindustriales a cada rincón del país sin importar lo que suceda". Los cuatro millones de dólares entregados a Inagrinca fueron transferidos a Jacadi de Colombia S.A.S., una firma textil propiedad de los Saab que hoy está bajo investigación por lavado de activos.

---

[7]   Mensaje de senadora@piedadcordoba.net para meduardo21@gmail.com identificado en el correo como Miguel Rodríguez. Esta firmado por "PC".

Un noventa por ciento de las empresas utilizadas por Saab para cobrar las divisas figuran en el listado de pagos de Cadivi de 2004 a 2012. Hay que aclarar que las divisas entregadas a estas empresas no corresponden en su totalidad a transacciones con Saab.

A principio de 2011, finalmente Saab recibió la primera tanda de pagos por 9.8 millones de dólares. El monto más alto por tres millones de dólares lo recibió la empresa Metas. Los pagos fueron aprobados por Manuel Barroso, presidente de Cadivi –2006 a 2013–. Debían ser entregados desde diciembre primero de 2010, pero por restricciones de dinero de Cadivi salieron en febrero de 2011. Saab celebró modestamente ese día de febrero. Se fue con un amigo a un restaurante español y ordenó pulpo a la gallega, su plato favorito. No pidió Red Bull.

La conexión Battistini

En el álbum de amadrinados de Piedad Córdoba, antes de Saab existió Carlos Balilla Battistini Zamudio, un empresario millonario a quien Piedad Córdoba conocía desde 2006. Battistini estaba muy preocupado porque le habían llegado rumores de que Chávez le expropiaría su compañía de vallas publicitarias y un canal privado de televisión.[8] La senadora se comprometió a ayudarlo bajo el mismo acuerdo que hizo con Saab: yo hablo con Chávez y tu billetera con mi campaña. El empresario de origen colombiano nacido en Venezuela empezó a hacer generosas transferencias a empleados de sus empresas de comunicaciones en Colombia, (Led Media Ltda.) y por el mismo camino a los asistentes parlamentarios de Córdoba en Bogotá. Estos pagos eran aportes para la campaña de reelección de la senadora. Pero en poco tiempo la operación fue descubierta.

---

[8]   Fernando Freiz un cercano colaborador de Battistini presentó una demanda en 2018 ante la Conferencia de las Naciones Unidas sobre Comercio y Desarrollo (UNCTAD) contra la República de Venezuela por la expropiación de Investments LaTele Televisión CA, Sistemas de Cablevisión CA y Publicidad Vepaco.

"Correos enredan a equipo de Piedad con plata enviada desde Venezuela", decía el titular de *El Tiempo* el 22 de noviembre de 2010.[9]

La nota reveló que la Fiscalía había recibido un informe que contenía 10.514 correos y chats con los nombres, entre otros, de Ricardo Montenegro y Andrés Vásquez, asesores de Córdoba. "En esas comunicaciones se habla del envío de millonarias sumas para financiar actividades políticas y traslados de la exsenadora y de su equipo de trabajo entre los años 2009 y 2010", decía la noticia. Agregaba que las autoridades investigaban giros desde el Banco Central de Venezuela y el Banco Microfinanciero de Venezuela que supuestamente llegaron a través de seis cuentas bancarias, algunas de ellas indicadas expresamente por los asesores de la senadora.

"El 10 de noviembre de 2009, María Alejandra Meza Luna autorizó a Nilton Polanco entregar 20 millones de pesos a la 'señora' posiblemente refiriéndose a la senadora Piedad Córdoba", afirma el artículo. En una conversación por chat fechada el 18 de septiembre de 2009, Vásquez instruye a Montenegro que se deben gastar 600 mil dólares "en todos los eventos". Montenegro responde que se trata de mucho dinero, a lo que Vásquez le sugiere poner "dos personas por localidad para subir costos". De acuerdo con el informe de la Fiscalía, hubo conversaciones alrededor del 4 de noviembre de 2009 "para coordinar la realización de una reunión de la senadora Piedad Córdoba y Carlos Battistini propietario de la empresa venezolana Constructora Caribe".

Vásquez, exasesor legislativo de Córdoba, accedió a hablar sobre este episodio. Me dijo que Battistini, ciudadano colombo-venezolano, era uno de los principales financiadores de Córdoba. Hacia finales de 2009, agregó, después de que El Libertador le dijo a la senadora a través de la espiritista Yolba que ella sería la presidenta de Colombia, "Piedad empezó a mover su maquinaria financiera para ser la candidata del Partido Liberal en 2010. Y el primer paso era ganar el Congreso

---

[9]   Redacción de Justicia, *El Tiempo*, 22 de noviembre de 2010. Archivo digital.

Liberal y la consulta popular. Carlos estaba al tanto de eso y estaba dispuesto a conseguir el dinero". Cuenta Vásquez que en el 2009 Battistini llevó a Piedad a la casa de Pedro Torres Ciliberto, dueño de ocho bancos, empresas financieras y de Seguros La Previsora, que temía que el gobierno de Chávez ordenaría la expropiación de su conglomerado, incluyendo una flota de cinco aviones. "Fuimos a una lujosísima casa en un condominio llamado La Lagunita, a las afueras de Caracas. Y allí Pedro Torres Ciliberto le pidió el favor de interceder por él ante el gobierno de Venezuela, más precisamente Hugo Chávez, para que no lo expropiara. Que él podía poner todas sus entidades financieras al servicio del chavismo. Ese día Piedad se comprometió a ayudarle y como intercambio le daría por intermedio de Battistini un millón de dólares. Después de esa reunión, Piedad me dio la instrucción de crear un presupuesto para ganar el Congreso del Partido Liberal, ganar los líderes en todo el país y ganar la candidatura presidencial. Todos mis correos con Ricardo se refieren a crear ese presupuesto. En un momento del proceso, Ricardo y yo nos dimos cuenta de que haciendo todo lo que pedía Piedad era imposible gastarse un millón de dólares. Y Piedad nos dice, no importa, lo importante es pasar el dinero para acá, inflen las cifras, Carlos solo tiene que ver un presupuesto. Y todas mis conversaciones finales con Montenegro tienen que ver con el dilema de cómo montamos más reuniones, agregamos más aviones, para completar el presupuesto". Vásquez sostuvo que Torres entregó el millón de dólares y Córdoba se comprometió a hablar con Chávez. Pero Chávez le dijo que "no se metiera en eso". Vásquez cree que Córdoba nunca se lo dijo a Torres. De todas maneras, la transferencia del dinero continuó. Para realizar la operación, Battistini creó una filial de su compañía en Venezuela, Led Media Colombia, nombró un director ejecutivo y una secretaria. "Y a través de esa empresa en coordinación con Piedad, Elvira Amézquita, secretaria de Piedad en Colombia, y Nilton, director ejecutivo de Led Media Colombia, María Alejandra, de Led Media Venezuela, movieron cientos de millones de pesos de Venezuela a Colombia para Piedad, quien además terminó usando los aviones de Torres Ciliberto cuando quiso". Uno de esos aviones tuvo que hacer un aterrizaje de emergencia en Opa-Locka, Florida, luego de que ella insistió a los pilotos que volaran a New Haven, New York, en medio de una tormenta implacable. Córdoba quería llegar a la ceremonia de graduación de postgrado en Yale de su hijo médico Juan Luis.

Córdoba me dijo que no recordaba la operación de transferencia de dineros que originó la investigación de la Fiscalía, aunque admitió que conocía a Battistini desde los primeros años de sus viajes a Caracas a partir de 2006. "Realmente me le distancié porque el tipo tenía unos amiguitos que mejor dicho, pero pues tampoco tuve una relación estrecha con él. Con él sí varias veces salí a almorzar o a comer porque como es colombiano". La exsenadora sostuvo que la única gestión en la que ayudó a Battistini fue en obtener un pasaporte colombiano.

Cuando Córdoba conoció a Battistini, el empresario era muy cercano al gobernador de Carabobo, Luis Acosta Carlez –2004 a 2008–, el exgeneral de brigada que pasó a la historia de la infamia en Venezuela por un sonoro eructo que expulsó deliberadamente frente a las cámaras de televisión durante un allanamiento a la planta de Coca-Cola en Valencia. Acosta Carlez a su vez tenía una estrecha relación con el poderoso narcotraficante Walid Makled, arrestado en agosto de 2010. En 2011, Makled dio un par de entrevistas explosivas en las que reveló que compartía utilidades en bodegas de almacenamiento con Acosta Carlez; que Battistini era socio suyo, y que Córdoba tenía montado un negocio con Battistini para cobrar peaje a quien buscara acceso directo a Chávez.

"Carlos hizo cientos de millones de dólares siendo contratista del Estado cuando Acosta era gobernador, ahí fue que conoció a Makled", me comentó una persona cercana en esa época a Battistini. "En ese momento, Carlos empezó en un *shopping spree* [frenesí de compras] de todo. Compró La Tele, un canal de televisión. Él nos reunió en varias ocasiones con Pedro Torres Ciliberto, exiliado y expropiado por Chávez, y con el banquero que hace poco acusaron en USA, Raúl Gorrín. Y todas las reuniones eran para que Piedad intercediera para que Chávez no los expropiara".

En una entrevista con el periodista de Univisión Casto Ocando, en marzo de 2011, Makled dio detalles de sus negocios con Acosta Carlez.[10] Semanas después le contó a Juan Carlos Giraldo de RCN Televisión de Colombia que su socio y amigo Battistini le había comentado que junto a la senadora Córdoba habían montado un negocio para cobrar hasta cien mil dólares a empresarios de Colombia y Venezuela por conseguirles citas con el presidente Hugo Chávez. "Él cobraba 100 mil y no sé cuánto le daba a Piedad, cómo tenían ellos ese negoció ahí. Yo sé que son socios porque él me lo decía y ella siempre viaja en el avión de él. Yo sé que cuando andaba en campaña él estaba consiguiéndole plata también", dijo Makled. Al respecto, Córdoba me respondió: "Yo sí tuve una relación muy, muy, muy cercana con Chávez. Creo que por eso me respetó. Pero jamás le llevé a alguien para negocios". La investigación del envío de dinero de Battistini a la campaña de Córdoba fue archivada en Colombia. Ningún medio le hizo seguimiento. El empresario figura en los registros públicos de España como apoderado solidario de la empresa Servicios Sanitarios y Parasanitarios creada en 2011. También aparece con una propiedad en Orlando, Florida y su esposa con dos sociedades.

---

[10] "Narcotraficante Walid Makled denuncia redes de conexiones con oficiales en Venezuela", Casto Ocando, Univisión, 11 de marzo de 2011.

CAPÍTULO 9

El eslabón perdido

Cuando en febrero de 2011 Chávez liberó el torrente de dólares de Cadivi que había mantenido represado durante casi un año, los intermediarios que gestionaron los pagos ante el gobierno salieron contentos a cobrar sus comisiones de éxito a los empresarios favorecidos. Salomón Bendayan, un comisionista internacional que manejaba una vasta operación de divisas venezolanas al margen de la ley, había estado muy pendiente de este desenlace.[1] Bendayan trabajaba como intermediario de varias empresas de textiles de Colombia que registraban exportaciones a Venezuela, algunas cuestionadas por el gobierno de ese país por sospechas de precios y cantidades infladas. De acuerdo con una fuente cercana a Bendayan, el empresario estaba en deuda con Piedad Córdoba por las gestiones que la exsenadora había hecho a favor de compañías relacionadas con él. Una vez se conoció la decisión de los pagos de Cadivi, la gente de Córdoba se reunió en Caracas con Bendayan para coordinar el giro de las comisiones. Entre las instrucciones que Bendayan recibió durante esas conversaciones, la fuente tiene en su poder un correo electrónico de 2011 que dice: "200 mil USD en la Calle 25 #6-91 Piso 13 a la señorita Cristina Castro, esto ojalá pueda suceder hoy 17 de febrero en el transcurso del día, en

---

[1]   El grueso de la información de Bendayan de este capítulo fue obtenido en documentos de cortes de Estados Unidos: Distrito Sur de Florida (15-Cr-20234) y Distrito de Massachusetts (15-Cr-20840).

efectivo y puede ser en la moneda que puedan COP o USD". La dirección corresponde al apartamento de Córdoba en Bogotá. Córdoba me dijo que "no tenía la menor idea" de este pago ni sabe quién es Cristina Castro, cuyo nombre me hizo repetir dos veces.

En el mismo memo de instrucciones a Bendayan, se le pidió que entregara 250 mil dólares en efectivo a Andrés. "Él los hace llegar al señor que nos colabora quien nos solicitó que por favor fuera en USD no Bolívares antes del viernes 18". Un total de 200 mil bolívares fuertes o 25 mil dólares debían ser depositados en una cuenta en el Banco Nacional de Crédito a nombre de Escapade Viajes y Turismo CA para pagar los pasajes de una comitiva de Córdoba que asistió a una cumbre en Argentina sobre la paz en Colombia en febrero de 2011. Una fuente familiarizada con la transacción me dijo que "el señor que nos colabora" destinatario de los 250 mil dólares era Williams Amaro, el jefe de seguridad de Maduro. El pago no se concretó debido a que a Bendayan le pareció una locura exponer a una persona a desplazarse por Caracas con esa cantidad de dinero en efectivo. "Lo matan", dijo Bendayan, según la fuente. La misma preocupación tenía con la entrega en Bogotá. Al final se decidió que los pagos se harían a través de bancos en el exterior. Como Córdoba ni sus hijos tenían una infraestructura societaria preparada para recibir el dinero, agregó la fuente, la senadora acudió una vez más a Saab para que le recomendara la mejor forma de canalizar el dinero o les prestara alguna cuenta en la que pudiera recibir las comisiones. Saab hizo dos recomendaciones por escrito a las cuales tuve acceso. La primera enviar los pagos a una cuenta del HSBC en Nueva York para acreditar posteriormente a una cuenta del mismo banco en Panamá en la cual la beneficiaria sería la Comercializadora Geneva S.A.[2] Por alguna razón desconocida, Saab

---

[2]   Mensaje de Saab fechado el 24 de marzo de 2011. Dice "A continuación lo solicitado. Las instrucciones para Giro Geneva son: HSBC Bank New York ABA 021001088, para crédito posterior cuenta número 000049522 del HSBC de Panamá, beneficiario Comercializadora Geneva S.A. Cuenta Nro. 01-08142424.

cambió de parecer al día siguiente y opinó que sería mejor que las transferencias las hicieran a Maquila Textiles y Confecciones S.A. (MTC), empresa registrada en Barranquilla en 2006.[3]

Bendayan empezó entonces a usar sus firmas Globex Capital Ltd. y Capitol Enterprises, registradas en Hong Kong para canalizar los giros *swift* de las comisiones que le correspondían a Piedad Córdoba y a William Amaro, el asistente del canciller Maduro por su intermediación en la aprobación de los desembolsos de Cadivi. Globex sería intervenida cuatro años después por autoridades federales de Estados Unidos por sospechas de lavado de dinero. De acuerdo con documentos a los que tuve acceso, uno de los pagos por 150 mil dólares fue enviado el primero de marzo de 2011 al Giro Bank de Curazao a nombre de un amigo de Amaro. A fines del mismo mes, la operación se repitió, esta vez por 100.000 dólares al mismo intermediario.[4] Los giros para Córdoba fueron enviados a Maquila Textiles y Confecciones S.A. (MTC) constituida para ofrecer servicio de "maquila de empresas de vestir". El 11 de abril de 2011, Globex Capital Ltd. de Bendayan autorizó al banco DBS de Singapur debitar un total de 302.376 dólares a favor de la cuenta del MTC en el Banco Ganadero de Colombia.[5]

Los socios de MTC, hoy en liquidación, no son conocidos en el sector del comercio exterior. En la dirección de la sociedad opera una tienda de miscelánea donde nadie da razón de MTC. El manejo

---

[3] Empresa registrada en Barranquilla en 2006 con domicilio en la Calle 38 N. 43-152.

[4] DBS, customer Ref. No: PTT110325485513, Debit A/C No:908000922-USD; Valued date:25-Mar-2011; Payable Amount: 100,000; Order Customer Name and Address: Globex Capital Ltd, Room 303 3/F, St. George Bldg., 2 Ice House St. Central; Beneficiary Bank: Giro Curacao NV, Scharlooweg 35; Intermediary Bank: JP Morgan Chase Bank, 4 New York Plaza, Floor 15.

[5] DBS, Telegraphic Transfer. Debit A/C 9080000222-USD, A/C Title Globex Capital Ltd, Value date:11-Apr-2011; Payable amount:302,376; Beneficiary Bank BBVA Banco Ganadero, Carrera 9 72-21, Floor 5. Intermediary Bank: Citybank N.A 111 Wall Street.

interno de la compañía deja también mucho qué desear. Fabio León Álvarez Franco, el revisor fiscal de la firma, renunció a su cargo por escrito en septiembre de 2011, cinco meses después de los giros de Bendayan, por "la RENUENCIA por parte de los miembros de la junta directiva de la empresa [...] de colocar a mi disposición todos los documentos y soportes contables para llevar a cabo mis funciones de revisor fiscal en esa empresa". En el mismo documento entregado a la Cámara de Comercio, se quejó de que la compañía se había negado a pagarle los honorarios de los últimos diecinueve meses.[6]

Para la época de los giros, la DEA había lanzado una operación multinacional que llevaría a sus agentes a fijarse en los movimientos de Bendayan. En abril de 2015 el comisionista fue acusado de lavado de dinero ante las cortes federales de Boston y Miami. En el primer encausamiento, los fiscales alegaron que el negocio de Bendayan consistía en ganarse "sustanciales sumas de dinero" en el mercado paralelo de Venezuela adquiriendo dólares de fuentes ilegales como el narcotráfico a una tasa de cambio baja para luego venderlos o cambiarlos en bolívares a una tasa mucho más alta en el mercado negro venezolano. Con esta operación, Bendayan lograba ocultar las transferencias de dólares derivados del narcotráfico y justificaba sus ingresos "presentándolos falsamente" como pagos de deudas e inversiones de capital de numerosas empresas internacionales y cuentas bancarias en Florida, Nueva York, Panamá, Hong Kong y Singapur, agrega el pliego de cargos. La acusación contra Bendayan, que después se redujo a un simple cargo de operar un negocio cambiario sin licencia, señaló al banquero austriaco venezolano Martín Lustgarten como cabecilla de la operación y formuló cargos también contra el colombiano Andrés Uricoechea Williamson. Este último compartía la empresa R21 con Bendayan en negocios

---

[6]   La carta, aparentemente hecha a máquina de escribir, está fechada el 14 de septiembre de 2011. No fue posible contactar al contador ni a Haiman Berrío Olivera, miembro principal de la Junta Directiva.

relacionados con Cadivi. Más de treinta cuentas fueron congeladas en varias partes del mundo, incluyendo cuatro en el Banco Davivienda de Colombia y una en el Banco de Bogotá. Estaban a nombre de Andrés Gómez, cuyo papel no fue revelado por los informes de la DEA y las demás de comercializadoras y firmas de tecnología y econometría con negocios en Venezuela.

Aunque Bendayan finalmente fue condenado por un delito menor del que se le acusó originalmente, tras un acuerdo con la Fiscalía, la historia de su vida registrada por la DEA arroja luces sobre cómo Cadivi se convirtió en una impresionante lavandería internacional de dinero del crimen organizado. Resulta también relevante porque el fiscal que manejó su caso en Miami, Michael Nadler, es el mismo que dirigió luego la investigación y el encausamiento de Alex Saab.

Con la acusación a Bendayan culminó una operación de siete años que se extendió a una docena de países y en la que se obtuvieron cientos de horas de conversaciones telefónicas en Estados Unidos, Argentina y Colombia. Bendayan, de 58 años, es descrito en los documentos de las cortes de Estados Unidos como un financista *multitask* que un día estaba negociando exportaciones a Venezuela y al siguiente piedras preciosas. "Viaja extensamente alrededor del mundo y se cree que está involucrado en el lavado de millones de dólares en Colombia, Venezuela, Argentina y China a través de esquemas de comercio", escribió el agente especial de Seguridad Nacional Investigaciones (HSI) Michael J. Krol en un extenso reporte elaborado para justificar la interceptación de teléfonos de los acusados.[7] Fechado en febrero de 2014

---

[7] Afidávit de 93 páginas preparado por Michael J. Krol, exagente de la DEA. El reporte fue escrito en su condición de miembro de Boston Strike Force. Su declaración fue presentada como sustentación judicial para obtener el permiso de interceptar dos celulares usados por Bendayan. Uno a nombre de la firma Pilot Holdings Inc. c/o J Calvo, de Brooklyn, New York. El otro a nombre de Bedrock Holdings America, una empresa de Nueva York. El agente cita además dos teléfonos interceptados en noviembre de 2013 por un juez colombiano en el marco de la misma investigación.

y con varias páginas censuradas íntegramente, el informe señala que existe una "causa probable" de que Bendayan y los demás acusados "estén cometiendo y van a cometer delitos que involucran el lavado de instrumentos monetarios". Krol es hoy el jefe de personal (*chief of staff*) de investigaciones de Seguridad Nacional (Homeland Security).

Nacido en Marruecos, Bendayan es de origen israelí, tiene ciudanía canadiense y al momento de su arresto acreditó residencia permanente en Estados Unidos. Cursó estudios de bachillerato en Maracaibo, pero no continuó una carrera universitaria. Llegó a manejar noventa cuentas bancarias en el JP Morgan Chase de Estados Unidos y operaba varias compañías en Florida y Nueva York y sociedades en Hong Kong y Miami. El año anterior a su arresto había viajado a Panamá, Caracas, Cartagena, Montevideo, San José de Costa Rica, Cancún, Vancouver, Tel Aviv, Frankfurt y Hong Kong. Figuraba con un apartamento en Brooklyn y otro en Aventura, Florida.

"Celos no profesionales"
Bendayan fue arrestado en Nueva York el 8 de abril de 2015. Las pruebas en su contra no se ventilaron públicamente por cuanto el caso no llegó a juicio. Él y Lustgarten se declararon culpables de cargos de menor gravedad. Ambos salieron bien librados. Sus abogados sacaron provecho de una fuerte disputa entre las jurisdicciones de Boston y Miami por quedarse con el caso. La primera cedió el expediente a la segunda. A finales de 2015 la Fiscalía de Miami dejó sin efecto la primera acusación y reformuló una nueva contra Bendayan, pero ya no por lavado de dinero sino por un cargo ostensiblemente menos grave como es el de operar un negocio de cambio de divisas sin licencia del Departamento del Tesoro. Lustgarten se declaró culpable de permanecer en el país sin documentos en regla, en violación a la ley de inmigración.

Los fiscales del caso informaron a la juez Marcia G. Cook que los acusados habían llegado a un acuerdo confidencial con el gobierno. Lustgarten coopera con el gobierno federal mientras continúa haciendo negocios privados desde un apartamento de un millón de dólares en Biscayne Bay, Florida, según *The Miami Herald*.[8] Lo que empezó como una espectacular investigación que prometía destapar una gigantesca red de lavado de dinero a través de Cadivi, terminó en una violación de licencia de funcionamiento y de las leyes de inmigración. Bendayan fue condenado a dos años de prisión. Aunque estos desenlaces judiciales generalmente se dan como retribución a los acusados que aportan información valiosa a los fiscales, el proceso fue accidentado y sinuoso, no solo por las demoras del gobierno en la entrega de pruebas sino por la tensa disputa entre los fiscales.

Howard B. Brownstein,[9] el abogado de Bendayan, atribuyó el aparente fracaso de la acusación original a la inocencia de su cliente, obviamente, pero también destacó el hecho insólito de que ambas jurisdicciones acusaron a su defendido de cargos similares con una diferencia de una semana, lo que revelaba una insólita falta de comunicación entre los fiscales. El de la incomunicación es un problema recurrente y aún no resuelto por el Departamento de Justicia, me comentó el veterano exfiscal de Miami, Dick Gregorie. En una de sus mociones, Brownstein aprovechó para recordarle al juez que Krol, el agente de la DEA que preparó el extenso informe de Bendayan, mencionó "los celos no profesionales y la competencia" entre las fiscalías de ambos distritos. "Estos comentarios [los de Krol] sirven como una asombrosa revelación y génesis de cómo y por qué Bendayan se levantó en la mañana del 8 de abril de 2015 con la pesadilla de haber sido encausado por los mismísimos delitos en dos jurisdicciones diferentes", escribió Brownstein.

A raíz de la acusación de lavado de dinero en Estados Unidos, los bancos en los que manejaban cuentas Bendayan y Lustgarten

---

8   "How a Venezuelan Money Launderer Became a US Informant", *The Miami Herald*, 21 de septiembre de 2020.

9   Le envié un mensaje electrónico al abogado Brownstein el 15 de diciembre de 2020 que no respondió.

reportaron los movimientos a Fincen, el organismo que controla el lavado de dinero en Estados Unidos. En mayo de 2017, Fincen emitió un reporte de actividades sospechosas (SAR) de veintitrés páginas que describe los movimientos financieros de Bendayan y cita varias comercializadoras y una ferretería de Venezuela involucradas en las operaciones del comisionista.[10] El monto de las operaciones detectadas por Fincen en su muestra de cinco años llega a más de 145 millones de dólares. Según Fincen las actividades sospechosas fueron reportadas por el banco británico Barclays Bank PLC de Nueva York.

A principios de 2011, Saab le propuso al exasesor de Córdoba, Andrés Vásquez, que se fuera a trabajar con él. Le habló del amplio panorama que se abría para nuevos y lucrativos negocios de importación a Venezuela. El politólogo consultó con un empresario amigo que le aconsejó rechazar el ofrecimiento advirtiéndole que detrás de las importaciones ficticias se estaban colando organizaciones criminales de todos los calibres. Vásquez compartió con Córdoba la reflexión del empresario y le anunció que dejaría de trabajar en los negocios que tuvieran relación con Saab. A Córdoba le cayó mal la decisión y le pidió a su asistente que les entregara a sus hijos Juan Luis y Camilo todos los asuntos pendientes con Saab. En octubre de 2012, Camilo Andrés Castro, hijo de Córdoba fue nombrado presidente de la empresa panameña Papalma Investment S.A., creada en mayo del año anterior, a pocas semanas de la ruptura de Córdoba y Vásquez, con un capital de 10.000 dólares. Entre las actividades de la empresa estaban la realización de "cualquier tipo de operación comercial o financiera" y "la compra o fletamento de buques o naves

---

[10] En un reporte del 5 de mayo de 2016, Fincen cita numerosas empresas comercializadoras de Venezuela, industrias y compañías de inversión. El estudio de 101 transferencias cablegráficas arrojó que "fueron enviadas a empresas localizadas en Venezuela dedicadas a la venta al detalle de ropa, alimentos, servicios financieros y contratación industrial. Otras aparecen como "importadoras de productos colombianos".

de cualquier clase". Cuando le pregunté a Córdoba por esta empresa, ella supuso que yo estaba averiguando por una cuenta bancaria aparentemente a nombre de la firma. Córdoba respondió: "Yo le pregunté a Camilo [hijo de Córdoba]. Camilo vos por qué abriste esa cuenta y me dijo 'no mamá, yo la abrí porque pensaba que este tipo nos iba a ayudar, que pronto me iban a contratar'". ¿Qué tipo?, pregunté. "Pues Alex", respondió Córdoba. "Pero nunca movimos ni un peso ahí", agregó.

CAPÍTULO 10

El cascarón

Mientras Alex Saab pasaba en Venezuela como un próspero exportador de textiles que se hizo millonario de la noche a la mañana con el desembolso de Cadivi, sus empresas en Colombia estaban en la mira de la justicia penal. Las autoridades colombianas desempolvaron la historia contable de Shatex, la empresa textil de los Saab creada en 1998. Preguntaban por las actividades de los hermanos de Saab, Luis Alberto y Amir Luis. En sus primeros años, los Saab se dedicaron de tiempo completo y con grandes esfuerzos a sacar adelante el negocio familiar. Alex tuvo una participación del 84 por ciento de las acciones de la empresa entre 2004 y 2014 y fue gerente y miembro de su Junta Directiva. El resto de las acciones estaban en poder de sus hermanos. La empresa producía textiles y uniformes para industrias y supermercados colombianos.

Según un exempleado de la fábrica, al principio Saab parecía un tipo "pilo" dedicado a la empresa y el control de calidad. "Bajaba a la planta, si no veía que la tela no cumplía la devolvía, era temperamental, pero trataba bien a la gente". Algunos se quejaban de que el joven empresario parecía muy desconfiado. Estaba siempre sospechando de que los empleados lo robaban en la tienda de punto de fábrica que funcionaba al lado de la factoría textil. "Como el papá tenía conexión directa con la Policía, no era raro que gente de la Dijín apareciera en la casa de un empleado que sospechaban a hacer interrogatorios", agregó la fuente. Poco a poco los investigadores de la

Fiscalía se percataron de que la empresa fue usada como una mampara mercantil para ocultar maniobras ilícitas. A medida que Saab caía en el encanto de los dólares Cadivi, la fábrica empezó a crecer más en sus libros de contabilidad que en su cadena de producción. Un análisis de la Fiscalía arrojó que entre 2006 y 2007 la empresa creció en un 923 por ciento luego de que sus ingresos venían a la baja en un 33 por ciento. En la repentina bonanza "se puede evidenciar una manipulación y doble contabilidad que llevaba la sociedad Shatex", señala la Fiscalía.

A partir de 2010, Shatex se volvió un cascarón. El propio revisor fiscal de la firma, Robinson Ruiz Guerrero, en su renuncia al cargo el 31 de enero de 2012, dejó en claro que abandonaba la empresa "en vista de la inexistencia material de la sociedad desde hace más de dos años" y "ya que a la fecha no se vislumbra posibilidad alguna de reiniciar operaciones". En el 2010 la empresa ni siquiera presentó declaración de renta pese a que al mismo tiempo reportaba exportaciones. La Fiscalía informó, además, que la compañía "mostraba dos realidades financieras diferentes: una ante el Estado colombiano y otra ante el sector financiero colombiano".[1]

Los investigadores criminales de la Policía, Alex Salazar Chazatar y Yennyt Mahecha Sosa, y el subintendente Sergio Alfonso Badillo, inundaron con requerimientos de información a empleados de prevención de lavado de activos de bancos locales. Al mismo tiempo accedieron a centenares de documentos comprometedores en la dirección de impuestos, Dian; el Ministerio de Comercio Exterior y la Superintendencia de Sociedades. Al final encontraron que las huellas de Saab estaban a lo largo de las operaciones cuestionadas, desde la

---

[1]   Formato Escrito de Acusación, Fiscalía General de la República de Colombia, 20 de junio de 2017. Basándose en el revisor fiscal, la Fiscalía concluyó que a partir del 2010 Shatex S.A. "dejó de existir materialmente". A pesar de esa situación, agrega el escrito, en el año 2010 la empresa reportó operaciones de venta de más de 209 millones de pesos e importaciones por 111 millones de pesos.

apertura de una cuenta en abril de 2008 en el Banco Colpatria hasta declaraciones de cambio de transferencias en el Banco de la República en 2018. Lo que refleja la investigación es que durante más de una década Saab buscó atajos para engañar al gobierno de su país con operaciones ficticias de comercio exterior y timos al sistema tributario.

Los patrulleros encontraron una colección de infracciones cambiarias y tributarias. Mientras pedían documentos y allanaban oficinas, los detectives escuchaban conversaciones telefónicas de una veintena de celulares intervenidos con orden judicial. Shatex no era la única en la mira. La Fiscalía investigaba además operaciones de Jacadi de Colombia; Saafartex S.A.; Global Energy Company, Venedig Capital S.A.S., Saab Certain & Cía. y Comercializadora Nates. En varias de estas sociedades aparecía como gerente o revisor fiscal Julio César Ruiz Maestre, sobrino del revisor que renunció por sustracción de materia.

Las exportaciones ficticias de la empresa en las que se concentró la Fiscalía ocurrieron entre 2004 y 2011 y casi todas involucraban a Venezuela. En ese periodo, Shatex sacó del país 25.304 millones de pesos para pagar importaciones, pese a que las mercancías no ingresaron. "Al rastrear los pagos internacionales se observó que la mayoría de los beneficiarios de los giros enviados al exterior por Shatex, no cruzan con los que aparecen en las Declaraciones de Importaciones", señala la acusación. Podría tratarse de "proveedores internacionales ficticios a los cuales se les ha incrementado su patrimonio".[2]

Shatex ya había sido sancionada por una infracción cambiaria que cometió en julio de 2007. La transacción se relaciona con un giro de la compañía a una empresa panameña. En otra infracción se sancionó a la firma por la tentativa de sacar del país 65.000 dólares en cheques sin declarar. Pero quizás la investigación que más avanzó tiene que ver con una presunta estafa de 228 mil dólares que

---

[2] Formato escrito de acusación, Fiscalía General de la República, 20 de junio de 2017.

involucra a la empresa. Según la Fiscalía, en el año 2009 Shatex obtuvo un "descuento" (adelanto) de Bancoldex presentando una factura de exportación de vestuario a un cliente en Australia. Al vencer los términos de la factura, en el banco no se registró el pago del proveedor australiano Myer Store. No existe ningún señalamiento contra el proveedor.

Un registro de Shatex muestra que el supuesto cargamento de 2.000 kilos a Australia llevaba trajes, sastres, conjuntos, faldas y otros implementos. La operación resultó falsa, según los detectives. "Es evidente que lo que pretendió y efectivamente obtuvo [Shatex] fue un provecho ilícito, engañando a Bancoldex sobre la veracidad de la operación de una exportación simulada", sostiene el informe de acusación de la Fiscalía. Bancoldex es una sociedad de economía mixta (aportes del sector público y el privado). Mediante la operación comercial llamada de descuento, el exportador hace efectivo el cobro del monto de la factura de venta antes de su pago por parte del importador, descontándolo en una entidad financiera que le abona el monto.

En 2010 la Fiscalía denunció por estafa la operación simulada de Shatex, pero el proceso se estancó por una burda maniobra con la que se pretendía desaparecer la acción penal presentándola como un caso civil abandonado por el demandante. En enero de 2012, alguien escribió en el Sistema Penal Oral Acusatorio, SPOA, que la Fiscalía 19 local de Barranquilla archivaba el expediente debido a "inasistencia injustificada del querellante",[3] lo cual era falso. La novedad aparecía atribuida a una fiscal cuyo nombre no menciona el reporte de investigación de la Fiscalía. No obstante, la fiscal explicó a los sorprendidos investigadores que mal podría haber autorizado

---

[3]   "En su momento se radicó como una estafa de menor cuantía, como si fuese un delito querellable", afirma el Formato Escrito de Acusación, Fiscalía General de la República, 20 de junio de 2017.

esa anotación porque no estaba asignada a la Fiscalía 19 en la fecha en que se hizo. La fiscal denunció el hecho, según los detectives. El cambiazo en el expediente podría obedecer a una campaña de limpieza de fachada. Saab se había ganado un contrato multimillonario dos meses antes en Venezuela, rubricado con la presencia del presidente de Colombia, Juan Manuel Santos.

CAPÍTULO 11

Barril sin fondo

Fue una ceremonia insólita de la que queda un video viral. Un maestro de ceremonias del Palacio de Miraflores en Caracas presenta ante un público bostezante de funcionarios del gobierno a un hombre con cola de caballo como firmante "por Colombia" de un convenio internacional entre ambos países.[1] Lo identifica como representante del Fondo Global de Construcciones. Es el 28 de noviembre de 2011. El hombre de la colita, Alex Saab, se acerca para firmar los documentos en una mesa en la que esperan los presidentes Santos y Hugo Chávez, este último distraído leyendo un libro. A un lado se ve al canciller Nicolás Maduro y en el extremo a la ministra de Relaciones Exteriores de Colombia, María Ángela Holguín.

De ordinario los convenios internacionales los firman presidentes o ministros.

En este caso "por Colombia" y en las narices del presidente Santos, lo hizo Saab, un personaje desconocido y sin ningún cargo público. Por Venezuela, agregó el maestro de ceremonia, firmaría, eso sí, el ministro del Poder Popular de Industrias, Ricardo Menéndez.

El objetivo del convenio lo explicó el locutor con un exceso de detalles técnicos: "la construcción e instalación de kits para la construcción de viviendas prefabricadas de polietileno expandido y

---

[1]   https://www.univision.com/noticias/univision-investiga/
el-oscuro-pasado-de-dos-millonarios-contratistas-del-gobierno-venezolano.

mallas electrosoldadas". Aunque el valor del contrato no fue anunciado en la ceremonia, luego se supo que la compañía y otras filiales recibirían 685 millones de dólares por un paquete de obras públicas que incluía, además de las viviendas multifamiliares en el estado Carabobo, la construcción de gimnasios de paz y la remodelación de un centro comercial en el estado Vargas.

En algún momento se ve a Santos susurrando al oído de Holguín. Santos me explicó que en ese momento le estaba preguntando a la canciller: "¿Este tipo quién es?".[2] Ella le respondió: "No sé, un tipo Alex Saab, amigo de Chávez y Maduro". Santos no considera que la situación en la que se vio enredado fue bochornosa. "No le di mayor trascendencia, es la informalidad de los venezolanos". La presencia del presidente en la ceremonia fue además el resultado de una cadena de informalidades. Según Santos, a raíz de un acercamiento a Chávez tras meses de encontronazos, el presidente venezolano propuso un evento público. "Chávez es bastante espectacular. Entonces me dijo: «Hagamos un evento y firmemos acuerdos como para mostrar que las relaciones se están componiendo». Firmamos una cantidad de documentos y dentro de los documentos está la construcción de unas casas".

Pero el festival de la informalidad no terminó ahí. Si se considera el calado del contrato y que no hubo una licitación previa, podría pensarse que la empresa favorecida debería de tener una sobresaliente trayectoria en el sector de la construcción y los prefabricados. Nada de eso. La firma Fondo Global de la Construcción había sido creada en Colombia cuatro días antes de la ceremonia, según el certificado de la Cámara de Comercio.[3] Con un capital de 900.000 dólares, la empresa aparecía representada por Alex Saab, quien no tenía ningún pedigrí

---

[2]   Entrevista telefónica con el expresidente Santos, enero 21 de 2021.
[3]   Según el Certificado de Existencia y Representación Legal, la sociedad reportó un capital suscrito de 500 millones de pesos. Como gerente registró a Adriana Rodríguez Martínez, entonces esposa de Álvaro Pulido. Como suplente aparecía Angélica Santos Sánchez.

en la industria de la construcción del país. Aunque en una carta enviada desde Cabo Verde en agosto de 2020, mientras esperaba su extradición a Estados Unidos, aseguró que participó en la construcción de mil viviendas en su natal Barranquilla.

El folleto de Fondo Global publicado por Gran Misión Vivienda Venezuela mostraba una empresa boyante, dedicada al desarrollo de "obras civiles de vivienda, comercio, industria e infraestructura en Latinoamérica". Como aliados estratégicos, la firma mencionaba a la empresa italiana Emmedue, especializada en la producción de paneles modulares con plantas en República Dominicana, Nicaragua, Panamá e Italia. También citaba a las constructoras tradicionales de Colombia, Conconcreto y Foster Ingeniería, al grupo industrial Belga Bekaert y a la multinacional alemana Basf. Como proveedores mencionó a Electro Cables, empresa ecuatoriana fabricante de cables en cobre y aluminio y almacenes Juan Eljuri, que suministraban acabados cerámicos y grifería.

Cuando entrevisté a Álvaro Pulido, socio de Saab, me aseguró que hubo un proceso licitatorio, pero nunca recibí una prueba de lo que decía. Me explicó que aprobado el convenio por la Misión Vivienda, él y Saab invitaron a "unos señores que trajeron la tecnología Emmedue". Se montaron plantas y organizaron una sociedad con inversionistas venezolanos, gente de "la colonia judía venezolana, el señor Alex Saab y yo puse lo que era logística". La firma no pasaba de diez socios, agregó. Dado que el gobierno venezolano estaba encantado con la tecnología Emmedue, la sociedad fue seleccionada para construir 25 mil viviendas. Poco después se dijo, según Pulido, "que no podíamos hacer ese contrato tan grande y se rebajó a 4.100 viviendas" por "200 y pico de millones de dólares" y nos han dado "60 y pico de millones de dólares".

Una vez más, Saab logró llegar a este punto en parte gracias a su madrina Piedad Córdoba, quien ya le había ayudado a rescatar los dólares de Cadivi, me comentó la fuente cercana a estas operaciones. La exsenadora tenía confianza con Patricia Villegas, una periodista colombiana presidenta de Telesur, el canal oficial del gobierno venezolano. "Piedad habla con Patricia Villegas para que le ayude con que su esposo haga algo con Alex", me explicó la fuente. Córdoba le dijo que se debía apoyar "a los empresarios colombianos que están con la revolución". El esposo de Villegas es Ricardo Menéndez, un consentido del régimen a quien se ve en el famoso video darle un abrazo a Saab luego de la firma del convenio. En ese momento, Menéndez estaba estrenando un nuevo ministerio, el de la Industria. Había sido nombrado por Chávez ministro del Poder Popular para Ciencia, Tecnología e Industrias Intermedias en 2009 y al año siguiente como presidente encargado de la Agencia Bolivariana para Actividades Espaciales. Córdoba negó rotundamente cualquier injerencia en este asunto. Dijo que se enteró del contrato cuando vio el video de Saab firmando el convenio. "Qué risa. Patricia es una persona que no es capaz de hacer eso, ella no tenía como la capacidad de hablarle a Chávez de esas cosas". Córdoba no desconocía el proyecto de vivienda de Saab como me dijo. Existen correos electrónicos en los que el empresario informa con lujo de detalles a los asesores de la senadora los avances del proyecto. En uno de ellos Saab anexó un mensaje de un ingeniero de la empresa que dice: "Buenas tardes señores, envío modelo vivienda Guárico de 61,170 m^2 de construcción con el sistema MDUE, incluyendo cortes, planchas, fachadas, instalaciones hidráulicas eléctrica y especificaciones técnicas del modelo, según indicaciones".[4] El ingeniero adjuntó los planos.

Saab estructuró la gran operación de construcción de viviendas y obras afines con la creación de empresas en Colombia, Ecuador y Perú, que llevaban el ambicioso nombre de Fondo Global de Construcción (FGC). Según el folleto corporativo[5], las filiales en estos

---

[4]   Mensaje enviado por Saab el 11 de marzo de 2011.
[5]   Fondo Global de Construcción: Proyecto Integral de Construcción y Transferencia Tecnológica, Gran Misión Vivienda Venezuela. El folleto explica un modelo de negocios con cinco fases: la construcción de las 25 mil unidades de kits

países estaban controladas por tres empresas (FGV Holanda BV de Holanda, FGC Latam 2012 SL de España y FGDC Latinoamérica SL, también de España). A su vez, estas estaban controladas en un ciento por ciento por la firma matriz FGDC Malta Holding que tenía como último beneficiario a Álvaro Enrique Pulido Vargas, socio de Saab.

En el momento en el que Santos llegó como convidado de piedra a la firma del convenio, Saab ya había sido denunciado penalmente en Colombia por estafa a Bancoldex, como se relató en un capítulo anterior. A esta pesquisa se unió la Dijín según lo reveló la periodista María Jimena Duzán. ¿Cuánto sabía Santos de los antecedentes del hombre que firmó por Colombia el convenido de vivienda? "No estaba al tanto", me dijo Santos. Su interés en que Saab fuese investigado surgió luego de una visita que hizo con Maduro a una región del Orinoco en agosto de 2014 para analizar el contrabando de combustible y la inseguridad. Maduro le propuso la construcción entre ambos países de estaciones de gasolina en la frontera. A Santos no le movió la aguja la idea. Lo que sí le causó curiosidad fue que Maduro le comentó que tenía a la persona ideal para construir las estaciones. De nuevo el todero ubicuo, Alex Saab. "Comenzamos a ver que tenía una relación muy especial con el gobierno venezolano y nos dijeron que estaba metido con Monómeros en Barranquilla, y aparece una información de que estaba metido en los negocios Claps", recuerda Santos. "Le doy eso a [general Juan Carlos] Buitrago y ahí se comienza la investigación a la que se une la DEA, ICE, le dije a la Fiscalía que se metieran, se metió y también la UIAF para detectar los depósitos".

La primera etapa del negocio de Saab y Pulido parecía lista: el Fondo Global de Construcción del Ecuador exportaría las casas a Venezuela a nombre de dos empresas que no tenían ninguna experiencia en construcción. Pero en Ecuador no todo estaba bajo control.

---

de vivienda; la construcción de 25 mil viviendas en lotes del Estado; la producción de materiales; la capacitación e integración, y la comercialización.

CAPÍTULO 12

La conexión ecuatoriana

El 24 de noviembre de 2012, los camiones de la compañía que el Fondo Global de Construcción del Ecuador contrató para llevar casas prefabricadas por tierra hasta Venezuela, hicieron una parada en Tulcán, ciudad al norte del Ecuador.[1] De allí debían atravesar la geografía colombiana y descargar en Paraguachón, un pueblo al extremo nororiental del país, limítrofe con Venezuela. Antes de que el vehículo se enrumbara hacia Colombia, un operario de la compañía de transporte se percató de que los datos en los documentos de exportación no cuadraban con el contenido del camión. Felipe Sebastián Tobar Cevallos, representante de Servicio de Transporte Terrestre Internacional Sánchez Polo, reportaría después a la Fiscalía que la mercancía no pasaba de 2.000 kilos cuando la compañía había declarado que pesaba 16.000.

El contenido "no era igual al encontrado dentro de la carga de transporte", explicó Tobar. El hallazgo del operario ecuatoriano fue quizás una de las primeras señales de que detrás del plan de construcción de viviendas para gente de escasos recursos en Venezuela se estaba fraguando una gran operación de exportaciones ficticias. La maniobra siguió adelante, pero a mediados de 2013 se disparó una nueva alarma. Funcionarios de cumplimiento de las normas contra el lavado de dinero de varios bancos del Ecuador detectaron una inusitada

---

[1]   Proceso 09286-2015-02285, Función Judicial, República del Ecuador.

catarata de depósitos millonarios provenientes de Venezuela para el pago de exportaciones. Después de tensos debates internos en los que se calcularon los costos políticos de cuestionar una operación binacional de esa magnitud, el 11 de julio de 2013, uno de los bancos emitió el reporte número seis de "Operaciones Inusuales e Injustificadas" que enlistaba al Fondo Global de Construcción (Foglocons). Según el reporte, varias empresas se habían constituido recientemente en Ecuador para exportar a Venezuela productos que "no se destacan en la industria ecuatoriana".

Con ese reporte arrancaba uno de los mayores escándalos de lavado de dinero en la historia del dolarizado país suramericano. De todas las incursiones de Saab y Pulido en América Latina, la de Ecuador es la mejor documentada y la que ofrece mayores detalles de su *modus operandi*. De hecho, uno de los capítulos de esta operación como fue el supuesto pago de sobornos a funcionarios venezolanos para que autorizaran las importaciones ficticias a su país, se convirtió en el centro de la acusación federal en Miami contra los empresarios por lavado de dinero de la corrupción. Sin embargo, la acusación federal no cita los antecedentes en el Ecuador.

Tras abrir la investigación, la Fiscalía ecuatoriana puso a declarar desde el dueño de la imprenta que elaboraba las facturas hasta los administradores de las empresas proveedoras de las materias primas. Las inconsistencias del gran negocio de las viviendas fueron saliendo a flote durante la investigación oficial e indagaciones periodísticas. Los portales Periodismo de Investigación e Infodio de Alek Boyd y un equipo de reporteros de *El Universal* del Ecuador, Armando.info, *El Nuevo Herald* de Miami y Connectas, revelaron nuevos secretos del entramado.

Los fiscales ecuatorianos pretendían demostrar que detrás de las multimillonarias operaciones del Fondo Global de Construcción S.A. se tejió una compleja red de lavado de dinero mediante exportaciones ficticias masivas desde Ecuador a Venezuela. El escándalo corrió el velo de una operación que hasta ese momento Saab y Pulido habían celebrado como una jugada maestra. Los empresarios movieron sus influencias al más alto nivel en Venezuela y Ecuador, crearon un emporio corporativo de papel a un ritmo frenético en media docena de países y diseñaron una maniobra financiera que hoy no ha terminado de descifrarse totalmente. En Ecuador, donde reventó la pita, el fondo se había creado el 19 de septiembre de 2012 luego de que el ministro venezolano Ricardo Menéndez certificó que quedaba autorizada la importación sin aranceles, dado que las viviendas del acuerdo suscrito con Fondo Global no se producían en Venezuela.

Como accionistas de Foglocons en Ecuador se registraron Álvaro Pulido con el sesenta por ciento y el venezolano Luis Eduardo Sánchez Yánez con el cuarenta. El ecuatoriano Luis Aníbal Zúñiga Burneo figuraba como administrador. Sánchez Yánez no estaba en la sociedad como colado. Una fuente cercana a Saab me comentó que fue puesto allí "por si había algún problema con el gobierno de Correa". Un hermano de Luis Eduardo, Jaime Francisco Sánchez Yánez, trabajaba en el círculo de seguridad más cercano al presidente Correa desde 2004 y fue asesor del Ministerio del Interior entre 2012 y 2014. Jaime Francisco, de nacionalidad venezolana y ecuatoriana, utilizaba cinco pasaportes para viajar por el mundo en los que tenía sellos de entrada a Venezuela, Perú, Cuba, Estados Unidos, Bélgica y Argentina, de acuerdo con *El Universo* de Ecuador. El perseguido periodista ecuatoriano Fernando Villavicencio, uno de los reporteros que ha investigado el tema del Fondo Global en su país, recordó que Jaime Francisco pasó a la historia infame del falso golpe de Estado a Rafael Correa. Varias fuentes le contaron a Villavicencio que el 'Chamo', como le dice Correa a Jaime Francisco, "fue el enlace entre Hugo Chávez y el presidente de Ecuador, para definir la estrategia del presunto golpe de Estado, secuestro y magnicidio, y así justificar la violenta incursión militar en el Hospital de la Policía".

A raíz del reporte de actividades inusuales del banco, la Fiscalía de Pichincha asumió la investigación. Se encontró con que Foglocons había sido contratada en Venezuela para el proyecto de vivienda por las firmas Thermo Group y ELM Import para el suministro de casas prefabricadas y cierto material de construcción. El negocio se haría a través del Sistema Unitario de Compensación de Pagos (Sucre), uno de tantos inventos del gobierno venezolano para supuestamente mantener el control de las divisas y fomentar exportaciones.

En el momento en el que la Fiscalía empezó a hacer preguntas sobre el negocio de Fondo Global, la empresa ya había exportado, al menos en el papel, 3.980 casas prefabricadas a Thermo Group y 1.700 a ELM Import. Pero en realidad el negocio se parecía más al famoso vallenato de *La casa en el aire*. Ese número de viviendas nunca llegó a Venezuela. El 13 de julio la Fiscalía allanó la sede de Foglocons y se encontró con una mina de información incriminatoria. Moshé Gómez, del Servicio Nacional de Aduanas del Ecuador, descubrió que la empresa había emitido 165 declaraciones aduaneras de exportación con destino a Venezuela de las cuales 88 no fueron aprobadas por las autoridades ecuatorianas. Las negadas sumaban más de 309 millones de dólares. Esa cifra superaba las exportaciones de aceite de palma de Ecuador, uno de los diez primeros renglones del comercio exterior del país. Se sospechaba que esas declaraciones habían sido usadas para respaldar las exportaciones ficticias.

En la contabilidad del Estado ecuatoriano lo único real que se había exportado sumaba 3.1 millones de dólares. Aun así, no era del todo transparente. En las exportaciones se incluyeron paneles modulares que la empresa compraba en 19.95 dólares en Ecuador y facturaba a Venezuela en 170 dólares, es decir, inflaba el precio en 752 por ciento. Un cotejo de documentos en diferentes entidades públicas le permitió concluir al investigador de la Fiscalía que Foglocons había utilizado las mismas facturas para respaldar diferentes exportaciones y que Cadivi, la Comisión de Administración de Divisas en Venezuela, había autorizado pagos millonarios basándose en facturas de exportaciones que no existían. La empresa ecuatoriana se habría beneficiado, agregó Gómez, "emitiendo facturas con la misma numeración, pero consignando importes diferentes para cada institución a la que serían remitidas".

Karen Jansen Vik, directora nacional de Prevención de Lavado de la Superintendencia de Compañías, reportó una situación insólita en la contabilidad de la empresa exportadora de Pulido. La compañía había facturado en 2012 aproximadamente 127 millones de dólares a ELM Import, su cliente en Venezuela, por concepto de casas prefabricadas, pero en los estados financieros presentados a la Superintendencia, "no se registra valor alguno por concepto de ingresos, así como tampoco por costos y gastos, siendo éstos últimos necesarios para poder fabricar las casas prefabricadas a ser exportadas…", señaló Jansen.

La cadena del fraude bajo investigación comenzaba desde las facturas que usaba la empresa para justificar ingresos y egresos. Patricio René Farías Veras, el administrador de Azacrome S.A., la empresa que imprimía las facturas, le dijo al fiscal que alguien había duplicado el formato original que había confeccionado en su negocio. "Las facturas de venta emitidas por Foglocons se encuentran duplicadas, es decir que son falsas puesto que las mismas no coinciden con el formato de factura preimpresa remitido por la imprenta que las elaboró", concluyó la Fiscalía. A juzgar por los movimientos de dinero de Foglocons podría pensarse que se trataba de una empresa sólida con grandes activos fijos. No había tal. Los activos propios de la empresa de Pulido como maquinaria, material de oficina y edificios, sumaban 1.321 dólares con 61 centavos.

La Fiscalía argumentaba que el montaje de la operación ficticia no hubiera sido posible sin que varias empresas locales se prestaran para emitir facturas de ventas a Foglocons. En junio de 2015, Édgar Escobar, el fiscal del caso, formuló cargos por lavado de activos contra Pulido, Yánez y Zúñiga y pidió la prisión preventiva.[2] Basándose en información del Banco Central del Ecuador, su argumento más fuerte partía de la premisa de que Foglocons no había logrado justificar exportaciones a Venezuela por más de 135 millones de dólares. El banco solo tenía documentos que justificaban exportaciones de 3.1 millones de dólares. Y para citar un caso concreto, Escobar mostró facturas adulteradas en las que el Fondo declaraba una exportación de veinte casas prefabricadas cuando en realidad habían sido cuatro. Las reales tenían un precio de 152 mil dólares, pero en la factura falsificada indicaban que habían costado 846 mil dólares. Ni Pulido ni Sánchez Yánez comparecieron a la formulación de los cargos. No presentaron ningún tipo de justificación, señaló el fiscal. En la audiencia de acusación estaba el defensor de los tres acusados, el conocido abogado Jorge Enrique Zavala Egas, quien desde entonces retó al fiscal a que demostrara el origen ilícito de las divisas.

---

[2] Escobar pidió la incautación de los dineros bloqueados en una cuenta de Banco Amazonas por $47 millones 536 mil dólares y en otra en el Austro por ocho millones 852 mil.

CAPÍTULO 13

"Ni un clavo"

Algunos fiscales ecuatorianos viajaron en 2015 a Caracas para investigar las operaciones del Fondo Global de Construcción S.A. de Ecuador, que se había convertido de la noche a la mañana en uno de los mayores exportadores del país. José Ramírez, jefe de obras del Fondo Global de Construcción en Venezuela, mostró a los miembros de la delegación los avances de un proyecto de vivienda adjudicado por Hugo Chávez a la firma multinacional.

Al terminar la visita a un apartamento modelo del proyecto, uno de los miembros de la delegación preguntó si los materiales usados para las obras salían del Ecuador. "Ni un clavo", respondió Ramírez, según el reporte presentado por César Eliú Gutiérrez Erazo, consejero de la Embajada de Ecuador en Venezuela. "Es decir que nunca habían importado absolutamente nada de la República del Ecuador", señaló el informe.[1] Ramírez llevó a los visitantes a una fábrica de materiales de construcción. Después de constatar que se estaban elaborando paneles, vigas y láminas, los delegados insistieron si algunos de esos materiales eran importados, "y nuevamente repitió que no, que todos los materiales que estaban utilizando en el proyecto de vivienda eran de origen venezolano", reportó Gutiérrez.

Las afirmaciones de Ramírez ponían en abierta contradicción a la flamante compañía exportadora del Ecuador Fondo Global de

---

[1]   Proceso 09286-2015-02285, Función Judicial, República del Ecuador.

Construcción S.A., que en los últimos meses había reportado exportaciones por un total de 159 millones de dólares de materiales para ese proyecto de construcción en Venezuela.

La cobertura periodística que generó la investigación de la Fiscalía ecuatoriana empezó a incomodar al gobierno de Rafael Correa, incondicional de Chávez y comprometido con las fraternales relaciones desde la creación de Empreven Ecuador para fomentar el comercio entre ambos países (2009). Hasta este punto la operación se puede resumir en cinco fases:

1. Las empresas de Venezuela Elm Import y Thermo Group hacen un pedido a Foglocons en Ecuador de 10.760 casas prefabricadas, por un total de 408.8 millones de dólares.
2. Con el permiso del gobierno venezolano ambas empresas pagan anticipadamente una parte de la orden, sin haber recibido una sola casa. El pago se hace con créditos que reciben de varias empresas de Venezuela y Panamá.
3. El dinero enviado por las compañías de Venezuela llega al Banco Central de Ecuador y de ahí es girado a los bancos Amazonas, del Austro, Pacífico y Territorial, a favor de Foglocons.
4. Una buena parte de los pagos son transferidos al exterior por Foglocons. Algunos de estos pagos llegan a Estados Unidos. Las autoridades solo alcanzan a congelar 56.3 millones.
5. El Fondo de Construcciones del Ecuador despacha mercancía hacia Venezuela que no corresponde a la descripción de los pedidos originales en cantidades, contenidos ni peso.

Una sexta etapa, no detectada por la Fiscalía ecuatoriana y que me explicó una fuente del Banco de Venezuela, apunta a que un directivo de Fondo Global enviaba a último momento una carta a Cadivi cambiando el beneficiario final y las cuentas de destino de los pagos que originalmente debían ser para el Fondo de Construcción. De esa manera las transferencias terminaban en cuentas de Antigua, Barbuda y Suiza, lo cual era ilegal.

Primer revés

El fiscal general Galo Chiriboga dispuso que el expediente fuese enviado a Guayaquil a finales de 2013. El fiscal de ese caso en la ciudad costera, Peter Jácome, ordenó investigar a algunas compañías que aparecían como proveedoras del Fondo Global en Ecuador. Pero a finales de 2014 se produjo el primer tropezón del proceso: la jueza Madeline Pinargote Valencia declaró la nulidad de todo lo actuado con el argumento de que las pruebas obtenidas en el allanamiento a la empresa no eran lícitas. Según ella, la documentación incautada no estaba dentro de la petición del fiscal y las facturas confiscadas tenían carácter de "documentación inviolable". En ese momento, octubre de 2014, Pinargote mantuvo los fondos congelados. Sin embargo, tres meses después tomó una decisión más osada: ordenó devolver a Foglocons los 56.3 millones retenidos pese a que ya existía una determinación de mantener el bloqueo de esos fondos ordenada por jueces superiores.

¿Por qué lo hizo?, le pregunté a la exjuez que está viviendo fuera del Ecuador.[2] Respondió que al no haber un proceso "no había razones jurídicas para dejar las medidas cautelares de carácter personal y real". Es decir, los fondos retenidos debían ser devueltos. Pinargote había recibido desde octubre una notificación de la Fiscalía para que renunciara al caso por cuanto los actos a través de los cuales se le había confiado la causa "fueron declarados nulos". La Fiscalía alegaba que cuando la juez tomó la decisión no había sido seleccionada para ese caso. Pinargote consideró improcedente la solicitud y la ignoró.

---

[2] Entrevistas telefónicas, por correo electrónico y WhatsApp en enero y febrero de 2021.

"No son los fiscales sino los jueces quienes deben de excusar a otro juez de una causa o recusarlos", me explicó Pinargote. La juez continuó sustanciando el proceso y se negó a levantar sus medidas. Ante esa negativa, el 21 de enero se presentaron en su oficina cinco personas, entre quienes se encontraban altos jefes del Consejo de la Judicatura, funcionarios de la Fiscalía y un notario. Según ella, todos obedecían órdenes del fiscal Chiriboga. "Me obligaron a firmar una providencia [...] en la cual yo me excusaba de seguir actuando", me dijo la exjuez. "Yo estaba embarazada, me fui a emergencias ese día pues casi pierdo a mi hijo".

En opinión de la Fiscalía, la jueza cometió prevaricato pues no estaba confirmada como responsable del caso al momento de tomar esa decisión. Pinargote fue destituida y condenada en 2018 por prevaricato. La abogada ha dado una ardua batalla legal y mediática en su defensa para explicar que su decisión fue aprobada por jueces superiores que no fueron destituidos y para denunciar que fue forzada a firmar la decisión de separarse del caso. Ciertamente el auto de la jueza fue ratificado en segunda instancia por la Sala Penal de la Corte Provincial de Justicia. Alega, además, que fue víctima de presiones del entonces presidente del Consejo Nacional de la Judicatura, Gustavo Jalkh. Los dineros incautados continuaron congelados. Su caso está pendiente de una impugnación ante jueces nacionales. Como apoyo a su causa, Pinargote me envió una denuncia penal por tráfico de influencia contra una de las personas que supuestamente participó en la intimidación para que firmara la decisión. Me llamó la atención que quien radicó esta denuncia en enero de 2015 fue Luis Eduardo Sánchez Yánez, uno de los principales acusados. Pinargote me explicó que no conoce a Sánchez ni a ninguno de los acusados.

El fiscal Jácome tuvo que comenzar una nueva indagación previa que pasó a Édgar Escobar, un nuevo fiscal. En medio de la investigación, la Fiscalía sumó otro acusado al proceso por cuenta de un episodio tipo Súper Agente 86. Mientras se efectuaba la audiencia preparatoria de juicio en el Complejo Judicial Guayaquil Norte, el 28 de julio de 2014 los guardias del edificio descubrieron que uno de los asistentes a la audiencia le tomaba fotografías al fiscal Chiriboga con su teléfono celular, lo cual está prohibido. El *paparazzi* fue identificado como Amir Nassar Tayup, abogado venezolano. Los guardias confiscaron el celular Samsum Galaxy del abogado y abrieron una indagación preliminar.

Las fotos le salieron caras. El teléfono contenía datos que llevaron a la Fiscalía a concluir que Nassar era "uno de los principales miembros del grupo económico Fondos Global de Construcciones, ELM Import y Thermo Group", según escribió el experto en criminalística Fredy Robayo. Nassar reportaba cada movimiento del proceso a sus amigos, Pulido, Saab y Sánchez Yánez, lo que les permitía estar al tanto no solo del desarrollo oficial del caso sino de sus novedades tras bastidores, según lo muestra la cadena de correos entre ellos. Uno de los mensajes firmado por Maicol F. anticipaba la decisión de la justicia ecuatoriana: "Me dijo Cuchi que van a dictar una medida de nulidad con el tema de Ecuador". Cuchi es el apodo de Álvaro Pulido, copropietario de Foglocons. En otro mensaje, un tal Hugo informaba que en el caso de Ecuador "todo va viento en popa". Minutos antes de que le confiscaran el celular, Nassar envió un mensaje a Fernando Niut, no identificado, en el que reportó la presencia del fiscal Chiriboga y describió el ambiente en la sala como "tenso". En el último mensaje, el Súper Agente decía que sospechaba que lo iban a detener.

Nassar fue vinculado como "autor inmediato" del delito de lavado en la misma causa de sus patrones. Una dependencia judicial del Ecuador que lleva el perentorio título de Fiscalía Tercera de Soluciones Rápidas, estableció que Nassar actuaba como asesor legal del Fondo Global de Construcciones de Venezuela, ELM Import y Thermo Group. Se le señaló de "realizar maniobras con el objetivo de lograr que el delito investigado en la Fiscalía quede en la impunidad".[3]

---

[3] Pág. 52. Actuaciones Judiciales, proceso 09296-2015-022285, Función Judicial, República del Ecuador.

Meses después se supo que Nassar estaba vinculado a otras empresas de la mancuerna Pulido-Saab, pero su papel más visible fue el de verdugo judicial de los periodistas de Armando.info, Alfredo Meza, Ewald Scharfenberg, Joseph Poliszuk y Roberto Deniz, quienes denunciaron incansablemente los negocios turbios de Saab y Pulido. Nassar orquestó la andanada legal contra los reporteros, que debieron abandonar el país ante un arresto inminente. Mientras defendía a los operadores emergentes de la Revolución Bolivariana, Nassar pasaba vacaciones en Miami, la ciudad que el chavismo radical designó como la capital tropical del imperio. Desde 2010 hasta 2020, mantuvo un *townhouse* en Doral que compró en 425.000 dólares con una hipoteca del Total Bank.[4] También aparece como gerente de Orinoco Assets LLC,[5] una firma a nombre de la cual registró un apartamento de más de un millón de dólares situado en el edificio SMA Residence Condo de la zona de Brickell.[6] El apartamento fue adquirido en julio de 2018. Orinoco Assets fue creada en mayo de ese año.

Nassar se asoció a Adrián Perdomo Mata, uno de los cerebros de operaciones financieras de la organización de Saab para crear en Panamá, a mediados de 2015, la firma Aleaciones Metálicas del Pacífico. Según los registros del condado de Miami-Dade, dos meses después Nassar vendió su propiedad en Doral, aunque la firma titular del apartamento en Brickell continúa activa y la propiedad no ha cambiado de dueño.

---

[4]   Escritura del 22 de mayo de 2010, base de datos catastral de Miami-Dade County Clerk of the Courts.

[5]   División de Corporaciones de Florida. Orinoco Assets LLC. fue registrada el 29 de mayo de 2018 con una dirección en Doral, Florida. Amir Nassar aparece como gerente con dirección en Doral. Los mismos archivos muestran que el 17 de febrero de 2017 se constituyó la sociedad Poultry Brokerage LLC en la que Nassar se registró como gerente. En la misma fecha registró la sociedad Beachwalk 2408 LLC en la que también figura como gerente y con una dirección en Pompano Beach.

[6]   801 S Miami Ave, Miami. Unidad 4404, adquirida por 1.1 millón de dólares el 12 de julio de 2018. Tiene tres habitaciones y tres baños.

Todas las pruebas reunidas por los colaboradores de la justicia ecuatoriana, respecto a las nebulosas transacciones del Fondo Global de Construcción, debieron pasar por el escritorio de la jueza de garantías penales de Guayas, María Jaramillo Hidalgo, quien presidía el caso y no tenía experiencia en procesos de esta envergadura. Venía de ser jueza de adolescentes infractores y de momento tenía al frente la acusación más importante de lavado de dinero en la historia de Ecuador. El 15 de enero de 2016, Jaramillo citó a la audiencia en la que se definiría el llamamiento a juicio de los inculpados. El primer turno correspondió al abogado de la defensa Jorge Zavala Egas quien recordó que este caso ya había sido sobreseído por el juez Francisco Mendoza. Zavala parafraseó las declaraciones de Mendoza al decir: "no señor, no me diga esto de lavado de activos, no hay origen ilícito de divisas, yo más bien creo que hay que investigar el delito aduanero".[7]

Zavala se quejaba de que la Fiscalía ignoró las conclusiones del juez y volvió a orientar el caso hacia el blanqueo de activos "sin decir dónde está la ilicitud del origen de las divisas que llegaron al Ecuador". El abogado reiteró que el fiscal no había demostrado la ilegalidad del dinero, requisito fundamental para sustentar el lavado de activos. "El origen de las divisas siempre fue lícito", alegó. Además, citó investigaciones de autoridades de Venezuela y Colombia que les daban la razón a sus clientes de que el procedimiento había sido limpio. En el caso de las autoridades colombianas, no aclaró quién le dio paz y salvo. A su turno, el fiscal Édgar Edmundo Escobar, hizo un recuento de las pruebas practicadas y resumió sus actuaciones diciendo que su oficina "detectó alteraciones de duplicidad de facturas defraudaciones tributarias, aduanera y una estrecha vinculación con compañías inexistentes realizando todo un velo societario, típico delito de lavados de activos".

---

[7]   Los periodistas del Ecuador Mónica Almeida, Fernando Villavicencio, Christian Zurita y Cristina Solórzano hicieron un seguimiento extraordinario sobre este tema y compartieron con el autor documentos clave del expediente.

"Aquí hubo algo"

La jueza Jaramillo compró el argumento de la defensa y sobreseyó a los inculpados argumentando que, en efecto, la Fiscalía no había demostrado el origen ilícito de los fondos. A su entender, los dineros no estaban contaminados por delito alguno ya que habían salido "del presupuesto general de la República hermana". Al mismo tiempo, sin embargo, reconoció que el fiscal había demostrado dos de los tres pilares de la jurisprudencia para que se configurara el lavado: incrementos patrimoniales injustificados u operaciones financieras anómalas; inexistencia de actividades económicas y vinculación con actividades delictivas. La juez afirmó que el fiscal no había logrado demostrar el tercer elemento. También sostuvo que la Fiscalía había omitido la explicación de cómo participó en el delito cada uno de los acusados. Pero no descartó que las conductas pudieran encajar en otros tipos penales como fraude aduanero, por ejemplo, aunque no le correspondía a ella sino a la Fiscalía la labor de reorientar la acusación.

Total, la jueza ordenó devolver los 56.3 millones de dólares congelados en los bancos y levantó la orden de detención contra Álvaro Enrique Pulido Vargas, Luis Eduardo Sánchez Yáñez, Luis Aníbal Zúñiga Burneo y Amir Nassar Tayupe.[8] El fiscal Escobar quedó frustrado, según me comentó en una entrevista telefónica.[9] "Usted sabe que el gobierno venezolano obviamente encubría, entonces yo siempre dije que la certificación no era válida porque no estaba justificada por el sistema económico de Venezuela la procedencia de ese dinero, que por mucho que haya sido bancarizado, nunca justificaron cómo adquirieron el dinero". Agregó que siendo un caso tan complejo la juez debía haberse tomado un tiempo para decidir y no fallar anticipadamente en la misma audiencia. El fiscal esperaba que

---

[8] El sobreseimiento definitivo fue dictado el 19 de junio de 2016.

[9] Entrevista telefónica, 8 de agosto de 2020. Escobar alegó en la audiencia que "existió realmente una adulteración de las facturas entre las que llegaron a Ecuador y las que existen en Venezuela".

el proceso pasara a la etapa de juicio donde se debía discutir si la certificación del Banco Central de Venezuela, respaldando el origen lícito de los fondos, era válida y si las conductas encajaban en el delito de lavado.

"Todo el mundo sabe que ahí hubo algo", concluyó Escobar al recordar que Jaramillo fue impuesta por el Consejo Superior de la Judicatura pese a su falta de experiencia. Escobar apeló la decisión argumentando que la jueza no entró a analizar "ninguno de sus fundamentos en los cuales se basa el sobreseimiento". En la audiencia tomó la palabra el abogado Zavala y una vez más atacó al fiscal por su terquedad de insistir en el lavado cuando su investigación en realidad apuntaba al delito de exportaciones simuladas.

"Si [los fondos] llegaron legales es suficiente para que no haya delito de lavado de activos, porque lo que exige el tipo [penal] es que la llegada del activo sea ilícita, de fuente ilícita. No me digan que el Banco Central de Venezuela es fuente ilícita o que el presupuesto general del Estado de Venezuela es ilícito o que el contrato donde se manda todo esto, que es con el gobierno de Venezuela, es ilícito", dijo Zavala. Escobar me dijo que le propuso a su jefe Chiriboga presentar un recurso extraordinario de protección ante la Corte Constitucional. Según él, Chiriboga nunca respondió. La juez ordenó la liberación del dinero congelado.

Los jueces y fiscales ecuatorianos tenían suficiente material periodístico para empaparse de las aventuras de Pulido y su socio Saab. Desde octubre de 2013, el periodista y bloguero, Alek Boyd, había alertado del vertiginoso ascenso de Saab y Pulido. "Hacer negocios en Venezuela, es una propuesta fantástica", escribió Boyd, "tanto es así que pícaros bien conectados sin recorrido, pueden obtener contratos públicos de cientos de millones de dólares sin licitación, supervisión ni responsabilidad de ningún tipo". Al final de la columna se preguntaba: "¿De dónde viene el dinero? ¿De Maduro o de las Farc?".

Después de leer con mis antiparras de abogado sin título decenas de memoriales y actas del proceso contra el Fondo Global en

Ecuador, me quedé con la duda de si la causa hubiera tenido más posibilidades de prosperar si el fiscal se hubiera concentrado en sustentar una acusación a los empresarios por delitos como exportaciones ficticias y falsificación masiva de documentos, en lugar de un tipo penal tan esquivo desde el punto de vista probatorio como es el lavado de dinero. Gran parte de las más de cincuenta pruebas esgrimidas por Escobar apuntaban a la falsificación de documentos de comercio exterior y fraudes aduaneros.

La devuelta

¿Pero a dónde fueron a parar los dineros que habían sido incautados al Fondo Global de Construcción del Ecuador después de que la juez ordenó que los descongelaran el 22 de febrero? Los administradores de Foglocons iniciaron una febril actividad de giros al exterior. Entre los beneficiados figuran una financiera de Panamá que recibió 23 millones de dólares; una compañía del Perú que captó 21 millones, y una firma de Estados Unidos relacionada con la salud, a la que se le transfirieron 43.771 dólares. Otros fondos salieron de los bancos a través de órdenes de transferencias individuales que van desde 40 mil dólares a 2.58 millones. El abogado de los acusados, Zavala Egas, recibió 3.8 millones en una cuenta del Citibank en Miami.

Hay una persona clave en esta última etapa del recorrido del dinero. Se trata de Miguel Ángel Loor Centeno, un personaje ampliamente conocido en Ecuador. Loor, de 38 años, es el presidente de la Liga Profesional que dirige las divisiones superiores del fútbol de ese país.

Su nombre no era completamente ajeno al caso. Cuando la Fiscalía de soluciones rápidas revisó el celular de Nasser, encontró un mensaje del 4 de julio de 2014 en el que Loor informaba sobre varios trámites que había adelantado ante autoridades venezolanas. Entre ellos una solicitud de certificación del ingreso legal de las mercancías y constancias de que en ese país no existía ninguna infracción respecto a la facturación o una investigación en curso.

Loor aparece asociado a empresas escogidas por Víctor Silva Sosa, representante de Fondo Global, para que recibieran transferencias millonarias de los depósitos que habían salido del congelador en Ecuador. Una de esas empresas es Prymera Asesores S.A. de Panamá, de la cual Loor es director.[10] Silva ordenó que se le entregara a esta firma 20 millones de dólares. Prymera fue incorporada en julio de 2016, poco antes de que empezara la feria de las transferencias.

En otra carta de instrucciones de Silva del 29 de agosto de 2016, Loor aparece como destinatario de 2.58 millones de dólares. De acuerdo con las instrucciones, la transferencia debía hacerse a la cuenta corriente de Loor en el Biscayne Bank de Miami (cuenta que empieza con el número 811007). En ese punto se pierde el rastro del dinero. Lo que se sabe es que Loor maneja sociedades y propiedades en Miami sin ser necesariamente el dueño. Por ejemplo, en noviembre de 2019, en su calidad de gerente de la firma Nine 2112 LLC, autorizó una hipoteca de un millón de dólares de un apartamento en Paramount Miami Worldcenter Condominium.[11] En los registros públicos aparece con tarjeta de seguro social de Estados Unidos. Adquirió en 2014 en una zona del oeste de Miami una casa de 450 mil dólares.[12]

Silva, representante legal de Foglocons, también ordenó en junio 16 de 2016 que fueran transferidos 100.000 dólares a una cuenta en el Biscayne Bank a nombre de la firma M&M Loor Investments. Loor era gerente de esa sociedad cuando fue registrada en 2014.[13] Al

---

[10]   Prymera Asesores S.A., incorporada el primero de julio de 2016. Presidente y director: Miguel Angel Loor Centeno. Vigente.

[11]   Nine 2112 LLC, incorporada el 11 de agosto de 2014. Gerente: Miguel Loor. Activa.

[12]   Loor no respondió solicitudes de entrevista del autor ni de periodistas ecuatorianos.

[13]   M&M Loor Investment LLC., incorporada el 23 de abril de 2014. Gerente: Miguel Loor. En septiembre de 2015 salió Loor y asumió la gerencia Usarel Management Group, LLC., que a su vez fue fundada el 23 de abril de 2014 por Miguel Loor. En una reforma a la sociedad en septiembre de 2015, Loor dejó de aparecer como gerente.

momento del giro de los 100.000 dólares, la compañía había cambiado de gerente y ya no figuraba Loor sino Usarel Management Group LLC, cuya dirección corresponde a un apartamento en South Miami Avenue comprado en junio de 2018 por 1.1 millones de dólares. Al día siguiente de que Silva dio la instrucción de enviar 100.000 dólares a M&M, Loor pidió que se le giraran 90.000 más a la misma empresa sin especificar el motivo.

Así se cerraba un capítulo más de la saga de Saab y Pulido. Ni un solo preso, ni un solo fugitivo y el dinero repartido por todo el mundo. Saab y Pulido celebraron la victoria a bordo de uno de sus aviones. Ante la arremetida de la justicia de Estados Unidos, hoy Saab cita el fallo de la justicia ecuatoriana como constancia de su inocencia, aunque en su momento sostenía que no tenía nada que ver con los asuntos de Ecuador, que eso era un tema de Pulido.

"Esas mismas acusaciones ya fueron investigadas por la República de Ecuador –y la propia Venezuela– y no se encontraron pruebas de infracciones", escribió el empresario desde Cabo Verde. "Por estos motivos, ¿están los Estados Unidos diciendo que Ecuador también es parte de una conjura corrupta controlada por mí?".[14]

---

[14]   Noticias Aldía, 10 de agosto de 2020. Edición digital.

CAPÍTULO 14

EE.UU. vs. Saab

El gobierno de Estados Unidos se encontró a Alex Saab cuando buscaba a Álvaro Pulido. Tres fuentes relacionadas con la investigación me comentaron independientemente que un informante de la DEA señaló a Pulido como enlace del Cartel de los Soles, la red de militares venezolanos involucrados en narcotráfico. Al rastrear las actividades de Pulido, los agentes federales se encontraron con que el exnarcotraficante convicto manejaba una importante red de empresas de comercio internacional cuyos principales ingresos provenían de Cadivi. Como socio cercano en esta y otras actividades, aparecía el empresario barranquillero Alex Saab. Con este hallazgo la investigación se bifurcó. Por un lado, la DEA empezó a seguir los presuntos lazos con el narcotráfico y, por el otro, el FBI las maniobras de corrupción internacional y lavado. Esto explica la presencia de ambas agencias en el equipo de la Fiscalía.

Los fiscales que han trabajado en el caso contra Saab y Pulido no son ajenos a los entresijos de la corrupción en Venezuela. En las oficinas de la Fiscalía Federal de Miami funciona desde 2007 una unidad especial o "*task force*" dedicada a la corrupción venezolana. Fue creada por Dick Gregorie, un veterano fiscal con pinta de Kojak, ya retirado, que fue el cerebro de la acusación, extradición y juicio del general panameño Manuel Antonio Noriega. Gregorie es uno de los principales entrevistados de la serie de Netflix Operación Odessa, que cuenta la historia de un mafioso ruso, un espía cubano y un

139

playboy de Miami que se ponen de acuerdo para vender un submarino de la vieja Unión Soviética a un cabecilla del Cartel de Cali.

Gregorie me comentó[1] que la idea de conformar la unidad venezolana fue de su amigo, el exagente del FBI Bob Levinson con quien había trabajado un caso de conexiones entre el narcotráfico suramericano y la mafia rusa. Recuerda que un día Levinson les dijo: "Muchachos, ustedes tienen que empezar a prestarle atención a Venezuela. Ahí están metidos los chinos, los rusos, los iraníes". El fiscal del sur de Florida empezó a buscar informantes que conocieran el terreno. Sin demeritar el trabajo de los fiscales, hay que decir que la labor que se les encomendó no implicaba mayores esfuerzos. Buscar venezolanos corruptos en Miami es como pescar en un balde. Esta es una ciudad sin memoria y complaciente en los controles del lavado de dinero. En la fecha en que se lanzó la unidad, la ciudad empezaba a ofrecer refugio a los nuevos ricos del régimen venezolano. Los recién llegados invertían sus fortunas instantáneas sin responder cuestionarios incómodos de agentes inmobiliarios o de las sucursales de los grandes bancos de Brickell Avenue. También buscaron acomodo en la ciudad algunos empresarios que simpatizaban con la revolución como Wilmer Ruperti, el multimillonario magnate del transporte marítimo que se casó en esta ciudad con una actriz, en un matrimonio del que fueron testigos varios artistas del *jet set* hispano. Sin pensar en las consecuencias de su incontrolable exuberancia, los boliburgueses empezaron a comprar de contado todo lo que brillara en el sur de Florida. Muchos edificios lujosos, mansiones de Miami y Key Biscayne y suntuosas haciendas ecuestres de Wellington –más al norte–, se levantaron con el producto de fraudes millonarios a Cadivi, asaltos directos al tesoro de Venezuela y los tumbes a PDVSA.

Así como los agentes del FBI que perseguían en Nueva York a John Gotti se aprendieron algunos coloquialismos de la mafia

---

[1]   Entrevista realizada el 2 de diciembre de 2020.

italiana, los fiscales de Miami introdujeron en su léxico términos como boliburgués, acuñado desde el gobierno de Chávez para referirse a los nuevos ricos del régimen; el "enchufado" que sin tener mayor afinidad con el proyecto bolivariano se aprovechaba también del descontrol y "los bolichicos", jóvenes que se unieron al asalto como intermediarios de suministros con precios inflados. Se calcula que el robo a Venezuela asciende a 300.000 millones de dólares durante dos décadas de gobierno socialista.

El bullicioso estilo de vida de estos personajes en yates, carros de lujo, mansiones y haciendas de caballos de salto quedaron plasmados en varios informes periodísticos de Univisión Investiga. Trabajamos entonces con los talentosos periodistas venezolanos Mariana Atencio y Casto Ocando en una serie sobre la doble vida de los boliburgueses en la ciudad. En el sur de Florida, también encontraron posada muchas víctimas del chavismo y del madurismo, ciudadanos o exempleados públicos, atropellados por oponerse a la corrupción. Algunos de ellos tocaron las puertas de la Fiscalía. Un informante del gobierno me comentó que si Saab llega a juicio el gobierno tiene cuarenta testigos listos para declarar.

En su búsqueda de fuentes, Gregorie descubrió que la Fiscalía de Nueva York también quería enfocarse en Venezuela. No sería la primera vez que las linternas de las oficinas chocaban siguiendo las mismas pistas. Durante años los fiscales de ambas dependencias han pugnado por quedarse con casos relevantes internacionalmente. Esta competencia es fatal para la justicia, me comentó Gregorie, por cuanto el flujo de información queda bloqueado en ambos sentidos. La orden no escrita entre los fiscales de ambas oficinas es no compartir informantes ni pistas.

El exagente de FBI Levinson no alcanzó a ver los frutos de su propuesta. En marzo de 2007, ya retirado, desapareció en la isla de Kish, Irán, en medio de una operación de la CIA cuyos detalles se mantienen en secreto. Cinco años después el gobierno de Estados Unidos anunció que había muerto.

La labor de recoger información contra Saab y Pulido se facilitó gracias a que los empresarios habían quedado expuestos al escrutinio desde noviembre de 2011, cuando se aprobó el convenio de construcción de vivienda en Venezuela. Dos años después se conoció la apertura de la investigación en Ecuador. Periodistas de Estados Unidos, Venezuela, Colombia, Ecuador y México no dejaron de cubrir las incursiones de ambos y publicaron en forma individual o en equipo, numerosos informes que revelaron las más recientes movidas de los empresarios en sus países. Como casi siempre ocurre en la burocracia de Estados Unidos, el personal de las oficinas políticas del gobierno se entera tarde de lo que está pasando en las de la justicia. En 2017, durante una de las visitas regulares de funcionarios del buró de América Latina del Departamento de Estado a Univisión, pregunté por Saab. La respuesta fueron caras de extrañeza. Nadie sabía del personaje.

Atraso en los sobornos

Mientras la Fiscalía ecuatoriana investigaba el gran negociado del Fondo Global de Construcción, tres colombianos asociados a Álvaro Pulido y Alex Saab compartían en Miami su preocupación por un contratiempo: el atraso en el pago de sobornos a funcionarios venezolanos que habían aprobado el trámite de las operaciones ficticias. Así lo explica la acusación federal contra los empresarios, radicada en la Corte del distrito sur de Florida el 25 de julio de 2019 y anunciada por esos días con bombos y platillos en Washington. Los asistentes de los empresarios solo son identificados como coconspiradores uno, dos y tres.[2]

La acusación en Estados Unidos sostiene que el objetivo de la confabulación consistía en "enriquecerse ilícitamente haciendo pagos de sobornos a funcionarios oficiales venezolanos con el fin de

---

[2] Estados Unidos vs. Alex Naín Saab Morán y Álvaro Pulido Vargas, alias Germán Enrique Rubio Salas. Caso # 19-cr-20450 Distrito Sur de Florida.

obtener ventajas impropias de los negocios". Esto incluía "la aproba-ción de documentos falsos y fraudulentos relacionados con la impor-tación de bienes de construcción y materiales a Venezuela, y acceder al sistema de divisas controladas por el gobierno de Venezuela". Con esos documentos falsos se certificaba la existencia de mercancías que "nunca fueron importadas a Venezuela".

Los cómplices uno, dos y tres, además de tramitar sobornos, ayu-daron a los empresarios a la importación a Venezuela de materiales de construcción, según la Fiscalía. Como es común en los encausa-mientos federales, los fiscales no ofrecen mayores detalles anecdóti-cos. Este caso no fue la excepción. El gobierno se limitó a presentar un escueto recorrido de las actividades de los acusados desde noviembre de 2011, cuando se ganaron el contrato de vivienda en Venezuela, hasta la última confiscación de una transferencia bancaria en febrero de 2019. La causa describe cómo funcionaba el mecanismo de fraude a Cadivi y el papel de los conspiradores colombianos no identificados.

Según los fiscales, Saab, Pulido y sus asociados "explotaron el sis-tema de seguimiento (*tracking*) de Cadivi, usando un único carga-mento de bienes y materiales de construcción para presentar múltiples facturas falsas o fraudulentas y documentos que lo identificaban como un nuevo cargamento, aunque no era un nuevo cargamento", afirma la imputación. Contaban, además, con la complicidad de funciona-rios del Servicio Nacional Integrado de Administración Aduanera y Tributaria (Seniat) y de la Guardia Nacional Bolivarianas (GNB) que tomaban fotografías a los mismos contenedores en diferentes lugares para dar la impresión de que se trataba de importaciones distintas. La imputación asegura que los empresarios y sus asociados tuvieron varias conversaciones acerca de las mordidas a los funcionarios vene-zolanos. Y que en efecto esos dineros fueron entregados a gente del Seniat, GNB y Cadivi.

El gobierno de Estados Unidos justificó su intervención en el caso argumentando que los pagos de ciertos sobornos fueron enviados a través de bancos corresponsales en este país. Contribuía a los argumentos de la jurisdicción que algunas reuniones ocurrieron en territorio estadounidense. El tema central de los encuentros de los coconspiradores fue el atraso de Saab y Pulido en el pago de los sobornos. Nerviosos por la demora, dos de ellos se reunieron en Miami el 5 y el 9 de marzo de 2014 y acordaron que se debía informar de la situación a los empresarios. Los pagos se habían pactado con un funcionario del Seniat en un hotel de Caracas desde noviembre de 2011. En esa reunión, en la que estuvieron presentes Saab, Pulido y el conspirador tres, el funcionario venezolano se comprometió a tramitar las divisas por concepto de las importaciones ficticias del proyecto de vivienda.

Terminada la reunión en Miami, el conspirador uno, quien pasaba largas temporadas en la ciudad desde 2011, llamó a Pulido y le informó que estaban pendientes las coimas a Seniat, la GNB y Cadivi. Si no se pagaban pronto los funcionarios no seguirían aprobando los documentos falsos ni los pagos de las divisas, le advirtió. La Fiscalía asegura que desde marzo de 2012 hasta finales de 2014, Saab y Pulido hicieron transferencias por más de 350 millones de dólares desde bancos de su propiedad o controlados por ellos en Venezuela a bancos corresponsales en Estados Unidos o con sedes en otros países. Las cuentas receptoras correspondían al conspirador uno. Con solo un dólar que hubiera pasado electrónicamente por una centésima de segundo a través del sistema financiero de Estados Unidos, el gobierno de este país podría reclamar jurisdicción sobre el caso. El estatuto que cita la acusación como norma violada corresponde a la ley contra la corrupción en el extranjero (FCPA). Los cargos también se refieren al transporte, transmisión y transferencia de instrumentos monetarios desde un lugar en Estados Unidos a otro fuera del país con el propósito de realizar una actividad ilícita.

Adicionalmente, se les acusó de un delito muy particular de la legislación de Estados Unidos que consiste en haberse involucrado en una transacción monetaria ilegal que afecta el comercio nacional e internacional. La actividad ilegal tiene que ver con el daño causado a una nación extranjera, en este caso Venezuela, por el pago de sobornos a funcionarios públicos, robar y malversar fondos.

La acusación cita siete transacciones de dinero usado por Saab y Pulido para pagar sobornos. Algunas de las transferencias enviadas al Coconspirador uno como parte del flujo de caja salen de una cuenta del Citibank de Panamá y llegan al sur de Florida. La acusación omite el nombre del banco de destino. Solo identifica la cuenta por los últimos dígitos (1593). De los pagos detallados en la acusación el más alto es de 100 mil dólares que fue transferido en mayo de 2015 y el más bajo de 10.915 dólares, enviado el 29 de octubre de 2014. En su carta al primer ministro de Cabo Verde, Saab rechazó esta parte de la acusación. "Pagos que ni realicé personalmente ni de los que estaba a cargo y que eran obligaciones contractuales o facturas de tarjetas de crédito para las que no se ofrecieron métodos alternativos de pago", escribió. Alega que con ese dinero se hicieron pagos de materiales del proyecto de vivienda popular en Venezuela.

Ataque de fondo

En la primera actuación de los abogados de Saab en Estados Unidos, la acusación fue atacada de fondo.[3] Los abogados alegaron que el estatuto de prevención del pago de sobornos en el exterior solo se puede aplicar a los extranjeros si se encuentran en territorio estadounidense y ni Saab ni Pulido estaban en este país cuando ocurrieron los supuestos pagos. También sostuvieron que la Fiscalía no indicó qué tipo de ordenamiento legal fue violado en el exterior, en particular en Venezuela, lo cual es un requisito para aplicar el estatuto

---

[3]   Los abogados de Saab presentaron una moción para pedir la nulidad de la causa y otra para que se suspenda el estatus de fugitivo de su cliente y se le permita una comparecencia especial para cuestionar la acusación.

anticorrupción FCPA. El tercer argumento es que la corte debe respetar el estatus de agente diplomático de Saab bajo la Convención de Viena, aún en su condición temporal de "enviado especial".

La moción de anulación de la causa, presentada el 21 de enero de 2021 por tres abogados de la firma Baker & Hostetler LLP de Nueva York, destaca que no existe ninguna afirmación de la Fiscalía de que Saab sea el dueño de las cuentas mencionadas en la acusación. En otro recurso radicado el mismo día, los abogados presentaron una novedosa teoría legal para pedir que se eliminara el estado de fugitivo de Saab. Según ellos, no es la intención de su cliente evadir su presentación ante las autoridades de Estados Unidos, sino que se ha visto forzado a hacerlo ya que el gobierno de Venezuela le ordenó, en su carácter de enviado especial y diplomático de ese país, resistirse ante las autoridades de Estados Unidos so pena de afrontar acciones legales. Para sustentar el argumento, los abogados anexaron una carta del canciller venezolano, Jorge Arreaza, en la que le advierte a Saab que "está obligado a mantener los más altos niveles de secreto y confidencialidad y lealtad con respecto a la información clasificada que posee".[4] Agrega el funcionario en la carta fechada el primero de julio de 2020 que "aceptar voluntariamente la extradición a los Estados Unidos de América supone una vulneración de la seguridad y defensa nacional y, por tanto, un daño inminente a la República Bolivariana de Venezuela".

En otra sección, la moción insiste en que funcionarios de Ecuador y Venezuela han investigado el supuesto lavado de activos y "no encontraron nada incorrecto".

La suma de los años de prisión que afrontaba originalmente Saab superaba la condena máxima en la legislación penal de Cabo Verde.

---

[4]   Carta DM #000860 de fecha primero de julio de 2020. "Privado y confidencial". La carta agrega que: "Tenemos razones bien fundadas para estimar que, en caso de ser extraditado a los Estados Unidos, usted será presionado por cualquier método, legítimo o no, para la revelación de dicha información, lo que supondría un gran riesgo para nuestro país".

Esa circunstancia trabó por varias semanas el proceso de extradición, por lo que los abogados de la defensa alegaban que según la ley, la condena en Estados Unidos no podía ser mayor que la consagrada en el país que lo entregaba. De esa manera lograron eliminar seis de los ocho cargos. Los dos que quedan en firme son los de lavado de activos por los cuales podría afrontar unos cuarenta años de prisión. Los fiscales rechazaron los argumentos de la defensa y el juez del caso denegó el pedido de anulacion de los cargos afirmando que Saab debe entregarse a las autoridades estadounidenses antes de presentar su argumento de inmunidad diplomática.

CAPÍTULO 15

¿De amigos a sapos?

Algunos miembros de la familia Slebi de Barranquilla son conocidos en esta ciudad como operadores de divisas que no discriminan a los clientes, bien pueden ser comerciantes impolutos como también contrabandistas y narcotraficantes. Una fuente cercana a la familia de Cindy Certain, la exesposa de Alex Saab, me comentó que Saab conoció a los Slebi en la casa de uno de ellos en Barranquilla durante una reunión política. En ese lugar se celebraban a menudo encuentros con dirigentes políticos liberales en los que nadie preguntaba por el pasado de los anfitriones ni de los invitados. Reinaldo y Chencho Slebi fueron acusados en 1992 en Estados Unidos de crimen organizado (*racketeering*), junto con diez personas más como parte de una enorme operación antilavado encubierta conocida como "La granja del repollo" (*Cabbage Farm*).[1] El nombre fue tomado de una de las cuentas bancarias intervenidas.

A la cabeza de los acusados en una corte federal de Chicago estaba Antonio Yúnez, un exitoso financista colombiano de Wall Street arrestado un día antes de celebrar sus treinta años en una gran fiesta a la que estaba invitado Frank Sinatra. Yúnez, de raíces palestinas y educado en Estados Unidos, se declaró culpable. Los Slebi participaban

---

[1]   Estados Unidos vs. Antonio Yánez, Taufik Abuchaibe, Alejandro Manzo, Rafael Rivera, Anthony Campos, Luis Betancur, Germán Casas, Reynaldo Slebi, Chencho Slebi y otros. Caso # 92-cr-00827. Corte del Distrito Norte de Illinois.

en esta cadena de lavado, según los documentos. Señala la acusación que abrían cuentas bancarias en Estados Unidos a nombre de empresas falsas en las que depositaban hasta diez mil dólares. Una vez hecho el depósito, un cómplice en Colombia que tenía acceso a la cuenta, lo convertía en pesos. Ni Reinaldo ni Chencho se presentaron en la corte de Estados Unidos para afrontar las acusaciones. En marzo de 1993, el juez del caso, a petición del gobierno, retiró los cargos contra la mayoría de los acusados, incluidos los Slebi sin explicar los motivos. Pero a mediados de 2017, la corte de Chicago radicó una orden de arresto contra Reinaldo que se encuentra bajo reserva en el expediente.

Como consecuencia de los problemas legales en la década del noventa, los Slebi perdieron sus visas estadounidenses y años después las recuperaron gracias a las gestiones de un exagente de ICE. Así pudieron viajar de nuevo a Miami, donde habían tenido propiedades en los setenta y ochenta. El agente había sido premiado por el gobierno de Estados Unidos por su extraordinario trabajo en el encausamiento de los cabecillas del Cartel de Cali. Ahora, en su práctica privada se dedica, entre otras gestiones, a reinstaurar los visados estadounidenses de personas condenadas por lavado de dinero o que han perdido su permiso de entrada por sospechas de actividades ilegales. No es un oficio extraño entre embajadores gringos retirados e incluso excongresistas, incluyendo a uno muy conocido del sur de Florida. Los unos y los otros usan a sus viejos amigos en el Departamento de Estado y en la burocracia de inmigración para que los condenados puedan volver a hacer compras en Dadeland.

Los Slebi salieron a relucir en los cuestionarios que respondió Saab durante sus reuniones con los agentes federales, antes de ser acusado, pero en esa oportunidad se habló de operaciones de cambio de moneda para exportación de textiles. Saab no fue confrontado por los fiscales con ninguna pregunta que lo hiciera sospechar que los Slebi podrían estar cooperando con el gobierno. A finales de 2019, una fuente federal que sigue de cerca el caso me comentó que uno de los Slebi había declarado contra Saab y Pulido ante el gran jurado (*Grand jury*) que formuló cargos contra los empresarios a mediados de ese año. Un gran jurado es un panel de ciudadanos que escucha las pruebas de los fiscales de un caso antes de definir si hay una causa probable contra los sospechosos. No confundir con el jurado de un juicio que define la culpabilidad del imputado. En el 98 por ciento de los casos los miembros del gran jurado aprueban las imputaciones bajo una fuerte presión de los fiscales y agentes federales.[2]

Los rumores de que los Slebi estaban detrás de los cargos contra Saab y Pulido empezaron con un anónimo y después se convirtieron en noticia. En agosto de 2020 circuló un anónimo en medios sociales que decía, según el portal Expresa.ME que "Reinaldo Slebi, Juan José Slebi, y Richard Barraza son los 3 testigos que mintieron contra ALEX SAAB por su cercanía a Maduro por exigencia de la DEA, para la cual son informantes desde hace años". Presentado como "comunicado de prensa", el documento señalaba además a los Slebi como responsables del fracaso de una inversión de Saab de ocho millones de dólares en una refinería en Texas.

Llamaba la atención que parte del comunicado coincidía con los argumentos que Saab ya había plasmado en una carta desde Cabo Verde para desvirtuar la acusación de Estados Unidos. Muy parecidos además a los que esgrimió después su abogado internacional Baltasar Garzón en entrevista con *El Espectador*. Saab sostuvo en su carta que las transferencias de dinero mencionadas en el *indictment* correspondían a pagos legales hechos por él y Pulido para la compra de "repuestos, uniformes, necesidades de la empresa de construcción". Ahora el documento anónimo precisaba que las tarjetas de crédito habían sido obtenidas por Saab a nombre de Reinaldo,

---

[2] "The Single Chart That Shows That Federal Grand Juries Indict 99.99 Percent Of The Time", *The Wasghington Post*, 24 de noviembre de 2014.

Juan José Slebi y un empleado de ambos llamado Richard Barraza. Las compras con esas tarjetas sumaron un total de 420.000 dólares. Esas operaciones fueron presentadas por los Slebi como de lavado de dinero, alega el anónimo, con el fin de ganar indulgencias con la DEA, que los estaba investigando por un fraude de venta de visas estadounidenses. Lo que buscaban los Slebi era "llegar a un acuerdo con la DEA a cambio de traicionar y mentir contra sus amigos que tanto los ayudaron toda la vida", dice el documento.

Ninguno de los mencionados salió a desmentir el anónimo pese a su divulgación en las redes y a una publicación posterior de la Unidad Investigativa a finales de noviembre de 2020. Los Slebi no han dado la cara. Antes de la publicación, el 14 de noviembre del 2020, llamé a Barraza a su apartamento en Miami para conocer su reacción. "No sé de qué me habla, no tengo la menor idea. Yo no ando en ningún problema. De pronto están un poquito equivocados, yo no tengo nada que ver con ellos, para nada, no", me respondió.[3]

Basándose en fuentes del equipo de defensa de Saab en Cabo Verde, la Unidad Investigativa de *El Tiempo* reveló que los giros citados en la acusación en Estados Unidos "están vinculados a una tarjeta de Juan José Slebi", pero se usaron para "cubrir gastos legales y no sobornos a funcionarios venezolanos". Según la misma versión, Saab y Pulido se alejaron de los "exaliados" –el artículo da a entender que son los Slebi– luego de que estos les ofrecieron sacarles visas de Estados Unidos.[4]

Ni Juan José Slebi ni Barraza afrontan acusaciones criminales públicas en Estados Unidos. Las bases de datos de propiedades de Miami muestran que en septiembre de 2017 Juan José creó la firma

---

[3]   Entrevista telefónica realizada el 14 de noviembre de 2020.
[4]   "DEA rastrea a dos exaliados de Alex Saab en Barranquilla", *El Tiempo*, 29 de noviembre de 2020.

Start Petroleum Group[5] y la clausuró en 2020. En 2016 adquirió un apartamento en Bay Harbor Island que vendió en octubre de 2020 en 630,000 dólares. Lo hizo a través de JJS Investment Group LLC creada por él en Florida ese mismo año.

---

[5] La empresa está inactiva desde el 25 de septiembre de 2020. Slebi reportó como dirección de la firma la empresa World Corporate Services Inc. en Miami. División de Corporaciones de Florida.

CAPÍTULO 16

La fuente inconclusa

Alex Saab se enteró de que estaba en el radar de las autoridades federales de Estados Unidos a principios de abril de 2016, luego de recibir en Barranquilla una breve carta de un informante de la DEA. El desconocido lo invitaba a reunirse con agentes de esa oficina en presencia del abogado de su predilección para hablar de sus negocios en Venezuela. Aunque Saab respondió al remitente que no eran más que "calumnias de las usuales con las que me toca lidiar siempre", se puso en contacto con quien se convertiría en uno de los personajes más influyentes en su vida *sub judice*: el abogado Abelardo de la Espriella Otero. A partir de este momento, muchas de las decisiones de Saab pasaban por la bendición de De la Espriella. "Él domina a Saab; si Abelardo le dice que se tire por la ventana de un avión, se tira, que baile en la cabeza, pues baila", me comentó una fuente cercana a ambos.

De la Espriella es un personaje muy conocido en Colombia, no siempre por sus actuaciones como penalista. Ha sido abogado de los presidentes Álvaro Uribe y Andrés Pastrana y ha defendido a ministros, actrices, lavadores de dólares, narcos, reinas, empresarios, modelos y líderes paramilitares. Sus primeras apariciones en público se conocieron en 2005, cuando se coló en el fracasado proceso de Justicia y Paz del gobierno de Uribe con las Autodefensas Unidas de Colombia (AUC) como director de la Fundación Iniciativas por la

Paz (Fipaz). La fundación fue cuestionada por haberse convertido en el brazo ideológico de los paras. En este ambiente, se relacionó con el abogado cubano-americano Richard Díaz, quien representaba a Salvatore Mancuso, exjefe de las AUC acusado de narcotráfico en Estados Unidos desde 2002. Mancuso fue extraditado seis años después.

Richard Díaz es un expolicía cubano-americano de Miami que conoce hasta el último callejón de la ciudad y tiene veinte años de experiencia en la defensa de capos de la droga y paramilitares extraditados a Estados Unidos. Además de Mancuso, fue abogado de Carlos Mario Jiménez, alias Macaco; Diego Murillo Bejarano, alias Don Berna y de Víctor Manuel Mejía Múnera, alias el Mellizo. Como otros penalistas de origen latino de Florida, habla un español rociado con giros colombianos de extramuros. Antes de que las series de televisión pusieran de moda "parcero", "darle piso", "sapo" y "man", las locuciones ya eran parte del lenguaje cotidiano de los elegantes juristas miamenses. Entre ellos comparten, además, los malos recuerdos de sus visitas en chancletas al pabellón glacial de extraditables de la cárcel de Cómbita, Boyacá, donde se prohíbe el ingreso con zapatos por razones de seguridad. Como explicaré más adelante, Díaz no solo se hizo cargo del caso penal de Saab sino que abrió otro frente civil para demandarme por difamación en un proceso que fue desestimado por una corte del condado de Miami-Dade.

Enterado de la nota que Saab había recibido invitándole a hablar con la DEA, Díaz se puso en contacto con la Fiscalía de Miami. Los fiscales le confirmaron la mala noticia: Saab era "una persona de interés". A diferencia de otros casos en los cuales los defensores evitan el contacto de sus clientes con el gobierno, Díaz y De la Espriella pusieron a Saab a hablar con los agentes federales. Saab respondió largos y meticulosos cuestionarios en reuniones con funcionarios del FBI y la DEA. La actitud firme que desde un comienzo asumió el empresario barranquillero, negando en forma categórica las incriminaciones y defendiéndose de las sospechas, hizo pensar a su equipo de defensa que el gobierno no tenía un caso fuerte. En reuniones posteriores con los agentes federales, los abogados confirmaron su impresion de que el gobierno no tenía una causa sólida.

No podían decir lo mismo del fiscal que lo llevaba. A sus 48 años, Michael B. Nadler se había ganado la reputación de fiscal recio, a veces inflexible, con quien no recomendaban jugar a las escondidas. Bajo la guía de Dick Gregorie, el fiscal que perseguía boliburgueses y enchufados, Nadler logró que varios de ellos se declararon culpables. Graduado de la Universidad de Miami, se fogueó en la Corte Federal de la ciudad en casos de fraude billonarios al seguro social (Medicare) y estafas masivas con tarjetas de crédito por robo de identidad. También es experto en la ley contra la corrupción en el exterior. A partir de 2017 se especializó en escándalos venezolanos. Hizo parte del equipo que encausó y logró la condena de diez años de prisión a Alejandro Andrade Cedeño, exdirector del Tesoro de Venezuela, que campeaba en Wellington como organizador de torneos de caballos de salto. En noviembre de 2018 también acusó de corrupción al empresario de medios de Venezuela Raúl Gorrín, y logró la condena del banquero suizo-venezolano Matthias Krull. Nadler fue, además, fiscal estatal en Miami.

"Es un tipo que se la va bien con la gente. No es un obstruccionista. Es inteligente, muy capaz y fue un placer trabajar con él", me dijo Gregorie.[1] Otros lo describen como una persona implacable, habilidosa y competente. "Es de esos tipos que cuando le hablas para proponerle algo, por más entusiasmo que le pongas, no deja ver ni un gesto negativo ni positivo, solo cara de póker y la promesa de que lo va a pensar", me comentó un abogado que ha lidiado con el fiscal.

Primeros contactos
Alex Saab no fue "firmado" como informante por el gobierno de Estados Unidos sino que actuó como testigo o fuente en reuniones

---

[1]   Entrevista realizada el 2 de diciembre de 2020.

que se realizaron en Colombia, Italia y Bahamas. "Estaba tan seguro de su inocencia que no necesitaba un acuerdo de inmunidad", comentó una fuente que siguió las conversaciones. La CIA también se inmiscuyó al enterarse de que el empresario conocía de primera mano los negocios secretos de Venezuela con Irán, especialmente las adquisiciones de equipos militares. Quizás estas reuniones son la base del argumento reciente de Saab de que Estados Unidos lo busca para que entregue información de Maduro.

Durante las primeras reuniones con los agentes del caso, Saab debió presentar documentos que justificaran sus ingresos. Mostró los contratos con el gobierno de Venezuela, cuentas bancarias y registros de su contabilidad interna. Una fuente que siguió los encuentros me comentó que los abogados defensores estaban bajo la impresión de que "el gran problema que tendría la Fiscalía americana era poder demostrar categóricamente que los dineros que recibió Saab por los proyectos de las Clap o las viviendas fueron a raíz de sobornos pagados al gobierno venezolano". No estaban seguros de que la Fiscalía tuviera testigos que hubieran visto a Saab o a Pulido entregando los sobornos. Pero como en estos encuentros no se muestran todas las cartas, siempre quedaba la duda de que los fiscales estuvieran escondiendo los ases. A pesar de la diferencia de edad –Díaz le lleva dieciocho años a De la Espriella– y de intereses personales –a Díaz le gusta pescar y a De la Espriella cantar ópera–, ambos abogados forjaron una buena relación profesional y personal, sin ser íntimos amigos. Compartían oficinas y otros clientes y los generosos honorarios de Saab. El magnate en aprietos no los decepcionó en la defensa que hizo de su inocencia. Lo vieron desenvolverse con habilidad cuando respondía a los cuestionamientos de los agentes con documentos contables en mano, contratos y cuentas bancarias. El tema que parecía despertar más interés al gobierno era el negocio de las viviendas populares en Venezuela.

En estos encuentros, Saab se jugaba su pellejo. Si Maduro se llegaba a enterar de que estaba hablándole al oído al imperio, sería su fin. Cualquier arreglo con el gobierno de Estados Unidos dejaría a Saab y a Pulido expuestos a una furibunda reacción del régimen. Una fuente cercana al gobierno de Estados Unidos me comentó que en un esfuerzo por despistar a los venezolanos en caso de que Saab decidiera entregarse, se analizó la posibilidad de que lo hiciera en altamar en medio de un arresto pactado. El empresario saldría a navegar desde las costas colombianas a bordo de un yate y allí sería detenido por autoridades estadounidenses.

Los agentes que hasta ese momento habían sido receptivos con Saab, mantenían al tanto a Nadler de sus reuniones. Un día de principios de 2018, Nadler dijo que había llegado el momento de hablar personalmente con el empresario. La reunión cumbre se haría en Bogotá. Por razones que desconozco, De la Espriella y Díaz no acudieron a la cita pese a la importancia que revestía. Al parecer tenían compromisos impostergables o de último momento. Cada uno envió un delegado. Sabiendo que los abogados no asistirían y que su ausencia le permitiría moverse con mayor libertad, Nadler procedió con la reunión. El encuentro fue un fiasco para Saab. Al final, el fiscal quedó con la impresión de que Saab le había mentido y le informó a Díaz que el próximo paso sería formular cargos.

Consulté con Nadler este episodio. No lo negó. Dijo que prefería no comentar.

En un esfuerzo por salvar la situación, Díaz llevó las conversaciones a una estación muy frecuentada en el sinuoso sistema de negociaciones extrajudiciales de Estados Unidos: propuso que Saab pagara una multa de 100 millones de dólares y aceptara un acuerdo de acusación diferida. (*Deferred Prosecution Agreement*). Esta es una modalidad de arreglo sin cárcel que originalmente se concibió como alternativa para permitir la rehabilitación de jóvenes que afrontaban cargos de drogas. El recurso legal terminó salvando de la prisión a ejecutivos multimillonarios de grandes instituciones financieras involucrados en escándalos de fraudes y lavado de activos. En 2015, General Motors pagó 900 millones de dólares tras firmar un acuerdo diferido por no haber informado de una falla mecánica en sus automóviles. La falla causó la muerte de 124 personas.[2] Ningún directivo fue a la cárcel. Mediante este tipo de acuerdos el acusado se compromete a cumplir con ciertas obligaciones a cambio de que se le retiren los cargos de una imputación condicionada. Si en un tiempo predeterminado el acusado incurre de nuevo en las actividades criminales, la acusación se hace efectiva.

Luego de una reunión en París entre los abogados y Saab, el empresario decidió prescindir de Díaz y pidió a De la Espriella que contratara a María Domínguez, una exfiscal federal de Puerto Rico de origen dominicano. La relación del abogado colombiano y el cubano-americano no sería la misma desde entonces. La señal más visible del distanciamiento fue la ausencia de Díaz en la fiesta de los cuarenta años de De la Espriella en Cartagena. Dicen que Díaz se resintió, pero entendió que sería incómodo un encuentro con Saab, invitado de honor a la celebración en 2018.

Domínguez, la nueva abogada de Saab, no estaba convencida de que el caso del gobierno fuese flojo. De manera que le recomendó a Saab que se entregara y llegara a un acuerdo cuyos detalles no trascenderían, pero que implicaba la admisión de algún grado de culpabilidad por lavado de activos. El acuerdo incluía el pago de una alta suma. Cuando todo estaba listo, y posiblemente Saab ya había entregado una cuota como parte de su arreglo, el empresario no se presentó ante los fiscales. Saab había pedido que el gobierno de Estados Unidos les otorgara visa a sus hijos y a su segunda esposa, pero no hay claridad de si la condición había sido aprobada por la complicada burocracia migratoria de este país.

Con esa decisión y la temperatura política que iba subiendo en el Departamento de Justicia conforme se conocían nuevos negocios

---

[2] Manhattan U.S. Attorney Announces Criminal Charges Against General Motors And Deferred Prosecution Agreement With $900 Million Forfeiture. Comunicado de prensa del Departamento de Justicia del 17 de septiembre de 2015.

de los operadores del régimen venezolano, el arreglo quedó descartado. A mediados de 2019, el gobierno de Trump dio luz verde para formular cargos contra Saab y Pulido en Miami, a tiempo que los puso a ambos en la lista de sancionados de la Ofac.

En una entrevista con mi colega Patricia Janiot de Univisión, el abogado de Saab, Baltasar Garzón, negó que su cliente hubiera tenido tratos con los fiscales antes de la acusación. "Lo niego categóricamente hasta donde yo conozco", dijo. "A veces las fuentes no son tan fiables como aparentan", agregó en referencia a las personas que detallaron a Univisión los encuentros.[3]

Sancionados

Al anunciar las sanciones de la Ofac, el secretario del Tesoro, Steven Mnuchin, no usó verbos condicionales ni la terminología de rigor, de "supuestos autores" o "presuntos implicados". Dijo lapidariamente que Alex Saab se había confabulado con colaboradores de Maduro "para manejar una red de corrupción a gran escala que fue usada cruelmente para explotar a la población hambrienta de Venezuela".[4] Aseguró que a través del programa Claps de alimentos, Maduro y sus familiares "le robaron al pueblo venezolano" y que los envíos de las cajas fueron manipulados para beneficiar a los partidos políticos y castigar a la oposición "mientras se embolsaban millones de dólares a través de una serie de esquemas fraudulentos".

Los comunicados de la Ofac suelen ser sucintos. De ordinario presentan una justificación genérica de la acción y a continuación despliegan la lista de los sancionados. El del 25 de julio tenía nueve páginas, se leía como un encausamiento penal y revelaba hechos que no estaban en la acusación de Miami. Lo más interesante es que esta

---

[3]   *Janiot PM.* Patricia Janiot, entrevista realizada el 17 de marzo de 2021.
[4]   Treasury Disrupts Corruption Network Stealing From Venezuela's Food Distribution Program, Clap. Comunicado de prensa US Department of the Treasury, 25 de julio de 2019.

era la primera vez que el gobierno de Estados Unidos señalaba oficialmente a Maduro y a su familia como beneficiarios directos de los empresarios colombianos. Algo similar había hecho la fiscal venezolana Luisa Ortega al calificar a Saab y Pulido como "testaferros de Maduro", una expresión que hizo carrera en titulares de prensa pero que en su momento no tenía asidero en pruebas palpables. En esta ocasión, Ofac citó como caso concreto un contrato que Saab les habría otorgado a los tres hijos de Cilia Flores, la esposa de Maduro, y a su primo, Carlos Erica Malpica Flores, para la limpieza de un terreno en el que se construirían viviendas en el estado Vargas. "La relación de Saab con Flores, los Chamos [hijos de Cilia] y Malpica fue clave para el acceso de Saab y Pulido a funcionarios venezolanos, permitiéndoles el pago de los sobornos y comisiones requeridos para obtener contratos gubernamentales", afirma el comunicado con ínfulas de *indictment*.

Un exdirectivo de PDVSA que ha seguido la carrera de Saab me comentó que Cilia Flores es un personaje clave en el ascenso del empresario en Venezuela. A su entender, fue Flores y no Maduro, quien descubrió las capacidades camaleónicas del colombiano para improvisar las soluciones urgentes. "Las facilidades de turco, como decimos, que se adapta a todo, su versatilidad, las detecta ella", me dijo el exdirectivo. Flores maneja a la perfección el mundo subterráneo de contrataciones, adquisiciones y componendas de la Venezuela poschavista, según esta fuente. "Ella encontró en este tipo [Saab] un testaferro muy importante y logra que se vuelva una figura global. Es una mujer inteligente, rápida, habla inglés y francés. Cuando ella está con Maduro en un salón, Maduro no habla".

El comunicado de la Ofac agregó que los Chamos también recibieron comisiones de las empresas de Saab como compensación por los contratos ya que tenían acceso frecuente al presidente y a Tareck Zaidan El Aissami Maddah. "En consecuencia, los Chamos pudieron manipular los beneficiarios de los contratos del gobierno, y Saab tuvo la oportunidad de trabajar con los altos niveles del gobierno de

Venezuela". La Ofac presentó una sinopsis del fraude con el programa Clap recordando el papel que jugó Josefa Ruzza Terán, la directora de la Corporación Venezolana de Comercio Exterior, Corpovex, sancionada también por el Tesoro. Ruzza ha sido, además, directora de la Junta Directiva del Banco Central de Venezuela.

Una parte del comunicado se dedicó a explicar que ante la escasez de divisas, el gobierno de Venezuela empezó a usar sus reservas en oro para pagar contratos, entre los que se encontraba la adquisición de cajas Clap. Una vez más, el operador designado fue Saab, quien se alió con Alejandro Zerpa Delgado, también sancionado, para convertir en divisas el oro que se vendía a Turquía. Además de Saab y Pulido, Ofac sancionó en esta fecha a los hijos de Saab, Shadi Naín e Isham Alí y al hijo de Pulido, Emmanuel Enrique Rubio González. Por el lado de Venezuela, puso en la lista a los hijastros de Maduro, Walter Jacob, Yosser Daniel y Yoswal Alexander Gavidia Flores. También a la esposa de Yosser, Mariana Andrea Staudinger Lemoine y al exministro de Comercio Exterior y exgobernador del estado Táchira, José Gregorio Vielma Mora. Y finalmente sancionó a trece empresas domiciliadas en Hong Kong, Emiratos Árabes, México, Turquía y Panamá.

En Washington se anunció que la Fiscalía aspiraba a confiscar 350 millones de dólares, equivalente a la cantidad de fondos obtenidos por los empresarios en las operaciones ilegales. Por supuesto, esa es una cantidad potencial no recaudada aún. En el momento de radicar el pliego de cargos en Miami, el gobierno gringo ya había ejecutado seis confiscaciones por un total de 13.1 millones de dólares. La primera se realizó casi un año antes del anuncio de los cargos, lo que sugiere que podría haber sido la cuota inicial que entregó Saab antes de arrepentirse de su entrega. De las sumas confiscadas, una tenía un monto de 3.3 millones dólares y la otra de 2.9 millones.

Una fuente del gobierno que participa en la investigación reconoció que la acusación en Miami no refleja en toda su dimensión las actividades presuntamente criminales de Saab y Pulido. La razón, me explicó, es que hay un momento en estos casos especiales en el que la carrera contra la prescripción de la acción y las presiones políticas del Departamento de Estado, aceleran el proceso y la Fiscalía decide salir con los cargos básicos y mejor sustentados.

De cualquier modo, los fiscales tienen preparada una ampliación de causa (*superseding indictment*) que incluye nuevos acusados cercanos a Saab y Pulido. Ampliar una causa después de radicada una solicitud de extradición es problemático porque la ley no permite acusar a alguien de cargos que no fueron incluidos en la petición. Esa solicitud hizo trámite en Cabo Verde. No obstante, y se ha visto en otros juicios, hay resquicios legales que la Fiscalía está en libertad de utilizar, o al menos intentarlo, para ventilar en un juicio hechos no relacionados directamente con la acusación original. Una fuente federal me comentó que el gobierno investiga a Piedad Córdoba como colaboradora de Saab. Se lo pregunté a la exsenadora y ella respondió que si bien perdió la visa estadounidense por lo que se publicó de sus relación con las Farc, le parece muy extraño que Estados Unidos la tenga en la mira. Según ella su hijo Juan Luis, que es ciudadano canadiense, "tiene muy buena relación con la embajada gringa. Es más, ellos van a mi casa". Al precisar quiénes eran "ellos" dijo que el segundo a bordo de la embajada cuyo nombre no recordó. "Fueron a hablar conmigo. Yo les expliqué. Les dije no se pongan a bobear que Nicolás no se va a caer. A ustedes los están envolatando. Y les hablé con toda franqueza". La visita más reciente del diplomático a su casa fue en septiembre de 2020, indicó Córdoba.

En agosto de 2020 el caso contra Saab y Pulido sufrió un revés. Michael Nadler, el fiscal que dominaba el expediente al derecho y al revés, anunció intempestivamente que renunciaba a su cargo. El fiscal fue contratado por la firma boutique de abogados de Miami Stumphauzer, Foslid, Sloman, Ross, and Kolaya. Dos fuentes consultadas me dijeron que si bien Nadler buscaba mejorar su salario, en su decisión influyó cierto cansancio con la politiquería del Departamento de Justicia.

"No tuvo nada que ver con política", me respondió Nadler.[5] "Ni mis intervenciones como fiscal ni mis investigaciones fueron contaminadas por la política. Esa fue una de las mejores partes de mi trabajo. Quien le haya dicho eso está equivocado". Según él, la política "casi nunca invade, justifica o amerita el encausamiento de los criminales", un pensamiento completamente opuesto al del veterano fiscal Dick Gregorie, de quien Nadler heredó varios de los casos de los boliburgueses. Para no dejar dudas, Nadler dijo que había trabajado con dos fiscales extraordinarios como Wilfredo Ferrer y Ariana Fajardo. "Ambos no solo me apoyaron a mi sino a sus empleados y nunca permitieron sentir que la política manejara las decisiones de enjuiciamiento".

¿Por qué entonces decidió renunciar y vincularse a una firma de abogados?, le pregunté.

"Yo no me salí del encausamiento a Saab y Pulido, yo dejé la oficina. Creo que la razón principal fue oportunidad. Después de diez años estaba listo para una nueva experiencia. Tenía un buen amigo de mucho tiempo que está trabajando actualmente en la firma a la que me incorporé. La oportunidad de trabajar con él y para tan respetada firma fue extraordinaria… todo se reduce a oportunidad (*timing*)".

Nadler fue reemplazado por Kurt Lunkenheimer, un fiscal que había manejado casos de narcotráfico y un sonado juicio por homicidio en Miami. Lunkenheimer trabaja en el proceso contra Saab y Pulido bajo la supervisión de John Romano, de la sección de fraude de la División Criminal del Departamento de Justicia. Romano estuvo a cargo de la acusación al exministro venezolano de Energía Eléctrica, Luis Alfredo Motta Domínguez. Al enterarse de la salida de Nadler, el abogado Michael Díaz (no confundir con Richard Díaz, exabogado de Saab), quien ha representado al gobierno de

---

[5]   Entrevista por escrito realizada el 8 de febrero de 2021.

Venezuela en cortes de Estados Unidos, le dijo a la agencia AP: "Alguien va a brindar por su prematura partida".[6]

En su práctica privada, Nadler no tiene impedimentos legales para defender casos de boliburgueses. Su maestro, Dick Gregorie, ya lo hizo. Ha sido asesor legal de Samark López, el empresario venezolano designado por la Ofac como narcotraficante sin haber sido acusado formalmente. El primer abogado de López en Estados Unidos fue el exdirector de la Ofac, Richard Newcomb.

---

[6] "Fiscal de Miami contra corrupción en Venezuela deja el cargo", Joshua Goodman, AP, 14 de agosto de 2020.

CAPÍTULO 17

"Por qué fue que nos jodieron"

Cuando entrevisté a Pulido en julio de 2016 sobre su doble identidad y su pasado en el narcotráfico, le pregunté por qué sus negocios con Saab habían sido tan polémicos en Venezuela y Ecuador. Respondió que todo comenzó cuando ellos descubrieron que sus socios venezolanos tenían la intención criminal de dejar tirado el contrato de las viviendas y quedarse con un anticipo del gobierno. Se refería a sus socios como "banqueros venezolanos". "Ellos querían coger el anticipo, irse y no construir", me aseguró. En cambio él y Saab decidieron que solo aceptarían el pago una vez terminadas las viviendas. "Hasta el momento ya vamos a entregar mil seiscientas y pico", agregó.

Los socios traidores eran los dueños de un banco "que lo hicieron quebrar ellos y se fueron para Estados Unidos. Entonces son un enemigo potencial porque no dejamos que se robaran la plata", explicó. Pulido mencionó como responsable de la persecución en su contra a Édgar Zambrano, a quien identificó como banquero venezolano. En Venezuela no existe un banquero destacado o dueño de institución financiera que se llame Édgar Zambrano. Hay uno con ese apellido que, en efecto, fue dueño de un banco intervenido por créditos irregulares y por lo cual enfrentó cargos penales. Vivió un tiempo en Estados Unidos.

"O sea, el día que nos sentemos a hablar tú y yo, te cuento completamente la historia de cómo fue, por qué fue que nos jodieron, cómo fue que nos fregaron". Le toqué el tema de su cercanía a

Maduro. Por esos meses las redes decían que Pulido tenía una oficina en la Cancillería. "Se lo juro por lo más sagrado, por mi vida, que sería lo más sagrado, que yo ni conozco al señor Maduro, ni conozco a ningún político venezolano, ni he ido a ningún ministerio porque yo no soy el encargado de eso; me encargo nada más de tener los materiales y de llevarlos a las obras". Dijo que no tenía ninguna relación con Piedad Córdoba y que ella no había tenido nada que ver en el acercamiento con el gobierno venezolano, pero reconoció que era amiga de Alex Saab. Se quejó de que los medios se refirieran a su empresa como una firma de papel desestimando que poseía una sede de diez mil metros en la que trabajaban 170 empleados. Comentó con sorna que le habían inventado que él era sobrino de Piedad Córdoba. "Yo ni siquiera conozco a esa señora". Me sorprendió la respuesta y aproveché para insistir en el papel que jugó la senadora en el acercamiento al gobierno venezolano. Solo entendí la primera frase. "No, es que ella no tuvo nada que ver porque esto es una sociedad entre varios componentes que se quedaron y el servicio se trajo para el modelo colombiano".

En un momento de la entrevista le propuse que nos encontráramos en Estados Unidos para continuar la conversación sobre sus negocios. Me respondió que no tenía visa. "Yo soy una persona trabajadora, estamos acá entre Colombia, Ecuador y Venezuela. Nunca he tenido la visa".

En ese punto me pidió que enviara a un periodista o alguna persona de confianza para que visitara las filiales de la empresa en Venezuela y Ecuador y revisara los libros "para que completamente sepa la verdad de todo". Días después me contactó Víctor Alfaro Márquez, uno de sus gerentes, para coordinar un viaje de él a Miami o el mío a Venezuela. Al explicarle que alguien debía aparecer en cámara hablando en nombre de la compañía, respondió que no había inconveniente, siempre y cuando les permitiéramos editar el contenido antes de salir al aire, lo cual obviamente rechazamos de plano. Alfaro aceptó las reglas de Univisión para las entrevistas y prometió que pronto respondería qué había pasado con la promesa de Pulido de enviarme los documentos relacionados con la pérdida de un pasaporte. Correos fueron y vinieron y la respuesta nunca llegó. Luego, me informó que no sería posible la visita a Miami debido a que había sido diagnosticado con una enfermedad que explicó exhaustivamente en un mensaje electrónico.

CAPÍTULO 18

Unos pocos hombres buenos

A principios de 2012, las alarmas antilavado del Banco de Venezuela empezaron a titilar cada vez que aparecían los nombres de Thermo Group CA y ELM Imports, las empresas escogidas por Alex Saab y Álvaro Pulido para ejecutar el proyecto de viviendas populares. Intrigados por el crecimiento exponencial que ambas empresas mostraban en la tabla de beneficiarios de dólares preferenciales de Cadivi, algunos de los empleados de control de lavado del banco se pusieron en la labor de averiguar por sus antecedentes. No tardaron mucho en sorprenderse. Ninguna de las dos compañías tenía experiencia en la construcción. Thermo Group se especializaba en productos para "el cabello de las venezolanas" y ELM Imports no había construido ni una pared en su vida. Representantes de las empresas explicaron que habían ampliado el objeto social de las companías y se lo informaron al gobierno. Al final del año, de un total de 10.381 favorecidos con Cadivi, Thermo se ubicó en el puesto 107 superando a la multinacional Siemens, la empresa manufacturera más grande de Europa, lo mismo que a Delta Airlines. ELM llegó al renglón 130, por encima del fabricante de productos farmacéuticos Bristol Myers.[1]

Al inspeccionar las fichas de registro de los clientes, los curiosos empleados se dieron cuenta de que ELM Import S.A. reportó como

---

[1] Comisión de Administración de Divisas (Cadivi). Total divisas aprobadas por empresas. Periodo: 2004 al 31 de diciembre de 2012.

dirección el "piso nueve" de la Torre Marriot, un edificio de oficinas en Caracas donde despachaba Pulido. La empresa no informaba siquiera la dirección del edificio o el número de la oficina. Solo "piso nueve oficina única". Tuve acceso a esas fichas.[2] En la casilla del contacto para relaciones financieras de ELM figura Héctor David Sirit Rodríguez de 75 años. Es el mismo personaje que aparece firmando el contrato de ELM con el gobierno venezolano para la construcción de 5.600 viviendas multifamiliares en el Estado Miranda por 435 millones de dólares, de acuerdo con documentos del proceso en Ecuador. Cualquiera podría pensar que una empresa con semejante volumen de ingresos debería tener como representante a un ejecutivo relativamente conocido en el medio. La figuración más relevante de Sirit es la participación en torneos profesionales de ajedrez. Pese a las astronómicas sumas que recibía de Cadivi, los ingresos mensuales por volumen de ventas declarados al Banco de Venezuela por la empresa no pasaban de tres mil dólares.

Los controladores del banco son quizás las únicas personas en Venezuela que se interpusieron en el camino de Saab al paraíso. La información que compartiré a continuación de cómo Saab y Pulido utilizaron el banco para sus negocios está en manos de la Fiscalía Federal de Miami.

Ni Elms Imports ni Thermo afrontan acusaciones en Estados Unidos. Los pagos de ELM Imports eran enviados inicialmente al Fondo Global en Perú. Estas transferencias preocuparon a los empleados de control, por lo que decidieron presentar un informe al Comité de Prevención y Control de Legitimación de Capitales del banco, con la idea de que emitiera un reporte de actividades sospechosas o SAR (*Suspicious Activity Report*). Sabían que era un esfuerzo con pocas

---

[2]   Son fichas del banco fechadas a mediados de 2012. Contienen el perfil de los clientes. La casilla en la que aparecen los nombres citados en este capítulo dice: "Identificación de las Personas Naturales a través de las cuales se mantiene la relación Financiera". En el caso de ELM Import S.A., su función social fue registrada como: "comercio por mayor y menor rest. y hotel".

posibilidades de éxito y así lo comprobaron a los pocos días. El comité se negó a aprobar el SAR. Para la gerencia del banco resultaba inconcebible que una institución financiera del Estado venezolano saliera a cuestionar una operación de importación de vivienda para un programa del propio gobierno. Además de la lealtad institucional existía una conexión directa entre el banco y el poder ejecutivo: el presidente del banco, Rodolfo Clemente Marco Torres, compañero de golpe militar de Chávez, se desempeñaba al mismo tiempo como ministro del Poder Popular de Economía y Finanzas. Había sido nombrado ministro por Maduro en enero de 2014.

Otra empresa, Inmobiliaria Constructora Jaar, también pasó por la revisión de los empleados ilusos del banco. La firma hizo transferencias a la misma cuenta en Perú relacionada con el Fondo Global. Una ficha de Jaar del 18 de marzo de 2014 muestra también como dirección el piso noveno del Hotel Marriot. Como representantes ante el banco figuraban Luis Sánchez (venezolano), Ana Jeannette Guillermo Luis (venezolana), Miguel Darío Perilla Gómez (extranjero residente) y Alejandro Antonio Arrioja Amengual (venezolano). La empresa reportaba ingresos de 157 mil dólares mensuales.[3]

Casi todos estos nombres son gente de la casa. Perilla era uno de los pasajeros frecuentes del vuelo Bogotá-Caracas-Bogotá del avión ejecutivo de Saab y Pulido. Anna Jeannete Guillermo, de 48 años, comparte la Junta Directiva en una sociedad panameña con Carlos Enrique Gabaldón Díaz. Gabaldón es directivo a su vez de Trenaco, la empresa que fue utilizada por Saab y Pulido para obtener un multimillonario contrato petrolero con PDVSA.

Tras la muerte de Chávez, Saab y Pulido cambiaron de metodología en la canalización de los pagos, me explicó un experto. "Ya no era solo ELM Imports. Empezaron a buscar empresas que estaban

---

[3] Ficha del banco (J.R.I.F. de entes jurídicos) dice que la empresa se dedica a la compraventa, importaciones y exportaciones. Registró como dirección el piso noveno del Marriot "oficina única".

autorizadas por Cadivi para adquirir divisas, pero que no lo habían utilizado nunca, como que estaban durmiendo y ellos las reactivaron". En el nuevo esquema, Saab depositaba en la cuenta del representante legal de la empresa los bolívares que debía entregar a Cadivi para que aprobaran las divisas. "Ya no era Fondo Global el beneficiario, eran otras empresas", agregó. Las transferencias se hacían a Antigua y Barbuda a cuentas en el Global Bank of Commerce.

"Más asustado que Shaggy"

En esa nueva etapa, los empleados del banco descubrieron que en una de las empresas vinculadas a Saab en el envío de mercancías figuraba como socio Ciro Alfonso Lobo Moreno, un cambista que había caído preso en Cúcuta en marzo de 2001 en una operación antinarcóticos y de lavado de dinero.[4] Una veintena de personas fueron arrestadas como parte de la Operación Amistadi. Cuando Maduro asumió como presidente en 2013, el teniente José Alberto Guedez León fue ascendido de un puesto en seguridad del Banco de Venezuela al de oficial de cumplimiento. Sin calcular el problema en el que se estaba metiendo, el militar, inexperto en el tema, dio luz verde a las investigaciones por sospechas de importaciones ficticias. Con ese respaldo, los empleados se animaron a cuestionar transacciones de Saab, entre ellas su asociación con el presunto lavador arrestado en Cúcuta. También lograron suspender una operación de 60 millones de dólares para la supuesta importación de celulares. Los empleados citaron a Adrián Antonio Perdomo, exejecutivo del banco que trabajaba con Saab, para que explicara algunas de las operaciones sospechosas.

"Era una mata de nervios", recuerda alguien que presenció la entrevista. "Más asustado que Shaggy el de Scooby Doo. Decía que a él no le gustaba nada ilegal y que si eso era ilegal dejaba ese empleo. Le dijeron que no era ilegal, que más bien era ilegalísimo todo lo que estaban haciendo y se fue asustado". El arrojo de Guedez, el nuevo jefe de

---

[4]   "Capturadas 23 personas", *El Tiempo*, siete de marzo de 2001.

control de lavado, no duró mucho luego de que Saab se quejó de las trabas que el banco estaba poniendo a sus operaciones. La queja se la dio a su amigo Carlos Eric Malpica Flores, entonces subtesorero de la Oficina Nacional del Tesoro. En un consejo de ministros, Malpica transmitió el malestar de Saab al ministro Marco Torres, presidente del banco. Marco Torres a su vez invitó a Saab a su oficina "para aclarar todo". Como para no dejar ninguna duda de los callos que estaban pisando los inspectores del banco, Marco Torres les comunicó que la mismísima esposa de Maduro, Cilia Flores, había llamado para recordar la visita de Saab.

A los pocos días, Saab llegó al banco acompañado por uno de sus escoltas. Los empleados fueron llamados a la oficina donde Saab siempre habló dirigiéndose a Guedez. No los determinó. El que sí parecía tener la instrucción de mirarlos fijamente fue el guardaespaldas. Durante la reunión, Saab aceptó desistir de la transacción en la que estaba involucrado el empresario de Cúcuta y prometió que no aparecería en ninguna sociedad en el futuro. Había sido un error, se excusó. En esa reunión terminaron los problemas de Saab y comenzaron los de algunos inspectores que hoy trabajan en Colombia y Estados Unidos como obreros de construcción y mensajeros. "Luego de que Guedez cuadró el negocio con Saab, a Perdomo le cambió la personalidad. Pasó a ser el más valiente de todos y a no tenerle miedo a nada", agregó la fuente que lo comparó con Shaggy Rogers.

Guedez se volvió un "Sí señor" de Saab. Desde entonces el banco no cuestionó ni un solo trámite del influyente empresario colombiano y en señal de agradecimiento Saab le regalaba teléfonos celulares para rifarlos entre los empleados del banco. También le enviaba cada mes un saco de café Juan Valdez. Guedez, de 53 años, fue trasladado al banco ruso venezolano Evrofinance Mosnarbank. El banco fue adquirido por el gobierno venezolano en un 50 por ciento en junio de 2011, dos años después de cerrar un acuerdo al más alto nivel con los rusos. La ceremonia del convenio se realizó en la casa de Putin a las afueras de Moscú y contó con su presencia. A los pocos meses de oficializarse la participación de Venezuela, el banco reportó un incremento en su patrimonio de 220 por ciento, resultado en gran parte de la transferencia de fondos del gobierno de Venezuela por unos tres mil millones de dólares. A su regreso de Rusia y después de haber ocupado un puesto en la Junta Directiva del Banco Industrial de Venezuela y una comandancia en la 11 Brigada Blindada, Guedez fue nombrado director suplente del Banco del Tesoro. El Evrofinance Mosnarbank fue sancionado por la Ofac en marzo de 2019.[5]

Al quedar expuesto el operador Luis Sánchez Yánez en el escándalo de las exportaciones ficticias del Ecuador, Saab le dio más juego a Perdomo. El ejecutivo había trabajado en el Banco de Venezuela, mantenía contactos internos y conocía la mecánica Cadivi. Perdomo fue clave para esta segunda etapa del minado de las divisas de Cadivi, lo mismo que para que el banco aprobara en forma rápida las operaciones de las supuestas importaciones. Intervino en un esquema cuestionado por los inspectores del banco que involucraba a las empresas Zagatex y L&L Confecciones SAS. Esto fue lo que ocurrió: al percatarse de que estas empresas no habían cumplido con una importación de hilos a Venezuela por la cual habían solicitado divisas por 28 millones de dólares a Cadivi, los inspectores del banco pidieron una explicación a la importadora Zagatex. Esta firma a su vez se dirigió a L&L Confecciones S.A.S., que se presentaba como la fabricante de los hilos. Zagatex respondió en octubre de 2014 a través de Stella López Arias: "Una vez más les expresamos nuestras sinceras disculpas, escribió la ejecutiva colombiana, ya que por motivos ajenos a nuestra voluntad no se pudo cumplir con el compromiso asumido".[6] Culpó de la demora

---

[5]   Treasury Sanctions Russia-based Bank Attempting to Circumvent U.S. Sanctions on Venezuela, 11 de marzo de 2019. El Tesoro identificó el banco como la principal institución financiera dispuesta a financiar la criptomoneda Petro, usada para eludir las acciones de bloqueo de Estados Unidos a los movimientos de fondos oficiales de Venezuela.

[6]   Mensaje electrónico de Stella López Arias a Zagatex C.A., el 29 de octubre de 2014. La ejecutiva da a entender en su mensaje dirigido a quien identifica

a la maquinaria que procesa el hilo acrílico la cual "sufrió un percance que ameritó traer técnicos de Italia". La excusa no convenció a los empleados del banco, aunque una parte del pago ya se había transferido a Zagatex, como lo muestra la copia de un cheque a la que tuve acceso.[7] López es la esposa de Carlos Lizcano, el empresario del círculo de Saab, hoy propietario de Salva Foods. L&L, las iniciales de los apellidos de la pareja, no solo funcionaba en Colombia, Panamá y México. En mayo de 2015, Lizcano y López crearon en Florida la empresa L&L Investments & Business Inc,[8] en un aparente esfuerzo por recibir fondos de Cadivi, me explicó una fuente. La filial en Panamá fue sancionada por el no pago de impuestos durante tres años.

"Hilos de oro"

Las incongruencias de los papeles utilizados como soporte de presuntas exportaciones ficticias, saltan a la vista. Tuve acceso a varios de estos documentos. Uno de ellos es justamente la factura del cargamento de hilo crochet de L&L Confecciones por 28 millones 274.000 dólares.[9] La mercancía sería supuestamente enviada desde el puerto El Progreso en México a La Guaira, Venezuela. Le pedí a una experta en comercio exterior que analizara la factura y no necesitó más de treinta segundos para expresar sus sospechas. La verdad es que terminó riéndose de la ramplonería. Lo que más le causó suspicacia es que la factura describía la mercancía como hilo

---

como Sr. Alexander que esta persona había visitado la fábrica en México y "pudo verificar la maquinaria que procesa nuestro hilo acrílico".

[7] Cheque Banco de Venezuela, #04002735 por 172'287.000 bolívares a la orden de Zagatex C.A., 2 de julio de 2012.

[8] División de Corporaciones de Florida L&L Investments & Business, Inc., creada el 27 de febrero de 2012. Inactiva desde el 22 de septiembre de 2017. Presidente: Carlos R. Lizcano. Vicepresidenta: Stella López.

[9] Factura proforma de L&L No. 000304 del 26 de junio de 2014. Puerto de embarque: El Progreso, México. Puerto de destino: La Guaira, Venezuela. Moneda: dólar americano. Condiciones de pago: anticipado. Atención: Alexander Rodríguez. Mercancía: hilo crochet 100% fibra microacrílica.

crochet 100 fibra mico acrílica colores surtidos, sin especificar si las 500 cantidades que serían importadas eran rollos, metros o yardas de hilo. Le sorprendió además el precio. "Eso debe ser hilo de oro", comentó. El beneficiario final de las divisas, según instrucciones de la factura, era una cuenta del Global Bank of Commerce, el banco insignia de las operaciones de Saab. Como intermediario de la transacción aparecía el Bank of America de la Avenida Brickell, en Miami.

Otra factura bajo investigación fue usada como soporte de una importación de ropa a Venezuela en abril de 2014,[10] por seis millones de dólares exactos. Lo primero que llama la atención es que el puerto de embarque es "Guarero, Colombia". Guarero es un poblado en La Guajira venezolana, estado Zulia. El destino de la mercancía, según la factura, es Paraguachón, una población de La Guajira colombiana situada en la frontera con Venezuela. Es decir, si se le hace caso a la factura, esta no sería una importación a Venezuela sino una exportación a Colombia, que no era el caso.

La empresa que figura en esta factura como exportadora de la ropa es de Hong Kong y fue creada en noviembre de 2011. La firma destinataria en Venezuela es una agencia de publicidad. La descripción de la mercancía le imprime relativa credibilidad a la factura. Por ejemplo, uno de los ítems describe 1.080 pijamas "con panty cachetero combinado blonda" tallas pequeña y XL. Y otro, 1.440 brasieres "realce natural aro oculto tecnología termofusionada". Se agregan camisetas, tops, calzoncillos y vestidos de encaje crochet. De nuevo los precios llaman la atención para un mercado deprimido como el venezolano. Hay pijamas "multiuso de fibra sintética" de 62 dólares la unidad o bóxeres cortos a 20 dólares cada uno. Hay que recordar que cada dólar de Cadivi se multiplicaba tres, cuatro y hasta cinco veces en el mercado negro.

---

[10] Factura proforma No. 000260 del primero de abril de 2014. Good Central (Hong Kong Limited) dirigida a Tkrea Publicidad.

Un caso de estudio

Inmobiliaria y Constructora Jaar, la firma que también tenía oficinas en el piso nueve del Marriot, es un caso de estudio para entender cómo la organización de Saab y Pulido utilizó varios países para crear sociedades espejo a través de las cuales se transferían los fondos. Una firma con ese mismo nombre fue constituida en Perú en octubre de 2010 y otra en Miami en diciembre de 2011. De acuerdo con los registros peruanos, en 2011 el gerente general de Jaar era Andrés Eduardo León Rodríguez, registrado con cédula de extranjería. El nombre de León saldría a relucir años después en México como uno de los operadores de empresas investigadas por la venta de alimentos a sobreprecio y de mala calidad a Venezuela.[11] León se identificó como apoderado de Group Grand Limited, el corazón del escándalo de las Clap. La Unidad de Inteligencia Financiera de México ordenó el congelamiento de dos cuentas suyas en Scotiabank, pero en noviembre de 2019, el empresario ganó un recurso de amparo con el que logró descongelarlas.[12] Según el fallo, el gobierno aplicó un estatuto que solo procede en acuerdos comerciales en los que el Estado tiene una representación y en este caso fueron negociaciones entre particulares, explicó el diario Excelsior.[13] Group Grand Limited estaba bajo el control de León y de Emmanuel Enrique Rubio González, hijo de Álvaro Pulido.[14]

---

[11] "Alfil de Maduro se salta la ley mexicana: entra como turista y crea empresa", por Martha Cotoret, *ContraRéplica*, versión digital, 18 de octubre de 2018.

[12] Expediente 1413/2018, Juzgado Décimo Tercero de Distrito en Materia Administrativa. Demandado: titular de la Unidad De Inteligencia Financiera de La Secretaría de Hacienda y Crédito Público. Tipo de Expediente: Amparo indirecto.

[13] "Los Claps ganan amparo a la UIF y descongelan cuentas bancarias", *El Excelsior*, Claudia Solera y Roberto Denis, edición digital, 25 de noviembre de 2019.

[14] Claudia Solera y Roberto Denis escribieron en *El Excelsior* el 25 de noviembre de 2019: "Los números de Group Grand Limited hacen palidecer a cualquiera de las otras empresas bloqueadas por la UIF, pues en 2017, por mes, envió hasta un millón de despensas para el programa de Nicolás Maduro, conocido como los Comités Locales de Abastecimiento y Producción (Clap) desde Veracruz hasta el puerto venezolano de La Guaira".

La inmobiliaria Jaar tuvo una vida corta en Estados Unidos. Fue inscrita en Florida en diciembre de 2011 y disuelta en septiembre de 2012. Como directivos se registraron Pedro Antar Antar y Pedro Silva Conde.[15] Antar es un empresario venezolano de 51 años con un litigioso historial en Miami. En 2015 él y dos de sus empresas fueron demandados por Maniobras Civiles, por quedarse con cuatro millones de dólares que la compañía le entregó por adelantado para la compra de camiones y equipos para PDVSA Services, la agencia de compras de Bariven S.A., propiedad del gobierno de Venezuela.[16] Vehículos y equipo no fueron entregados, por lo que PDVSA canceló la orden en marzo de 2014. Maniobras Civiles es una empresa registrada en Miami. Su presidente, Marcelo Tunoni, hizo un acuerdo verbal con Antar para cerrar el negocio con la petrolera venezolana. Tunoni sostuvo en la demanda que su empresa dejó de percibir utilidades por más de 19 millones de dólares como consecuencia del supuesto fraude de Antar.

En medio de este pleito y de un agrio proceso de disolución de matrimonio en una corte del condado de Miami-Dade, las finanzas de Antar quedaron expuestas. La abogada Alba Varela, que representaba a la esposa del empresario, Mónica Ferrer de la Rosa, logró establecer que el marido percibía un ingreso de 247.622 dólares mensuales (2014); era propietario de un apartamento de 1.3 millones de dólares en el Four Seasons Hotel de Miami, que se dio el lujo de amueblar casi exclusivamente con productos Fendi. El inventario de los muebles incluyó una cama Diamante de 22 mil dólares, un candelabro de cristal de 19.840 dólares y un sofá Fendi Edoardo de 21.930 dólares; tenía además un Porsche Carrera, un BMW X3 y cuatro Range Rover Supercharged. Pese al abultado patrimonio, cuando la abogada

---

[15]   División de Corporaciones de Florida. Inmobiliaria & Constructora Jaar Sac, Corp. Creada el 15 de diciembre de 2011 y clausurada el 10 de octubre de 2012. Presidente Pedro E. Silva; vicepresidente: Pedro J. Antar.

[16]   Maniobras Civiles Inc. vs. Von Sucow Trade Group Inc., Rocawell Corporation, Pedro J. Antar. Corte de Circuito del Circuito Décimo Primero para Miami-Dade County, dos de junio de 2015.

se presentó a cobrar los honorarios de 150 mil dólares por la representación de su esposa, Antar alegó que no tenía fondos y se declaró en quiebra en 2015 en una corte de Florida. La abogada Varela se presentó ante el juez de quiebras y aseguró que la decisión del empresario de declararse en bancarrota era de mala fe.[17] Con esa maniobra, agregó, eludía sus pasivos, incluida la deuda con ella y con Maniobras Civiles. Bajo presión judicial, Antar debió vender uno de sus apartamentos y pagar, entre otros a la abogada y al Bac Florida Bank, acreedor hipotecario de la propiedad.

Una alianza periodística internacional[18] que reveló los nombres de otras empresas beneficiarias de las transferencias del Fondo Global de Construcción, descubrió que Antar también aparecía como vicepresidente de una empresa con ese mismo nombre en Florida. La firma fue inscrita en la misma fecha que Inmobiliaria y Constructora Jaar y disuelta en octubre de 2012. Cuando un reportero de *El Nuevo Herald*, periódico que participó en la alianza, le preguntó por la coincidencia a Antar, el empresario respondió que la corporación fue creada a sus espaldas por su amigo Pedro Silva, presidente de la compañía.

"Esto es un fraude, es un abuso", dijo Antar, quien explicó que había ayudado a Silva a crear dos empresas, pero que luego fueron desactivadas. "Yo no sé nada de negocios con Ecuador", aseguró. Antar volvió a figurar en un nuevo escándalo en 2020 luego de que se atribuyó haber ganado un contrato sin licitación de la Comisión Presidencial para la Gestión de Activos, creada por el presidente interino Juan Guaidó. Según un documento presentado por Antar, la empresa CRA Consortium LLC, gerenciada por él, había sido escogida para hacer un inventario de activos del gobierno de Venezuela

---

[17]   Caso #15-27729, en el caso de Pedro José Antar. Moción para anular el caso de bancarrota de mala fe presentada Zach B. Shelomith en representación de la acreedora Alba Varela. United States Bankruptcy Court Southern District of Florida, Miami Division, 10 de octubre de 2015.

[18]   "Millonario fraude: lavan dinero con empresas fantasmas en Miami y Weston". *El Universo/Armando Info/El Nuevo Herald*. 27 de abril de 2015.

en todo el mundo. Específicamente a través de la estatal PDVSA, la firma con la que negoció los camiones. Un comunicado de la Comisión desmintió el contrato[19] asegurando que nunca se formalizó "dado que durante la revisión de la documentación por ellos consignada (CRA Consortium) se observaron inconsistencias y desviaciones graves". Pedro Silva, el presidente de Jaar, fue mencionado en la investigación en Ecuador. De acuerdo con documentos de la Fiscalía revelados por la alianza periodística, Silva fue uno de los beneficiarios de los dineros que salían de Venezuela hacía Ecuador y de allí al sur de Florida.

Bancos ciegos

A lo largo de la cadena de movimientos de dineros producto de exportaciones ficticias a Venezuela hubo participación de bancos de Estados Unidos. Es un tema del que poco se ha hablado en el escándalo de los negocios de Saab, Pulido y sus allegados. Las baterías del Departamento del Tesoro han apuntado todo el tiempo al sistema bancario extranjero, pero no parecen igual de implacables con instituciones financieras de Estados Unidos. El Bank of America, uno de los más grandes de este país, por ejemplo, operaba como corresponsal del Banco de Venezuela, el preferido de Saab.

Una de las funciones de un banco corresponsal es facilitar transferencias cablegráficas de la institución financiera a la que está asociado en el exterior. Esto conlleva la obligación de cerciorarse de que dichas operaciones cumplan con las normas contra el lavado de dinero o la llamada política de "conozca a su cliente". El hecho de que sea un banco corresponsal no lo exime de las obligaciones de vigilancia del banco con el que trabaja. Varias de las facturas que se sospecha que fueron usadas por Saab para exportaciones ficticias muestran en la parte inferior una leyenda que dice: Banco Intermediario: Bank of

---

[19] Comunicado del Gobierno Interino ante denuncias por parte de la empresa CRA Consortium, 22 de septiembre de 2020.

America, 701 Brickell Av., 6th Floor, Miami, Florida 33131. La factura indica que el banco beneficiario es el Global Bank of Commerce de St. John's Antigua. El 28 de agosto de 2020 envié a la oficina de relaciones públicas del Bank of America en Nueva York un correo electrónico en el que indagaba por cuánto tiempo el banco había sido corresponsal de la institución venezolana, por qué dejaron de operar como su banco corresponsal y si habían reportado actividades sospechosas del Banco de Venezuela a Fincen, la entidad supervisora de lavado de dinero en Estados Unidos. Anexaba una de las facturas en las que Bank of America figuraba como corresponsal del Banco de Venezuela en una transacción sospechosa. Nunca recibí respuesta.

Las exportaciones calificadas como ficticias por la acusación contra Saab y Pulido y por el Departamento del Tesoro se realizaron entre 2011 y 2015. Durante esos años, Saab y Pulido ya habían dejado huellas sospechosas en los países donde operaban. La investigación por estafa a un banco semiprivado y posible lavado de dinero en Colombia se inició desde 2011. Solo hasta 2016 el faro antilavado de Estados Unidos, Fincen, empezó a emitir reportes de actividades sospechosas de Saab, según los documentos a los que tuvo acceso el Consorcio Internacional de Periodistas Investigadores. A mediados de ese año, bajo presión de Estados Unidos, los bancos que venían actuando como corresponsales de otros de Venezuela como el Citibank, tuvieron que cortar la relación. El Banco de Venezuela debió empezar a tramitar estas operaciones a través del ItalBank de Puerto Rico, propiedad del empresario gallego venezolano Carlos Dorado. La relación con el banquero de larga trayectoria en las casas de cambio duró poco. En noviembre de 2017, la agencia Reuters informó que ItalBank dejó de prestarle servicios al gobierno para no poner en riesgo su reputación.[20] Solo hasta septiembre de ese año Fincen expidió una alerta advirtiendo a las instituciones financieras de las señales de "bandera roja" de

---

[20] Exclusive: "Small Puerto Rican bank halts Venezuela correspondent services". Por Corina Pons, Reuters, noviembre 22 de 2017.

actividades sospechosas que podrían ser indicativas de "corrupción venezolana". El fenómeno incluye, según la circular, "transferencias cablegráficas a empresas de fachada y adquisiciones de bienes raíces en el sur de Florida y Houston".

No solo el banco Evrofinance Mosnarbank fue sancionado por la Ofac en marzo de 2019. Adrián Perdomo Mata –quien había sido nombrado en julio del año anterior presidente de Minerven, Compañía General de Minería de Venezuela CA– también fue incluido en la lista negra. Minevern fue el epicentro de la comercialización del oro venezolano en el exterior, otro de los negocios manejados por Alex Saab.

CAPÍTULO 19

El expreso bolivariano

Alex Saab y Álvaro Pulido ya no tenían que apretujarse con los pasajeros de Avianca en los vuelos repletos de Bogotá a Caracas. Gracias a los ríos de dinero que anegaban sus cuentas, ahora disfrutaban del primer avión de la que sería una lujosa flota aérea corporativa. En noviembre de 2012, Pulido compró el Lear Jet de matrícula americana N-72LJ que se convirtió en el expreso de la empresa para la ruta Bogotá-Maiquetía. Sin equipaje, solamente con maletines y tabletas a la mano, los pasajeros salían en la noche del domingo a Caracas y regresaban el viernes en la tarde a pasar el fin de semana en Bogotá. Además de los patronos, viajaban dos o tres directivos de Fondo Global, ingenieros y arquitectos colombianos.

Otros viajeros frecuentes del expreso bolivariano:

- Miguel Alberto Perilla Gómez, gerente de una de las empresas del dúo colombiano. Personaje de mala recordación para algunos de los miembros de la organización por el fracaso del proyecto que promovía un complejo turístico y de vivienda en el departamento de Santander, en el que varios de ellos invirtieron miles de dólares y no recibieron nada a cambio.
- Iván Caballero Ferreira, operador de Saab y directivo de varias empresas de Panamá en las que figuraba al lado de los hijos de Pulido.

- Luis Sánchez Yánez, conocido de autos. Operario venezolano ecuatoriano acusado y luego sobreseído de cargos de lavado de activos en Ecuador por el caso de Fondo Global de Construcción.
- Adrián Perdomo, exejecutivo de banco, asesor en tramitación de divisas Cadivi.
- Carlos Rolando Lizcano Manrique, el empresario colombiano que se convirtió en ministro de alimentos de la organización Saab.

En la entrevista telefónica citada en capítulos previos, Pulido me explicó que en un momento fue necesario comprar un avión "porque nosotros cuando arrancamos el proyecto llevamos casi 20 y pico de ingenieros que nos ayudaron en los proyectos de nosotros allá, en el proyecto de montar ya las viviendas. No había aviones, en Avianca para ir y conseguirles vuelos y por consiguiente yo tenía ese, ese avión que se sacó cuando estaba el combustible barato en Venezuela". Algunas fuentes sostienen que las primeras señales de la naciente empresa de construcción de Saab y Pulido parecían convincentes: se veía movimiento de maquinaria en los terrenos asignados, se abrían campamentos de construcción y la contratación de personal aumentaba cada día.

No podían quejarse Saab y Pulido de cómo se despejaba el futuro para consolidarse como los grandes operarios de la revolución bolivariana. A finales del 2012 Carlos Malpica, una ficha clave del ajedrez chavista y asiduo visitante de los chats del celular de Saab, fue nombrado director general de la Presidencia de la República; en marzo del año siguiente Chávez designó a Maduro como presidente encargado y un mes después fue juramentado como presidente en propiedad. Uno de sus primeros anuncios de obras públicas fue la construcción de 30 "gimnasios de paz" en áreas deprimidas del país, como reacción al aumento de la delincuencia juvenil. Se conocieron como gimnasios verticales por su forma cúbica de tres a cinco pisos. Una vez más la empresa escogida para su construcción estaría integrada por la dupla Saab-Pulido con una ventaja adicional para los constructores: la coordinación oficial de las obras estaría bajo el control de Propatria 2000, una entidad que fue adscrita al despacho de Maduro y presidida, a partir de diciembre de 2015, por Walter Gavidia Flores, hijo mayor de Cilia Flores. Para quienes deseen conocer en detalle ¡este proyecto que quedó a medias, recomiendo el exhaustivo trabajo de un equipo internacional de periodistas liderado por las reporteras Johanna Osorio Herrera y Nadeska Noriega Ávila.[1] El contrato de 420 millones de dólares se le adjudicó al Consorcio Estructuras Mecánicas Modernas en el que Alex Saab participó. En lugar de estimular la práctica del deporte, "la realidad es que el proyecto ha beneficiado más a la red de empresas involucradas que a las comunidades", concluyó el informe periodístico.

Mientras Saab amasaba millones, su hijo Shadi Naín empezaba a darle rienda suelta al sueño de triunfar en Hollywood. Debutó como actor de reparto en 2015 en la película *The Italian*[2] en la que hizo de asesino y en el 2016 protagonizó *King of LA*, la historia del "hijo de un capo de la droga colombiano que escapa a Estados Unidos para empezar su propio reino del terror".[3] Lo que podría ser un guion de misterio es cómo ingresó a Estados Unidos teniendo en cuenta que la embajada en Colombia les negó la visa de turismo a sus dos hermanos en marzo de 2016.

Emmanuel Enrique Rubio González, el hijo mayor de Pulido, nacido en 1989, se daba también la gran vida. El reportero de Univisión

---

[1]   Fraude vertical: los gimnasios de Maduro que no trajeron paz sino negocios. Una investigación de Johanna Osorio Herrera y Nadeska Noriega Ávila, Unidad de investigación y equipo de corresponsales de El Pitazo, en alianza con Connectas y el International Center for Journalists. 10 de julio de 2020.

[2]   *The Italian*: un mafioso italiano está bajo arresto domiciliario mientras espera su juicio. Director: Michel Andre Constantin. (2015).

[3]   *King of LA*, director y escritor: Michel Andre Constantin (2016).

Investiga, Juan Cooper, le seguía los pasos. A principio de 2017, Emmanuel pasaba la mayor parte del tiempo en Miami donde alquilaba un apartamento en Brickell mientras esperaba la entrega de un *penthouse* en el edificio SMA Residences Condo por el que pagó $3.6 millones de dólares en agosto de 2018. Emmanuel celebró en 2015 sus 26 años esquiando en el refugio alpino de Courchevel, Francia, al lado de su novia, la modelo colombiana Melissa Giraldo. Ese día escribió en sus redes sociales: "26 años, parecen más por todo lo vivido y aprendido de la vida, solo puedo dar las gracias".

Una de las fotos que ayuda sin palabras a describir lo que había aprendido de la vida, se la tomó en un salón de degustación de un viñedo de California junto a Giraldo. Es un selfie fríamente calculado para que se vea en primer plano un reloj Richard Mille RM 011 Lotus–Romain Grosjean que puede costar unos 275 mil dólares. En otras fotos se le ve posando en la cabina del Lear Jet 280 del papá, en el Gran Prix de Montecarlo y a bordo de costosos yates. Emmanuel y su propiedad en Miami están en la lista negra de la Ofac desde julio de 2019. El joven aparece con pasaportes de Colombia y Venezuela.[4]

Su padre Álvaro Pulido mantenía entonces una relación sentimental con la colombiana Adriana Martínez Rodríguez, a quien también le confió negocios importantes del conglomerado en expansión. Martínez, unos doce años menor que el empresario, asumió el control en Colombia de Expel Management S.A.S., la empresa que reemplazó al Fondo Global de Construcción. En mayo de 2014, los accionistas del Fondo cambiaron el desprestigiado nombre por Expel Management, hoy en liquidación. La Unidad Investigativa de *El Tiempo* reportó a finales de 2020 que otra empresa manejada por Martínez (Vram Holdings S.A.) "ha despertado interés de la justicia de Estados Unidos por sus nexos con Alex Saab".[5] Martínez le dijo al diario que

---

[4]   Reporte de Ofac del 25 de julio de 2019.
[5]   "La bogotana en la mira de la DEA por giros y nexos con Alex Saab". Unidad Investigativa de *El Tiempo*, 11 de noviembre de 2020.

todo es legal. "A partir de la relación que sostuve con Álvaro Pulido, han pretendido censurar los negocios de las empresas, situación injusta porque no las pueden censurar por el simple hecho de que se hayan ejecutado con Venezuela", afirmó Martínez.

Pistola a Barranquilla

Durante los años de su primera gran bonanza, Saab parecía libre de compromisos matrimoniales. La relación con su esposa, Cinthya Certain, empezó a deteriorarse desde mediados de 2012. Amigos de la pareja coinciden en que la riqueza intempestiva desató en Saab un desenfreno por las mujeres. Habían escuchado a Certain quejarse de que el empresario volcaba toda su energía en el trabajo y la atención de sus hijos y que ella quedaba relegada a un segundo plano. Decía que en la cultura árabe la esposa siempre es ninguneada.

En sus ratos de ocio, Saab se dedicó a las relaciones fugaces con modelos internacionales, a quienes alojaba en suites de cinco mil dólares diarios de hoteles de París. Viajes en aviones privados, automóviles de lujo, invitaciones a los restaurantes más costosos y exclusivos del mundo, hacían parte de las tácticas seductoras del magnate bolivariano. En Colombia, un personaje de la farándula le conseguía jóvenes prepagos muy atractivas cuyas fotografías mostraba orgulloso. Mientras el matrimonio se mantenía en un estado de crisis latente, Certain, la madre de sus tres hijos, se mudó con ellos a París a una casa grande alquilada a las afueras de la ciudad. Saab se compró un Maserati y a ella le regaló un Rolls Royce y le asignó un chofer peruano. La opulencia se hizo contagiosa. Cuando Shadi Naín, su hijo mayor, cumplió 16 años, pidió también un Maserati, pero el papá le regaló un Porsche negro. Shadi se resintió. "El niño estaba histérico porque quería un Maserati como el del papá", recuerda un amigo de la familia. "Estaba furibundo y llorando. Recuerdo haberle dicho a la mamá, qué horror parece mafioso, yo le zamparía una cachetada". La misma persona dijo que Saab les daba a sus hijos "500 euros a cada uno para que se fueran de compras con los amiguitos".

A Certain no le hacía falta nada, salvo el esposo que solo la visitaba en París un par de veces al mes. Se distraía tomando cursos de cocina en el Cordon Bleu y viajando. En esos años su página de Facebook parecía un folleto de una agencia de viajes. Paseos a Italia, España, Grecia, Marruecos, Tailandia, llenos de selfies sin marido, siempre sola o con su hijo menor. En 2014, la esposa solitaria describía las virtudes de un buen ser humano: "no es la altura, ni el peso, ni la belleza, ni el título o mucho menos el dinero lo que convierte a una persona en grande. Es su honestidad, su humildad, su decencia, su amabilidad y respeto por los sentimientos e intereses de los demás".

Para una persona que no oculta su alto grado de autoestima y que continuamente se ufana de asumir los retos de la vida "con la frente en alto", la indiferencia de la persona que más quería fue un golpe difícil de superar. Certain cree que ella es una mujer diferente que no pasa inadvertida, como se lo explicó a un conocido: "Donde yo llego todo el mundo me nota. Pero no es porque yo sea prepotente, no es por la belleza, yo puedo estar con alpargatas, un jean roto, una camiseta y una mochila de esas de indio, igual no paso desapercibida porque es algo que sé que yo transmito. Es como una energía que transmito que es lo que llama la atención de las personas".

Con sus cuentas bancarias llenas, Saab estaba eufórico y quería terminar el frustrado proyecto de su casa en Barranquilla. En junio de 2011, el Banco Colpatria Multibanca había embargado la propiedad en Lagos de Caujaral por una deuda de más de dos mil millones de pesos.[6] Saab tuvo que devolver la casa en obra negra y el terreno en dación en pago. Para resucitar el proyecto, llamó al arquitecto Virgilio Sierra que lo había comenzado y le dijo que empezaran de nuevo "con todos los hierros". Esta vez solo quería agregar un detalle a la entrada de la casa: una estatua de bronce de una mano haciendo pistola a toda la ciudad de Barranquilla "para

---

[6] Superintendencia de Notariado y Registro, escritura 1094 del seis de junio de 2011, Notaría 1 de Barranquilla.

joderlos". Saab estaba resentido con los barranquilleros que le voltearon la espalda en su época de vacas flacas. Sierra se negó al capricho. "Estás loco, ¿cómo se te ocurre?", le dijo. Poco a poco la gente de Barranquilla se enteraba de los nuevos negocios del comerciante que regresaba al redil. Un amigo de Saab recuerda que se enteró de que había abierto una tienda de ropa en la isla de San Martin con el apoyo de un chef francés que vivía en Barranquilla.

Certain entendió que Saab se movía en un mundo al que no estaba invitada. Nunca le pidió que lo acompañara a Venezuela. Se debía limitar al cuidado de los niños. En medio de ese rechazo empezó a sospechar de la infidelidad de Saab y para salir de dudas contrató a un detective privado en París que le confirmó las historias de las modelos que alojaba en los hoteles fastuosos de la ciudad. Al revisar la tarjeta American Express lo pudo constatar. "Ella me decía que era un enfermo, que estaba adicto a las putas", contó el amigo de la pareja. Lo que no sabía Certain es que Saab, que siempre fue celoso, se enteró de que ella tenía un amante. La confrontación llegó a un punto insostenible. Certain abandonó París a finales de ese año con su hijo menor Isham, que se convertiría en el motivo de una batalla sin cuartel de Saab para quitarle su custodia. En 2013, Saab compró dos apartamentos en el edificio Bellagio de Barranquilla, una construcción de 24 pisos en una zona de estrato cinco y seis donde Shakira tiene un *penthouse*. Uno de los apartamentos sería para él y sus dos hijos mayores y otro para Certain e Isham. En su obsesión por complacer al hijo menor que no podía recuperar, Saab llegó al extremo de llevarle un *pony* de regalo al apartamento del Bellagio. Los residentes del elegante edificio primero pensaron que solo sería para una fiesta de cumpleaños y quizás por eso no protestaron cuando el animal se cagó en el *lobby*, pero el caballito llegó para quedarse. Sería la mascota de Isham. Hasta que los vecinos dijeron que ese tipo de animales no aparecía en el reglamento comunal y lo despidieron. Mientras Certain desocupaba la casa de París, Saab viajaba desde Caracas los fines de semana para ver a sus hijos en esa ciudad. Se alojaba en una suite del Hotel Plaza Athenee que cuesta 5 mil dólares la noche.

El acuerdo de vivir en el mismo edificio de Barranquilla no funcionó. Un día, durante uno de los fuertes altercados con Certain, Saab cerró ambos apartamentos, uno de los cuales estaba en obra para construir una habitación extra. Cuando la marea se calmó le compró a Certain un *penthouse* en Bogotá, pero una nueva pelotera dio al traste con el proyecto. Las lámparas de *baccarat* que ella había comprado en París, muebles de Fendi, la cocina nueva, "todo quedó ahí tirado", recuerda un amigo de la familia. Certain regresó a París con el hijo menor.

Saab empezó a culpar a Certain ante sus hijos y sus amigos de la separación. Certain respondía que cuando un matrimonio no funciona es responsabilidad de ambos, aunque no negó su infidelidad. Algunos amigos de la pareja tomaron partido por Alex. Una persona que llegó a conocer a Saab pese a su introversión me dijo que la historia de su amigo se divide en dos, una antes de la separación, cuando era un tipo modesto, un poco agarrado, servicial, dedicado a su familia y a sus negocios, y el Saab ya separado que empezó a comportarse como un nuevo rico. Ese Saab tiene a su vez dos formas de ser con los amigos, explicó uno de ellos. "El tipo de pronto un día te puede regalar un carro si le da la gana. Pero si tú le dices te quiero comprar un carro, te lo va a tratar de vender tres veces por lo que vale. Te lo va a negociar, se va a poner inflexible, se va a poner duro y le sale el árabe. Se vuelve un negociante automáticamente. Pero si a ese mismo Alex le dices que no quieres negociar sino que se lo quieres pedir, te lo puede regalar sin ningún problema".

En sus redes sociales, Certain disparaba mensajes casi simultáneos de desprecio y amor, pero en ambos casos con destinatario anónimo. En uno escribió su propia definición de maricón: "¡No es el hombre que está con otro hombre, sino ese idiota que se cree el muy macho hablando mal de las mujeres habiendo nacido de ellas!" En otros deslizaba mensajes románticos de ausencia: "Amorrrrrrrrr

U.S. Department of Justice
Drug Enforcement Administration

Bogotá

www.dea.gov

26 de marzo 2018

Patrullero
EDDIE ANDRES PINTO RUA
Investigador Policía DIJIN
Proceso Control de GISET
Dirección – Policía DIJIN
Policía Nacional de Colombia

Estimado Patrullero,

Según convenios internacionales, los cuales nos permiten el intercambio de información entre organismos de la ley y/o oficinas de justicia (art. 9 de la convención de Viena) La Administración Antidrogas de los Estados Unidos (DEA). Específicamente, el grupo GISET de esta oficina, presenta formalmente a la oficina que usted representa la siguiente información:

De acuerdo a información obtenida por fuente humana administrada por esta agencia, manifiesta que vive y trabaja en la ciudad de Barranquilla - Atlántico, quien tiene como jefes, unas personas de descendencia Libanes, que se dedican a la creación de empresas en diferentes partes del mundo como PANAMA, BRASIL, VENEZUELA, ECUADOR, ITALIA, entre otros, lo cual utilizan como fachada para invertir grandes sumas de dinero de dudosa procedencia, lo cual se refleja en sus actividades diarias , ya que poseen lujosas propiedades y vehículos de alta gama, principalmente escucha negocios con empresarios venezolanos para la venta y compra de títulos y valores en bancos brasileros y europeos, evitando usar entidades financieras americanas (Estados Unidos), para no ser rastreados en posibles transacciones de millones de Dólares fraudulentas y así fortalecerse cada vez más financieramente.

Aduce la fuente humana que las actividades sospechosas, como movimientos raros, personas extrañas, su cultura, sus raíces, cultos religiosos y actividades sociales que estas personas realizan, hace que su vivir y sustento no concuerden con lo que reportan o ganan, y lo hacen ver como si estas personas estarían ejerciendo labores ilícitas similares al lavado de activos, el cual utilizan los puertos marítimos y comerciales de la costa (Barranquilla) para ingresar diferentes clases de mercancías y divisas, que ya en el interior del País son legalizadas de manera fraudulenta, como personas o responsables de estas actividades ilícitas, la fuente humana señala:

ALEX SAAB sería el jefe de la organización, quien reside en la ciudad de Barranquilla y viaja constantemente al país de Venezuela.

AMIR SAAB sería el hermano y socio de ALEX, ubicado en la ciudad de Barranquilla, quien tiene conocimiento y participa de forma directa de todas las actividades. este sujeto utilizaría el numero celular **311-6817388**.

Carta enviada por el agente de la DEA, Edward Martínez, al patrullero Eddie Pinto en la que pide investigar a Alex Saab, miembros de su familia y su entorno.

I

MARIO GARCIA seria socio del ALEX, encargado de la finanzas y legalizaciones de las empresas, este sujeto utilizaría el numero celular 300-2634548 y estaría ubicado en la ciudad de Barranquilla.

JUAN CARLOS FIGUEROA CONTRERAS seria socio del ALEX encargado de las finanzas y legalizaciones de las empresas a nivel nacional e internacional, estaría empleando el abonado celular número 301-5224224, ubicado en la ciudad de Barranquilla.

KAREN JUNCA seria la secretaria de la organización, ubicada en la ciudad de Barranquilla, quien maneja los controles y actividades diarias de ALEX, motivo por el cual sabe los movimientos de su jefe, estaría utilizando el numero celular 312-8246561.

ELIECER ARTURO MORALES GUTIÉRREZ seria socio del ALEX encargado de las finanzas y legalizaciones de las empresas a nivel nacional e internacional, estaría empleando el abonado celular número 301-3133938, ubicado en la ciudad de Barranquilla.

Por las razones expuestas solicito a su oficina adelantar labores investigativas tendientes a verificar esta información, motivo por el cual se sugiere abrir o adelantar la respectiva investigación para confirmar la información antes aportada, y lograr recolección de pruebas y su judicialización.

Atentamente,

Edward Martínez
Agente Especial DEA
Embajada Americana Bogotá.

	NO EXISTE ABONADO.	01/06/2016 @ 20:52:24	00:12:36	Desconocido			

Sinopsis :

en esta llamada HD identifica al portador como MARIO, donde le dice que su hija se la puede llevar a CARACAS MARIO dice mejor para dejarla con la esposa de ALEX , CAMILA, HD le dice que OMS tiene compañía de costa rica en el 2004 y 2006 que no se han usado, MARIO dice que hay que preguntar cuanta cuesta? que el representante seria MIGUEL MEDINA, según ALEX dice que la de gas si es MIGUEL MEDINA y de GASOLINA hay que preguntarle ALEX, si va en ese negocio, HD dice que hay que definir quien es el director, MARIO dice que ALEX diría ponte tú, tiene que ver una persona visible del sector que lo conozcan, porque no tiene presentación, HD dice que CARLOS HENAO, MARIO pregunta por AMIR y diga los riesgo de recibir los bonos HD dice que AMIR no entiende de donde viene eso, MARIO dice que tampoco tiene idea tiene que hablar con el hermano, porque el hace pregunta que no tenemos respuestas, HD dice que 3p no va enviar a "perchi" si lo hace es por Europa MARIO dice que si el tiene la capacidad de decidir eso, si por Europa por donde lo envían, HD dice que toca abrir otra cuenta en BANISMO no puede ser, toca abrir otra cuenta, a nombre de AMIR MARIO dice que eso es lo que hablar mañana, porque AMIR le dice a JORGE (interlocutor) no me quiero meter en problemas, MARIO dice que si quiere saber eso debe hablarlo con el hermano, porque nosotros no preguntamos mas de los que corresponde, le comenta también que hoy ALEX salió de OROZCO, porque no le gusta la actitud de el, porque dice que todo va mal, porque lo esta afectando problemas personales ya que el man perdió un billete con perilla en "mezuli", ya que perilla había comentado del negocio de un edificio de oficinas, donde jodian a los inversionista y ALEX no le gusto su negativismo, HD le comenta después el tema de los "PELADOS" si aprueban eso, que si lo hacemos podemos pedir la cuenta del hermano, por eso toca abrir una cuenta al hermano AMIR, lo ven jodido por la prensa, por lo que sale en google, MARIO dice que hacer algo que saquen eso de google, que sigan las paginas pero que quiten eso con el nombre de el, las noticias que salen

2

Fragmento del resumen de una llamada interceptada por el patrullero Eddie Pinto a asociados de Alex Saab.

II

Solicitud y diligencia

PIEDAD CORDOBA <senadora@piedadcordoba.net>
Para: meduardo21@gmail.com

23 de septiembre de 2010 18:53

Compatriota un fuerte saludo:

Como te habrá informado Andrés, ya empecé el proceso de la diligencia que teníamos pendiente. Mañana estaré visitando personalmente al muchacho que quiere hacer el seminario en Margarita, por medio de mis asistentes ya estuvimos trabajando el tema y está dispuesto a organizar todo lo antes posible.

Estoy convencida que podemos hacer mucho, ellos me siguen enviando mensajes sobre el mismo tema. Sigo comprometida en apoyarlo en todo.

Mañana al finalizar la reunión le hago llegar un informe con Andrés, que está en Caracas.

Compatriota, me da mucha pena molestar, pero se me está convirtiendo en un grave problema lo de los empresarios que te enviamos los listados. El Ministro de comercio de colombia le ha informado uno por uno a quién le van a pagar y nada, por ningún lado aparecen los árabes que siempre nos han apoyado. Ellos están confundidos, me preguntan por qué le están pagando primero a los que están en contra del proceso y hasta apoyan a los paracos y aquellos que nos han apoyado históricamente son rechazados.

El grave problema es que yo les dije que no hicieran nada a través del ministro, que lo hicieran conmigo que yo me comprometía a que serían los primeros pagos en salir. Me dicen que mañana están a punto de salir 230 millones de otras empresa, por favor, ayúdeme, qué hago, le mando una carta al Presidente, voy personalmente?, hago lo que sea necesario, pero esto es de vida o muerte.

Andrés se encuentra allá y tiene los listados por si los necesita nuevamente.

Muchas gracias por su ayuda y espero su respuesta.

Te pido por favor me ayudes.

PC

Reclamo de Piedad Córdoba al director del Sebín, por el atraso en los pagos de Cadivi a sus representados.

para piedadcordobaruiz, juan ▾

El día de hoy nos confirman que se hicieron llamadas para **confirmar y comenzar el 100% del PAGO** a las siguientes empresas venezolanas:

Alex Saab (Palestino de Barranquilla):
- YUMAH: 1.265.893,30 USD.
- CANALI COLOR SIETE: 916.169 USD.
- METAS: 3.014.462 USD

- CORPORACION ALL: 1.840.778,74 USD la llamaron pero tampoco la pudieron conseguir, ya Alex nos mandó los teléfonos, nosotros los mandamos al amigo y mañana a primera hora se comunican con ellos para sus pagos.
- IMPORTADORA GML: 2.620.277 USD no la alcanzaron a llamar hoy, peor será llamada mañana a primera hora para comenzar sus pagos.

Como ves, hay un sub-total hay **más de 34 millones de dólares** que se comenzaron a pagar desde HOY!

Hay que estar muy muy atentos con Samir, que no vaya a decir que la gestión de las cuentas de él y Pepe las hizo otro!

Informe para Piedad Córdoba sobre el estado de las cuentas de cobro de Cadivi.

III

Ceremonia de condecoración de Luis Saab, padre de Alex, como director de la Policía Cívica de Mayores de Barranquilla. (Foto tomada del Facebook de la institución).

Luis Amir Saab Rada, padre de Alex Saab.
(Foto tomada de un video de una entrevista cedida al autor)

Saab detrás de Piedad Córdoba. "Saab se convirtió en el edecán de Piedad" le dijo una fuente al autor.

Alex Saab y su esposa de entonces, Cynthia Certain.

SUMMER EDITION: Camilla Fabri

Camilla Fabri, actual esposa de Alex Saab.

Abelardo de la Espriella le canta a su esposa: de la chiva al Challenger.
(Foto tomada de un video posteado por el abogado en sus redes sociales)

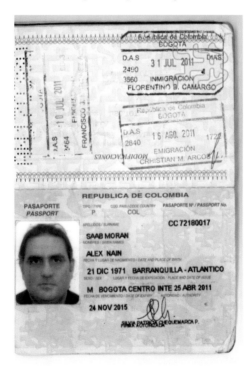

Pasaporte presentado por Alex Saab en el bufete de Mossack Fonseca de Panamá.

Abelardo de la Espriella, al fondo a la izquierda, en una chiva en el año 2000, cuando era coordinador musical del cantante de vallenatos Iván Villazón. (Foto tomada de un video de la canción Tengo un Dolor)

mío ¿dónde estás?". En noviembre de 2016 decía: "Yo aquí esperándote" y en otro "Solo los dos sabemos la falta que nos hacemos". Los mensajes alborotaron el chismorreo en Barranquilla de que Cindy Certain estaba de amante de su chofer en París o quizás de su entrenador italiano del gimnasio o del detective que descubrió las infidelidades de su marido. El amigo de la familia me comentó que por lo menos descartara al chofer porque se trataba de un señor de unos 64 años.

"Yo creo que él [Saab] sufrió más que Cindy en ese cacho mutuo", comentó un amigo.

Aero Saab

La flota de aviones de Saab y Pulido creció en 2013 con la compra de dos Gulfstream 280 cero millas a General Dynamics. Fueron adquiridos con créditos de un banco suizo y de una financiera panameña. Algunos de los pilotos ejecutivos de Venezuela y Colombia que tripulaban los aviones empezaron a preguntar quiénes eran estos tipos que podían darse el lujo de comprar aeronaves de 28 millones de dólares cada una. "Una de las cosas curiosas es que no aparecían por ningún lado cuando buscábamos y cuándo preguntábamos nadie los conocía, ni a Álvaro Pulido ni a Alex Saab", me comentó uno de los expilotos de la flota. Sin embargo, los representantes en Venezuela de Dynamics, fabricante de los aviones Gulfstream, sí sabían quiénes eran. Pulido y Saab pasaron los exámenes de diligencia debida (*due diligence*) de la empresa y se convirtieron en sus mejores clientes en Venezuela. Para llenarse de tranquilidad de que estaban trabajando con gente honrada, los pilotos se consolaban entre ellos diciendo que si Dynamics les había dado la bendición y el fabricante, Falcon, enviaba vendedores a Venezuela para hacerles demostraciones de sus aviones, pues no había nada que temer. "Estamos bien, la empresa es limpia, no había ninguna prevención", comentó el expiloto.

En los primeros años de la gran bonanza, Pulido actuaba como "jefe". Saab estaba en un segundo renglón. La mayoría de los empleados de base de la empresa eran venezolanos, pero a nivel ejecutivo los jefes colombianos preferían a su gente. "Los venezolanos casi nunca estaban en la plana mayor ni tenían acceso a cuentas ni nada", me dijo un venezolano que trabajó en estos años con los empresarios. "Ellos [Pulido y Saab] eran muy cerrados, muy regionalistas".

Luego de que la selección nacional de Colombia clasificó para el Mundial de Fútbol de 2014, Saab y Pulido organizaron un gran paseo a Brasil, sede del evento, con empleados de la empresa. Alquilaron casas para ellos y se llevaron con todos los gastos pagos a varios ejecutivos de Fondo Global que se alojaron en hoteles de Copacabana. "Por eso es que ellos gozaban del cariño y respeto de todos los empleados, porque eran unos tipos tranquilos, apoyaban a la gente", comentó un exempleado. La misma fuente sostuvo que los empresarios rentaron un avión Embraer Legacy para llevar también al mundial a los hijos de Cilia Flores, la primera dama de Venezuela, lo que estrechó aún más el aprecio de la familia presidencial por los encantadores empresarios colombianos. No hay que olvidar que, según el Departamento del Tesoro de Estados Unidos, desde 2011 Saab les había dado un contrato a los tres hijos de Cilia, Walter, Yosse y Yoswal y a su primo Carlos Erica Malpica para preparar los terrenos de construcción de viviendas en el Estado Vargas.

Una docena de pilotos, en su mayoría venezolanos, algunos de ellos exoficiales de la Fuerza Aérea de ese país, operaba la flota de aviones ejecutivos. Varios se asentaron en Florida y crearon compañías sin preocuparse de que el gobierno de Trump estaba cerrando cada vez más el cerco a sus patronos. Los aviadores descansaban en el Estado del Sol de sus largas jornadas de vuelo, hacían compras y gozaban de la comida internacional de la ciudad, lejos del caos, la escasez y la improvisación de la Caracas bolivariana. También sacaron provecho de la facilidad con la que se pueden registrar sociedades en este estado. Uno de los pilotos de confianza de Saab, David Valdemar Faraco Heredia, con licencia de Administración Federal de Aviación de Estados Unidos (FAA), registró como dirección una calle de casas de serie (*townhouses*) de Kissimmee, Florida. Faraco, nacido en Valencia en 1979, fundó en septiembre de 2016 la empresa Fenix Air Services Corp. en West Palm Beach,[7] junto con su amigo Eduardo Rollín, exaviador de combate de la Fuerza Aérea Venezolana. Al mes siguiente creó en Panamá Altair Jets Corp. con su esposa Yelitza Cristina Gil Boscán.[8] Altair Jets se convirtió en la firma operadora de la flota de Saab, incluyendo el avión más costoso y preciado del empresario, un Bombardier Global Express 500 con el que dio varias vueltas al mundo y en el que fue arrestado en Cabo Verde en junio de 2020. Faraco y Rollín pilotearon este avión y otros de la flota varias veces. Al momento del arresto de Saab a bordo del Global Express, en la cabina estaban el piloto Francisco J. Velásquez y el copiloto Alan Scott Ardenko. Ambos fueron después detenidos en Venezuela e interrogados bajo la sospecha de que habían reportado la ubicación de Saab.

El Global Express es quizás el avión más caché de la aviación ejecutiva. Con una autonomía suficiente para hacer un vuelo sin escalas entre Caracas y Teherán y equipado con los mejores juguetes de comunicación y entretenimiento a bordo, puede costar entre 50 y 60 millones de dólares. El lujoso aparato fabricado en 2006 fue registrado en San Marino en abril de 2018 con matrícula T7-JIS. Anteriormente operaba con matrícula estadounidense. Pertenecía a una compañía aseguradora de Estados Unidos. Con la ayuda del portal Bellingcat, Armando.info reconstruyó la bitácora de esta y otras aeronaves de la flota Saab-Pulido alrededor del mundo. Los periodistas encontraron visitas a Rusia durante el mundial de

---

[7] División de Corporaciones de Florida, inscrita el 7 de septiembre de 2016. Presidente: Eduardo E. Rollín. Vicepresidente: David V. Faraco. Inactiva desde el 22 de septiembre de 2017.

[8] Open Corporates. Altair Jets Corp. Incorporación: 27 de octubre de 2016. Vigente. Presidente: David Aldemar Faraco Heredia.

fútbol de 2018, vuelos a Turquía, Irán, México, Grecia, República Dominicana, Antigua, Barbuda y Colombia.[9]

Al compañero de cabina de Faraco, Eduardo Enrique Rollín Méndez, también le encantaba Florida. Se instaló con su esposa de origen italiano en Palm Beach Gardens y aparte de la empresa que compartió con Faraco, también incorporó Torfortte LLC en enero de 2016. Los registros públicos reflejan que Rollín tiene asignado un número de seguro social de Estados Unidos. La ley prohíbe a ciudadanos o residentes legales de este país suscribir cualquier tipo de contratos con personas o entidades sancionadas por la Oficina de Control de Activos del Tesoro (Ofac) a menos que el organismo haya expedido una licencia autorizando la transacción.

A mediados de agosto de 2020 le escribí a Rollín a su correo electrónico para conocer sus experiencias junto a los empresarios colombianos. A las pocas horas tuve respuesta y negó de entrada que fuese piloto de Saab "como los chismes me catalogan", pero aclaró que había piloteado vuelos privados en los que el empresario colombiano o su familia iban de pasajeros. "Si la memoria no me falla […] lo volé un par de veces en ruta Caracas-Barranquilla y una vez Barranquilla-Roma. Luego con Altairjet quizás un par de veces más desde 2017 a 2020". Estos fueron trabajos que realizó bajo contrato de firmas que manejan las operaciones y logística de aeronaves, agregó. Rollín afirma que hizo alguno de esos vuelos contratado por Aerojet Corporation, propiedad del piloto venezolano, también residenciado en Florida, Roswell Jesús Rosales Oberto.

Con esta segunda empresa, Rollín voló a Saab "un par de veces" en la ruta Caracas-Barranquilla y otra Barranquilla-Roma, me dijo. "Luego con Altairjets quizás un par de veces más desde 2017 a 2020". Esa fecha es clave. A partir de julio de 2019, Saab es prófugo de la

9   "El penúltimo vuelo de Alex Saab", Roberto Deniz, Amando.info, junio 14 de 2020.

justicia estadounidense. En cuanto a Pulido, afirmó: "En mi vida tuve la ocasión de volar al señor Pulido de Caracas a Bogotá una vez, si la memoria no me falla. Aproximadamente en el año 2017". Aclaró que tiene constancia de que culminó su relación con Altairjets en marzo de 2020. Al final escribió: "No le puedo negar que tengo 'MUCHA' información, pero como entenderá todo tiene un precio".[10]

Rollín no solo aprovechó las comodidades de Florida y las facilidades de crear sociedades y hacer inversiones, sino también la ventaja que ofrece el estado para declararse en bancarrota. Su axioma de que todo tiene un precio debió aplicarlo en su solicitud de quiebra ante una corte federal de Miami en abril de 2020 al cumplir con su obligación de evaluar cada bien en su haber y cada deuda que dejó sin pagar. De acuerdo con el documento de radicación del concurso de acreedores, Rollín y su esposa afirmaron que solo tenían un capital de 20.000 dólares, representado en un Jeep Cherokee modelo 2016 con 52.500 millas cuyo valor tasaron en 18.000 dólares y varios bienes entre los cuales se encontraba una cama *queen* de 100 dólares, una lámpara de 120 y un asador de 80. La pareja usaba 20 tarjetas de crédito y débito de American Express, Bank of America, City Bank y Capital One. Todas las cuentas bancarias estaban en cero. Rollín me dijo que está viviendo en Europa.[11]

"Fui objeto de chismes y la mala publicidad de alguna persona que sabía que yo trabajé en Altairjets y se valió del anonimato de las redes sociales para dañar mi imagen y reputación, a dios gracias de que las personas que me conocen saben que yo no me presto para ninguna de las cosas que en redes se dijeron de mí", escribió sin aclarar a qué clase de chismes y mala publicidad se refería.

---

[10]   Mensaje electrónico desde una cuenta de Gmail. 15 de agosto de 2020.
[11]   Caso de Bancarrota No. 20-14238, radicado el 4 de marzo de 2020 en la Corte del Distrito Sur de Florida.

"Los bichos"

El fin de semana del 16 de agosto de 2020, cuando escribía justamente este capítulo de pilotos, aviones y bonanza, una fuente del mundo aeronáutico me envió por WhatsApp un mensaje de voz de un piloto venezolano que decía: "Verga loco, me acaban de explicar todo como fue el peo, huevón. Es que ese aeropuerto (Fort Lauderdale) tiene un FB chiquito y lo bichos estaban haciendo todo por ahí. Los bichos cargaron el avión y que tenía armas y un coñazo de dólares, como un millón de dólares, dos millones. Resulta ser que la DEA, el FBI y toda esa gente estaban esperando nada más que el avión prendiera motores y rodara porque resulta ser que si los llegan a agarrar parados, ya cargados, no pasa nada, no los pueden culpar ni un coño. La vaina, el FBI y la verga esperó, les dio el chance que rodaran y ahí los interceptaron en pleno ronauei, ahí los bajaron. ¿Ah se querían ir? ¿Se querían ir con todo eso? Los agarraron y los bajaron esposados y supuestamente quien está fugado es un carajo que los ayudó a cargar el avión".

La anterior versión zascandil de lo que había ocurrido horas antes en el aeropuerto internacional de Fort Lauderdale-Hollywood, no estaba muy lejos de la realidad. Como lo confirmó días después una denuncia criminal federal, agentes federales del FBI, Seguridad Nacional y Aduanas, arrestaron a dos pilotos venezolanos cuando se disponían a salir hacia Venezuela con un avión cargado de armas, municiones y dinero. (Los detalles de esta operación están descritos en el siguiente capítulo).

Recibí la noticia justamente cuando empezaba a escribir el perfil de uno de los pilotos detenidos, Gregori Jerson Méndez Palacio, quien también había usado Florida para negocios y placer. En 2017, Méndez constituyó Gregori Méndez Corporation y Enterprise International Inc. En mayo de 2020, registró Liza Food Corp. y PM Global Services y un mes después incorporó a su amigo, Héctor Alejandro Valencia, quien registró como domicilio un apartamento en Las Olas Boulevard, Fort Lauderdale.[12] Valencia operaba desde España. No hay certeza del objetivo de estas sociedades, pero una fuente me dijo que quizás algunas de ellas fueron usadas para comprar repuestos de aviones. El jefe de pilotos de Pulido, que luego pasó a coordinar las operaciones aéreas de Lizcano, tuvo una discusión con Gregori Méndez después de que se enteró de que el piloto estaba involucrado en una operación de oro con Sudáfrica.

Saab compró tres aviones ejecutivos, aparte del Global que usaba para visitar todos los fines de semana en Italia a la modelo que sería su esposa. "Todas las semanas, eso era una locura", me comentó un exempleado de la organización. "Compra un Lear 55 para hacer favores y un Embraer. Hace toda una estructura blindada y empiezan a volar en esa modalidad para que nadie supiera quién volaba en los aviones; el Global lo usa para él solo, el Lear vuela mucho a Piedad Córdoba. De la noche a la mañana, Saab tenía como siete pilotos. Allí supe que sacaban oro porque una vez yo iba llegando en Maiquetía y el avión de él directo a Europa de noche, de madrugada y empezaron a sacar oro, un vuelo directo claro. ¿Hacia dónde? No sé, oro en lingotes". Según la fuente, Saab puso el avión Embraer a disposición de los hijos de Cilia Flores, la primera dama de Venezuela. "Pero en ese avión tuvieron mucho más cuidado porque ese avión casi ni tocaba Venezuela. Ese avión lo tuvieron basado en República Dominicana, en Curazao o en Aruba". El avión fue registrado en San Marino. En esta nueva etapa de las

---

[12]   División de Corporaciones de Florida. Gregori Méndez Corp. Creada el 5 de octubre de 2017. Presidente: Gregori Jerson Méndez Palacios con dirección en Pembroke Pines, Florida. Activa hasta el 29 de octubre de 2019. Enterprise International Inc, creada el 9 de octubre de 2017. Gerente: Gregori Jerson Méndez Palacios con dirección en Pembroke Pines. Activa hasta el 11 de enero de 2018. Liza Food Corp. Creada el 26 de mayo de 2020. Activa. Presidente: Gregori Méndez con dirección en Doral, Florida. Secretaria: Basiliza Díaz Álvarez. PM Global Services. Creada el tres de junio de 2020. Activa. Gerente: Gregori Méndez con dirección de Doral, Florida.

operaciones aéreas empezó a figurar el colombiano Iván Caballero, encargado de contratar pilotos dispuestos a correr el riesgo de pilotear aviones de un fugitivo de la justicia de Estados Unidos como ya lo era Alex Saab. Un piloto que se negó a hacerlo recibió amenazas de Pulido.

Querida N

En un principio, casi todos los aviones adquiridos por Saab y Pulido fueron registrados con matrícula de Estados Unidos "N" a través de un mecanismo muy cuestionado que pone en duda la obcecación del gobierno de este país de cuidar sus cielos de terroristas y narcotraficantes. Se conoce como "*owner trust*" o dueño fiduciario. Los empresarios dueños de aviones en América Latina prefieren conservar la matrícula "N" de los aviones que adquieren para librarse de los altísimos impuestos de importación a sus países. En Venezuela los impuestos superan el 40 por ciento del valor del aparato. La venta es igual de onerosa. Otra ventaja de la letra "N" es que proyecta la idea de que las aeronaves que la llevan cumplen con las leyes de Estados Unidos y están protegidas por el gobierno de ese país.

De acuerdo con la ley de Estados Unidos, solo ciudadanos estadounidenses pueden ser propietarios de aeronaves con matrícula "N". Pero el requisito puede obviarse registrando el avión bajo el modelo de dueño fiduciario. Mediante ese formato, el propietario, sin necesidad de revelar su identidad, registra a un abogado o a un prestanombres estadounidense.

Varios bancos de Estados Unidos han abierto divisiones especializadas en este procedimiento a sabiendas de que es un negocio muy rentable. Igual que en la apertura de cuentas, el banco está obligado a estudiar los antecedentes del verdadero propietario de la aeronave, lo que no siempre se cumple. Cuando el Consorcio Internacional de Periodistas de Investigación (ICIJ) reveló la serie de Paradise Papers, encontró que Leonid Mikhelson, uno de los oligarcas rusos

sancionados por Estados Unidos, había usado la división fiduciaria del Bank of Utah para continuar operando su avión con la matrícula del país que lo sancionó.[13] La división fiduciaria se encarga de
poner los aviones a nombre de firmas secretas de las que solo se
conoce la identidad del abogado que las incorporó. Saab y Pulido
registraron algunos de sus aviones sin problemas.

---

[13] "From Utah, Secretive Help for a Russian Oligarch and his Jet", *The New
York Times*, Mike McIntire, edición digital, seis de noviembre de 2017.

CAPÍTULO 20

El dios Thor

Carlos Rolando Lizcano Manrique era un modesto comerciante de Cúcuta que pasó de "llevar el café", como me dijo una fuente, a convertirse en una pieza clave de la logística y expansión de la organización de Alex Saab y Álvaro Pulido. Lo logró por cuenta de un misterioso incidente ocurrido en Caracas en 2016 del que poco se sabe. De acuerdo con las dos únicas personas que me han dado información fragmentaria, fue una situación inesperada que dio al traste con el ambiente de prosperidad que se respiraba en la empresa. Según ellos, a principios de ese año, funcionarios del Servicio Bolivariano de Inteligencia, Sebín, allanaron las oficinas del Fondo Global en Caracas y se llevaron documentos y archivos de computador.

"Yo no sé qué les pasó", me dijo la fuente, "pero en Caracas les llega el Sebín, que era la policía del gobierno militar y entonces ellos entran allá a las oficinas de ahí en la Torre Galipán y hacen una primera recaudación de información y en ese momento todos se dispersan. Todo se va al piso. Todos se desaparecen. No contestaban teléfonos, nada". Saab y Pulido recibieron el aviso y en lugar de presentarse ante el Sebín salieron despavoridos en automóvil hacia la frontera con Colombia y cruzaron hasta Cúcuta a pie por el río Pamplonita. En esa travesía, que años después recordaban como una aventura de adolescentes, Lizcano hizo de guía y protector sacando pecho por ser nativo de la región y conocido de autoridades locales.

Las fuentes coincidieron en una explicación sobre el motivo del allanamiento: Saab y Pulido le habían hecho una trastada a un beneficiario de Cadivi que en ese momento tenía más poder e influencia que ellos y los denunció ante la Fiscalía. "Alguien al que le debían dinero y le había mandado el Sebín", me dijo una de las fuentes. Cuando le pregunté a la exfiscal de Venezuela Luisa Ortega si conocía el incidente, respondió: "La primera vez que escucho eso". La exfuncionaria puso en duda que hubiera ocurrido porque "para enero o febrero de 2017 ya teníamos adelantada la investigación y sabíamos que había demasiados negocios entre Nicolás Maduro y los hijos de Cilia y Alex Saab".

A partir de la salida intempestiva de los empresarios se suspendieron los pagos de nómina de empleados, ejecutivos, pilotos y proveedores, me explicó la fuente. Nadie daba razón de su paradero. La oficina quedó al garete durante varios meses y el único de los empleados de confianza que podía darse el lujo de ir y venir era Lizcano, lo que le dio el privilegio de manejar las relaciones de los empresarios con su oficina en caos. Cuando las aguas se calmaron, meses después, los patronos regresaron, primero Saab y después Pulido y sin dar explicaciones al personal volvieron a tomar las riendas de la empresa en Caracas. La impresión de los empleados es que Saab regresó con más poder de mando que su socio y entre ellos se notaba cierto distanciamiento.

"Lizcano fue el hombre que se ensució las manos por ellos", comentó un exempleado de la empresa quien lo describió como un tipo muy especial. "En su oficina tiene toda clase de armas, una ametralladora, una pistola". El mismo empleado recuerda que cuando Lizcano cogió confianza, le dijo a un grupo de compañeros de la empresa en broma: "A mi llámenme Thor". Uno de los empleados dijo, "Ah claro, por el dios del trueno de los vikingos". Y Lizcano lo corrigió y le dijo: "No, por torcido". Todos celebraron.

La descripción judicial de un robo callejero del que fue víctima en Bogotá refleja la testarudez del personaje de 49 años con ciudadanía colombiana y venezolana. Según el relato judicial, en la tarde del 7 de marzo de 2015, un hombre que pasó frente a la puerta del vehículo de Lizcano, mientras esperaba en un tradicional trancón de tránsito de una calle al norte de Bogotá, golpeó el espejo retrovisor. Lizcano abrió el vidrio y cuando trató de acomodar el espejo, dos hombres le pidieron que les entregara el reloj. Aparentemente el conductor se negó, lo cual enardeció más a los atracadores, que forcejearon con él, lo golpearon y finalmente le hirieron una mano. Los raponeros "finalmente cometieron el latrocinio y emprendieron la huida", dice el informe judicial, pero dos heroicos auxiliares bachilleres de la policía los persiguieron y lograron su captura.

Lizcano escaló rápidamente en la poco empinada estructura de la organización y asumió un papel definitivo en la próxima metamorfosis de Saab y Pulido: la adquisición de alimentos subsidiados por parte del gobierno venezolano para paliar la escasez a través del programa Clap, una operación indolente y turbia que ha sido laboriosamente investigada por los periodistas de Armando.info. Hay quienes dicen que Lizcano fue el cerebro de la importación de alimentos gracias a su cercanía con un gobernador de Norte de Santander y, al otro lado de la frontera, con el gobernador Vielma Mora, del estado Táchira.

Uno de los primeros negocios en este giro manejado por Manrique fue la importación a Venezuela de azúcar de Brasil con un gran margen de ganancias. La esposa de Lizcano era muy amiga de la mujer de Pulido, algo que Saab no veía con buenos ojos porque pensaba que se prestaba para tráfico de chismes. Pero cuando Saab vio cómo se movió Lizcano para concretar el primer contrato de alimentos subsidiados con Vielma Mora, le perdonó todo. "Es ahí donde le coge amor a Lizcano", dijo la fuente. La misma persona me comentó que Lizcano compró un apartamento en el este de Caracas que funciona "como un bunker con sala de reuniones donde Pulido está viviendo hace dos años". Agregó que Lizcano le maneja fondos a Saab y Pulido y tiene cuentas personales en un banco ruso que estarían a cargo de su hija mayor, a quién mudó de Estados Unidos a Moscú.

Adrián Antonio Perdomo Mata fue otro de los empleados del Fondo Global de Venezuela que se quedó sin empleo de la noche a la mañana a raíz de la ausencia repentina de sus jefes. Su papel en la organización consistía en prestar asesoría financiera a los empresarios colombianos dada su experiencia como exejecutivo del Banco de Venezuela donde trabajó desde 2005 hasta 2011. Ocupaba la vicepresidencia de negocios que manejaba las cuentas de entidades públicas. Una prueba más de que parte del éxito Saab y Pulido tenía que ver con un gran tino para escoger a los colaboradores que se ajustaran a sus necesidades.

Perdomo vivía en Colombia, pero viajaba a Caracas en el expreso bolivariano de Saab todas las semanas. Cuando ocurrió la estampida del Fondo de Construcción, empezó un negocio de exportación de alimentos de Miami a Venezuela para lo cual creó la empresa Multiport LLC en marzo de 2016[1] con dirección en Fort Lauderdale. Aparentemente, la empresa no funcionó y decidió quedarse a vivir en Colombia, donde montó un negocio de venta de frutas para supermercados que escasamente le daba para llegar a final de mes, pero que sería un curso de entrenamiento para su próxima correría. El portal Chavismo Inc. identifica a Perdomo como exoficial del ejército venezolano que trabajó como jefe de seguridad de Hugo Chávez. Una fuente me dijo, sin embargo, que Perdomo nunca fue un convencido de la revolución bolivariana. En los años en los que vivía en Colombia pensaba que además de buscar nuevas oportunidades, su autoexilio era una forma de escapar a la radicalización del socialismo en Venezuela. Un amigo suyo me dijo que lo espantaban las ilustraciones de Simón Bolívar abrazado a Fidel Castro en los textos escolares de sus hijos.

En esas estaba cuando recibió una invitación de Lizcano. El flamante Thor le pidió que volviera a Venezuela para que se integrara al proyecto que tenía entre manos: la creación de la cadena de

---

[1] División de Corporaciones de Florida. Multiport LLC fue creada el 17 de agosto de 2015. Inactiva desde el 16 de febrero de 2017. Gerente: Adrián Antonio Mata Perdomo.

supermercados Clap. Perdomo aceptó y ante los ojos de Saab, que hasta entonces solo tenía colombianos en el primer renglón de la organización, se graduó como el primer venezolano con estatus de ejecutivo.

Logré hablar menos de dos minutos con Perdomo en febrero de 2021 para pedirle una entrevista.

"Tengo que hablar con los abogados, o sea, yo no puedo arriesgarme de ninguna manera. Yo estoy siempre bajo vigilancia", me dijo. Luego me envió un mensaje por WhatsApp: "Muchas de las situaciones son falsas o manipuladas... como las manejan los medios". En agosto de 2017, Lizcano fundó la sociedad Salva Foods 2015. En cuestión de dos a tres años montó su propio emporio, compuesto además por empresas de construcción, inversiones, transporte de carga y alquiler de maquinaria en Colombia, Venezuela y Panamá. Y se pudo dar el gusto de comprar el avión del jefe, el Lear Jet N-72LJ, el primero que Pulido usó como expreso de la ruta Bogotá-Maiquetía cuando operaba con matrícula de Estados Unidos.

La ejecutiva de Los Mangos

El Lear Jet es el mismo avión al que me referí en un capítulo anterior y que fue incautado con armas en el aeropuerto de Fort Lauderdale. Su historial de turbulencias no termina ahí. Inicialmente la aeronave aparecía a nombre de Aero Lear 55 C.A. de Roswell Rosales, quien fue jefe de pilotos de la filial colombiana de Fondo Global de Construcción. En octubre de 2019, Rosales transfirió la propiedad del aparato a nombre de Noherly Richel Mejías Peñaloza. Cuando hice la primera búsqueda de este nombre pensé que Google me daría direcciones de una alta ejecutiva venezolana. La única información disponible de Mejías era su registro de votación en el barrio obrero de Los Mangos, situado en los cerros de Caracas. Un piloto familiarizado con la transacción me dijo que Mejías es una modesta empleada de los supermercados Salva Foods, lo que sugiere que fue usada por Lizcano para poner el avión a su nombre. Salva Foods figura en el organigrama de empresas bajo investigación de la Policía Fiscal Aduanera (Polfa) de Colombia y hoy es la firma que pone la cara para las importaciones de alimentos de Irán a Venezuela.

Al cambiar de dueños, el Lear Jet fue registrado con la matrícula venezolana YV-344, número con el cual fue retenida con armas en el Aeropuerto Internacional de Fort Lauderdale-Hollywood en agosto de 2020. Todo indica que el FBI seguía a los pilotos que fueron arrestados. El avión fue cargado el 14 de agosto, un día antes de su plan de salida hacia Venezuela con 81 armas de fuego de varios tipos y calibres incluyendo 18 rifles, seis carabinas y 58 pistolas. La mayoría de las pistolas eran Glock 9 milímetros y Sig Sauer, también 9 milímetros. El arsenal incluía 68,736 rondas de munición, chaleco antibalas y un silenciador.

Para despistar a los agentes federales, los pilotos habían reportado como destino final el aeropuerto Argyle de las islas San Vicente y las Granadinas, en las Antillas Menores. Pero los agentes sabían que se dirigían a Venezuela, lo que les confirmó luego Patiño, el copiloto que decidió colaborar. El Lear Jet salió del hangar y se abasteció de combustible en Jetscape, un centro de servicios ejecutivos. Pasada la una de la tarde, los pilotos pidieron permiso a la torre de control para tomar la pista de carreteo. Por el mismo radio, como respuesta, recibieron la mala noticia: por favor dirigir la aeronave hacia el edificio de Aduanas y Protección Fronteriza del terminal. En lugar de hacerlo, Méndez decidió desviar el avión hacia Jetscape para que Patiño descargara la mercancía a toda velocidad mientras él se dirigiría a las oficinas de Aduanas. Méndez llegó al edificio federal en un vehículo, no en el avión como se lo habían pedido los agentes. Llevaba un morral lleno de dinero. Los funcionarios que lo esperaban le preguntaron por el Lear-Jet y por el compañero de viaje. Respondió que tanto el avión como su amigo estaban en Jetscape. Un grupo de agentes salió raudo hacia el centro ejecutivo y otros se quedaron interrogando al piloto. Le preguntaron cuánto dinero llevaba consigo. Respondió que 8.000 dólares. El morral parecía cargar más. Tras una inspección los agentes contaron 18.000 dólares y un cheque endosado de 2.618 dólares.

Al llegar a Jetscape, los oficiales se encontraron a varios operarios de tierra descargando a la carrera el avión junto a Patiño. Un inspector de la Agencia Federal de Aviación, FAA, le preguntó a Patiño por los documentos del avión para realizar una inspección. Patiño respondió que no hablaba inglés. Un agente le tradujo al español, pero volvió a responder que no entendía inglés. Hasta ese momento el personal de tierra había descargado 50 cajas en las que se descubrieron las armas y municiones. El arsenal ocupaba desde la cabina de mando hasta el baño.

Al parecer, Patiño se quebró emocionalmente y decidió cooperar. Dijo que mientras estaban hospedados en un apartamento de Coral Springs, Florida, él y Méndez habían estado comprando armas, municiones y accesorios. Todo bajo la dirección de Méndez y con su dinero, aclaró. Algunas de las armas las adquirieron a través de vendedores por internet y otras a distribuidores comunes. El agente que preparó la denuncia criminal no reveló el beneficiario final de las armas ni para qué serían usadas.

Contacté por teléfono a Noherly Richel Mejías Peñaloza,[2] la supuesta propietaria del avión. No quiso hablar después de explicarle el motivo de mi llamada y colgó. Insistí por WhatsApp y un día después me pidió que me pusiera en contacto con el abogado en Miami, David S. Weinstein, quien me confirmó que estaba a cargo del caso de la confiscación del avión. Weinstein no ofreció detalles sobre la profesión o el oficio de la dueña del avión. El abogado me explicó que había sido contratado por la empresa Aero Lear 55 C.A. para recuperarlo.[3]

---

[2] Entrevista realizada el 20 de agosto de 2020. En el chat por WhastApp, Mejías respondió: "Buenas noches, cualquier información que necesite comuníquese a ese número", indicando el contacto del abogado David S. Weinsten en Coral Gables, Florida.

[3] En un mensaje electrónico del 18 de enero de 2021, el abogado David S. Weinsten me respondió que había radicado una petición administrativa ante Aduanas y Protección de Fronteras solicitando la devolución del avión.

CAPÍTULO 21

El tercer pasajero

En la jerarquía no escrita que manejaban los pilotos del expreso bolivariano Bogotá-Caracas, después de Saab y Pulido el tercer puesto en importancia le correspondía a Carlos Gutiérrez Robayo, un discretísimo empresario multimillonario de Bogotá que estuvo a punto de celebrar el gol de oro del trío colombiano: la adjudicación de un contrato petrolero de 4.500 millones de dólares del gobierno de Nicolás Maduro. Con más kilometraje académico y roce corporativo que sus compañeros de viaje, Gutiérrez Robayo se había unido al grupo para explorar negocios en el país vecino al mejor estilo de los oligarcas rusos que compraron a precios de remate las empresas más lucrativas de la arruinada Unión Soviética. Saab aceptó en una entrevista de *El Tiempo* en agosto de 2017 que conocía a Gutiérrez "hace un par de años, una persona muy inteligente, me planteó una sociedad que no pudimos hacer".[1]

Un año más joven que Saab, pues nació en 1971 en Bogotá, Carlos Gutiérrez Robayo es el tercero de cinco hijos de un campesino de Zipaquirá que fue el mayor productor individual de papa en el mundo. La papa es uno de los negocios en el que circula más dinero en efectivo en Colombia. Su padre, Luis Eduardo Gutiérrez Méndez, el zar de la papa, se hizo rico cultivando en fincas de los

---

[1] Habla Saab, el colombiano señalado de ser el socio oculto de Maduro. Unidad Investigativa de *El Tiempo*, 25 de agosto de 2017, edición digital.

alrededores de esa población de la sabana de Bogotá. Con un marcado acento de campesino cundiboyacense del que nunca se avergonzó, Gutiérrez Méndez empezaba el día a las dos de la mañana impartiendo órdenes a la legión de camioneros que llevaba el producto a la Central de Abastos de Bogotá, Corabastos, y en la alborada visitaba sus propiedades en helicóptero. Construyó una casa de tres niveles de estilo chino que marcaba una visible diferencia con las demás de la cuadra. En ese pueblo de frío perpetuo de la sabana, el papero conoció a un joven agitador social de izquierda que militaba como guerrillero en el movimiento nacionalista clandestino M-19. A sus veintidós años, Gustavo Petro había dirigido con éxito una toma de terrenos aledaños al pueblo que eran propiedad de la curia. La invasión de unas quinientas familias dio origen a lo que hoy se conoce como el barrio Bolívar 83. Aunque de esquinas ideológicas opuestas, Gutiérrez padre identificó el potencial político de Petro y según el portal Las2orillas.co, lo apoyó en su campaña para el concejo de Zipaquirá en la que salió victorioso (1984-1986).

Los hijos de Gutiérrez lo tenían todo. Heredaron una gran fortuna de su padre y estudiaron donde quisieron. "No había razones para que se metieran en problemas. Eran los reyes del pueblo. Si se metieron en negocios problemáticos fue por la ambición, fueron muchachos educados en torno al culto del dinero", me dijo un zipaquireño raizal que conoce a la familia. "Al final al padre le dio duro, estaba como deprimido", agregó al referirse a las secuelas del escándalo de la pirámide de DMG en el que resultó involucrado su hijo Luis Eduardo.

Carlos se graduó de veterinario zootecnista de la Universidad de la Salle en 1996 y se especializó en fertilización animal en vitro y transferencia de embriones en la Universidad de Wisconsin. Es una autoridad en la materia, especialmente en la cría de ganado de la raza Angus por lo cual ha recibido premios como mejor criador y expositor. Gutiérrez montó la empresa CGR Biotecnología Reproductiva, especializada en el área de reproducción aplicada al mejoramiento genético. Este negocio lo hizo más rico de lo que ya le había deparado la herencia. La revista *Dinero* afirma que el aporte de los científicos del laboratorio ha sido fundamental para la simiente de la versión criolla de la raza Gyr, la mejora de la especie de potros *pony* y de animales de trabajo y exhibición.[2]

El destino de Petro se volvió a cruzar con los Gutiérrez a finales del siglo pasado. Esta vez por la vía conyugal. Gutiérrez Robayo, quien ya manejaba una fortuna considerable, se casó con María Teresa Alcocer y Petro con una hermana de esta, Verónica. Al comienzo, la relación del empresario y el político fue buena. De acuerdo con el portal Cuestión Pública, Gutiérrez aportó 50 millones de pesos a la campaña de Petro al Senado en 2006.[3] La Silla Vacía sostiene que Gutiérrez le prestó dinero a Petro para solventar la apretada situación económica de la derrota de la campaña presidencial de 2010. Petro ha sostenido que pagó en cuotas.

Saldadas o no las deudas, la relación con Petro le causó un problema grave a Gutiérrez en Panamá. La historia es la siguiente: a principios de 2013, Gutiérrez se montó en el tren de los paraísos fiscales en el que ya viajaba Saab y para ello tomó la línea de lujo, el bufete de abogados panameño Mossack Fonseca (MF).[4] Su idea era estructurar un grueso portafolio de sociedades de papel bajo el nombre de Trenaco que serían usadas para abrir cuentas bancarias y hacer otro tipo de transacciones internacionales. Tres años después el bufete sería el epicentro del escándalo de los Papeles de Panamá.

Dos personas dieron fe ante MF de que Gutiérrez era una persona "honorable, responsable y que sostiene negocios totalmente

---

[2] "La Primorosa, el epicentro del poder de la familia política de Petro". Revista *Dinero*, 28 de junio de 2014.

[3] Perfil del senador Gustavo Petro en la base de datos de Cuestión Pública, "Sabemos lo que hiciste".

[4] Los primeros documentos para cumplir con los requisitos de la creación de sociedades están fechados en mayo de 2013. El contrato de servicios fiduciarios de Mossack Fonseca con Trenaco en particular se firmó el 13 de mayo de 2014.

lícitos":[5] su abogada corporativa Luciela María Gallo Alzate y su contadora Yanet Ayala Latorre. Gallo Alzate también figura en la inscripción en 2012 de una fundación que llevaría el nombre de la marca emblemática del conglomerado internacional al que Gutiérrez estaba vinculado: Trenaco.

Gutiérrez inscribió quince sociedades en Mossack Fonseca.[6] Figuraba como beneficiario final de la gran mayoría. En algunas compartía esa posición con su esposa María Teresa o su socio Felipe de la Vega Vergara, otra ficha clave en Trenaco. Vega figuró como administrador de Trenaco S.A. de Suiza, que controlaba a Trenaco Colombia SAS. En Mossack Fonseca apareció como beneficiario final de Kenford Foundation. En la página de su empresa actual de producción de marihuana medicinal, De la Vega cita como parte de su hoja de vida haber sido fundador y CEO de Trenaco Holding Corporation, una compañía con ingresos de 800 millones de dólares en 2014. Se atribuye haber convertido a Trenaco en la segunda empresa exportadora de carbón de coque en Colombia.[7]

---

[5]   Constancia sin fecha enviadas al bufete de Mossack Fonseca firmada por Luciela María Gallo Alzate; constancia del 9 de mayo de 2013 firmada por Yanet Ayala Latorre enviado al mismo bufete.

[6]   Las sociedades aparecen en varios documentos obtenidos por el autor. Uno de ellos es parte de una cadena de mensajes electrónicos entre los abogados Rigoberto Coronado, de la firma Mossack Fonseca y Óscar Torres P., de Panamá en representación de las empresas. Torres pidió ayuda a Mossack Fonseca el 29 de octubre de 2014 para tramitar el cambio de jurisdicción de las empresas de islas Vírgenes Británicas a Panamá. Allí se cita a Coral Trading, Greeneagles Enterprises Inc, Galaxy Night Worlwide, Burnswick Holding Corporation y Speedfast Services Capital Limited. Otro documento que contiene las empresas es un "cuadro actualizado con las actividades y los BO de las estructuras de Trenaco" enviado por Marisol Cuestas, de Mossack Fonseca de Colombia, a Leymere Bonilla, de la oficina de cumplimiento. Al cuadro se adjuntaron copia de los pasaportes de los Gutiérrez Robayo y de Jorge Hernán Peña Quintero accionista de Linston Perfect Investment Ltd. y de Coral Trading Global Inc. con sede en Bogotá.

[7]   De la Vega no respondió llamadas.

Con nombres extranjerizantes como Burnswick Holding Corporation o Kendford Foundation, las sociedades de Gutiérrez contaban con oficinas en Colombia, Suiza, Inglaterra y Panamá, según informaron al bufete panameño. Entre los accionistas de una de las sociedades figuraban el padre de Gutiérrez, y sus hermanos Jairo Andrés, Beatriz del Socorro y Claudia Rocío.

Llama la atención que como parte del proceso de creación de las sociedades, Gutiérrez envió a MF un certificado de antigüedad de una cuenta abierta el 27 de abril de 2005 a su nombre en el Banco de Bogotá. Si fue la primera cuenta que abrió en su vida, Gutiérrez entró al mundo bancario tardíamente. Tendría unos 35 años. Menos de diez años después el veterinario manejaba un emporio multimillonario de compañías nacionales y extranjeras de petróleo, minería, bienes raíces y agroindustria.

El ataque del SAR

Hasta este punto, el registro de las sociedades en Panamá, que en principio no es ilegal, solo planteaba las dudas de siempre: ¿qué negocios quería Gutiérrez mantener bajo el secreto de los paraísos financieros, lejos de Colombia? ¿Utilizaría las empresas de papel para transferir los fondos de los negocios en Venezuela? El problema sobrevino cuando las tradicionalmente deficientes alarmas de Mossack Fonseca se prendieron en julio de 2014. Uno de los representantes de la firma en Colombia le escribió al Departamento de Cumplimiento que "en las últimas semanas han salido artículos de prensa que vinculan con actos de corrupción al contacto de nuestro cliente, Trenaco Colombia, Sr. Carlos Gutiérrez".[8] Si bien se habían publicado varios artículos sobre

---

[8]   Carta enviada al presidente de la Agencia Financiera de Investigación de las islas Británicas por J. Nizbeth Maduro, de Mossack Fonseca, con el Reporte de Actividad Sospechosa el 16 de septiembre de 2014. El reporte 37363 se enfoca solamente en Carlos Alberto Gutiérrez y cita una dirección del veterinario en el centro de Bogotá. En las casillas de lavado de dinero, terrorismo, drogas, delitos/ fraude, está señalada la de lavado.

las andanzas de Gutiérrez en la alcaldía de Petro, los "actos de corrupción" estaban por demostrarse. En ese momento Gutiérrez tenía quince estructuras activas con el bufete de abogados. El departamento de cumplimiento de Mossack Fonseca, encargado de detectar posibles actividades sospechosas de los socios y beneficiarios de las corporaciones creadas por la firma, no se caracterizaba por ser el más estricto. Justamente de su laxitud sacaron ventaja funcionarios y empresarios corruptos, narcotraficantes y otros delincuentes de varias partes del mundo, como lo expuso la serie "Los Papeles de Panamá" del Consorcio Internacional de Periodista Investigadores (ICIJ) en la cual participé.

La seguidilla de artículos en los medios colombianos no trabó el proceso de consolidación del portafolio de Trenaco en Panamá. En medio del escándalo periodístico, Gutiérrez firmó el 8 de julio de 2014 varios documentos en los que autorizaba a MF a nombrar testaferros para las juntas directivas de alguna de sus empresas y se comprometía a mantener indemne al bufete de cualquier perjuicio o litigio en que incurriera la compañía, un procedimiento normal en el negocio de prestar nombres.[9] Dos días después, en Bogotá, Gutiérrez anunció que renunciaba a la participación en Trenaco "con el objeto de evitar que los escándalos mediáticos afecten de alguna manera el buen nombre de esta multinacional y sus operaciones en Colombia". La dimisión no se reflejó en el portafolio de Mossack Fonseca, llamado entre ellos como "estructura Trenaco".

Después de debatirlo en un vaivén de correos electrónicos, el 16 de septiembre de 2014, J. Nizbeth Maduro, de la división de cumplimiento de MF, le envió a la agencia de investigaciones financieras de las islas Vírgenes Británicas, donde estaba registrado el paquete de firmas de Gutiérrez, un reporte de actividades

---

[9] Un ejemplo es la constancia del 8 de julio de 2014 en la que Carlos Alberto Gutiérrez Robayo se compromete, como gerente residente de la compañía, a mantener indemne a los miembros de la Junta Directiva prestados por Mossak Fonseca para la sociedad Burnswick Holding Corporation.

sospechosas (SAR por sus siglas en inglés). El informe advertía que Carlos Alberto Gutiérrez podría estar involucrado en lavado de dinero. La descripción de la actividad no parecía muy concreta ni citaba fuentes, aunque los autores de los SAR no tienen que probar sus sospechas, solo describirlas. El informe explicaba en un torpe inglés:

"Carlos Alberto es un hombre rico y muy exitoso y el cuñado del alcalde Gustavo Petro Urrego, de Bogotá, Colombia. Aquellos que conocen a Carlos aseguran que es un hombre muy rico que presta dinero y el alcalde Petro también reconoce que él mismo ha sido uno de los beneficiarios. El señor Gutiérrez está bajo investigación por su cercana relación familiar y de negocios con el alcalde, señalamientos de que él ha financiado fuertemente la campaña política del alcalde y también por la sospecha de que puede estar vinculado a la firma de contratos irregulares con el gobierno. El alcalde en su defensa dijo: "He tomado en préstamos dinero y lo he regresado, eso no es un delito".[10]

El reporte era ambiguo pese a que existía información más concreta en los medios. Planteaba entrelíneas algo que nunca se comprobó y es que Petro estaba recibiendo dinero de su cuñado para su campaña a cambio de contratos. La ausencia de fechas en el informe hace imposible además establecer la relación de causalidad entre las contribuciones políticas y los supuestos favores. Lo curioso es que MF había sido mucho menos diligente en asuntos más graves de clientes suyos en Colombia. Cuando en abril de 2016 se publicó a nivel mundial la serie de "Los Papeles de Panamá", Univisión Investiga encontró que la firma no tuvo ningún reparo para asesorar en la conformación de sociedades a un empresario barranquillero que en ese momento estaba prófugo de la justicia de Estados Unidos por ayudar a Pablo Escobar en la compra de aviones.[11]

---

[10]   SAR del 16 de septiembre de 2014.
[11]   "Empresario prófugo de Estados Unidos abrió sociedades en paraísos fiscales". Gerardo Reyes, Univisión Investiga, primero de abril de 2016. Edición digital.

El SAR era un mal resumen de publicaciones que lo antecedieron en las revistas *Dinero, Semana* y *El Tiempo* y que documentaron la intromisión de Gutiérrez en el gobierno distrital. "Lo que este conato de escándalo ha dejado al descubierto es el papel que juega Verónica Alcocer, la esposa del alcalde Gustavo Petro, y su familia en la Alcaldía", señaló *Semana*. "No solo es Gutiérrez, quien es el esposo de su hermana María Teresa, y el cual, según funcionarios registrados en los medios, sí ha participado en reuniones en las que se deciden asuntos del Distrito e incluso ha prestado su finca y su apartamento para ello. También está Fernando Sanclemente, hasta hace poco gerente de TransMilenio, quien está casado con Diana Alcocer, sobrina de Verónica. Y Alberto Merlano, gerente del Acueducto, primo del papá de Verónica".[12]

De acuerdo con el portal Cuestión Pública, que mantiene una muy completa base de datos de congresistas colombianos, tanto Gutiérrez como empresas y personas cercanas a él aportaron a la campaña de Petro a la Alcaldía de Bogotá en 2011. Varios allegados a Gutiérrez contribuyeron con 52 millones de pesos, entre ellos Luciela Gallo, secretaria de asamblea de las juntas directivas de empresas de Gutiérrez; Dascia Ltda., firma socia de Gutiérrez; Manuel Eduardo Torres, apoderado; y María Catalina Ariza, exgerente.

El SAR de MF citaba ocho de las empresas en las que Gutiérrez aparecía como beneficiario final, pero Gutiérrez y sus abogados se defendieron diciendo que la empresa no había cometido ninguna ilegalidad. No obstante, el empresario parecía nervioso de que alguien en Colombia se enterara de lo que ocurría con su tinglado corporativo en Panamá. El ecuatoriano Juan Esteban Arellano Rumazo, quien ocupó la gerencia de MF en Bogotá desde 2009 hasta 2016, le pidió a la oficina principal en Panamá que la correspondencia fuese enviada a su despacho, no al de Gutiérrez. "El cliente no quiere que le lleguen

---

[12] "Los líos del concuñado de Petro", revista *Semana*, 28 de junio de 2014. Edición digital.

documentos de ningún proveedor a sus oficinas por el momento que están pasando, y te diría que para nosotros también es mejor; debemos ser muy cautos en este momento y evitar que vinculen a MF con el cliente, la situación política está delicada y es preferible tomar todas las medidas de precaución posibles", escribió Arellano el 17 de julio de 2014.[13] Arellano pidió a la casa matriz su renuncia como agente local de la cuenta de Trenaco.

A raíz de la decisión de MF de cortar relaciones con Gutiérrez y Trenaco, el veterinario colombiano decidió retirar su portafolio y en lugar de disolver las sociedades las pasó a Gem Torres y Asociados, otro bufete de abogados de Panamá. Incluso fue un proceso conflictivo pues Luciela Gallo, del lado de Gutiérrez, se quejó de que la empresa fue notificada muy tarde y quedaba muy poco tiempo para migrar las compañías a la otra firma.

Carlos Gutiérrez Robayo no afronta ninguna acusación pública en Estados Unidos por lavado de dinero, ni ha sido objeto de medidas de la Ofac. Tampoco Petro. Luis Eduardo, hermano de Carlos, y quien figuraba en una de las sociedades en MF, sí fue investigado en Colombia por concierto para delinquir y enriquecimiento ilícito de particulares, a raíz de sus vínculos con el escándalo de la pirámide DMG. El exbrigadier general Juan Carlos Buitrago, que investigó a Gutiérrez cuando participó en el grupo multidisciplinario que seguía los pasos de Saab y Pulido, me dijo que Gutiérrez "era como el alfil de Saab, el principal eslabón de él". De acuerdo con un organigrama elaborado para este libro por Henry Peyronnyn, investigador de C4ADS, una organización sin fines de lucro especializada en el análisis de información relacionada con seguridad, Gutiérrez Robayo ha estado ligado como directivo a la firma Colombian Coal Company PTE de la que a su vez son accionistas

13   Mensaje de Juan Esteban Arellano, de Mossack Fonseca Colombia a Sandra de Cornejo, del Departamento de Cumplimiento. 17 de julio de 2014. El tema del correo es: Documentación Renuncia como Agente a Trenaco.

Trenaco Mining and Services SAS. y CI Trenaco Colombia S.A., ambas en liquidación en Colombia.

Cuando Gutiérrez viajaba con Saab entre Bogotá y Maiquetía, ya era socio del señalado narcoparamilitar Guillermo León Acevedo Giraldo, más conocido como Memo Fantasma. Ambos se asociaron en Fiducia Inmobiliaria Integral creada en mayo de 2008 para el manejo de costosos terrenos al norte de la ciudad. La carrera de Acevedo, considerado un "invisible" del narcotráfico, la hicieron visible la periodista de *El Espectador* Ana María Cristancho en julio de 2015, y luego Jeremy McDermott, del portal Insight Crime en una serie de artículos publicados en marzo de 2020.[14] Ambos reporteros siguieron los pasos del personaje que se camufló como un circunspecto inversionista en negocios inmobiliarios de Colombia y España.

Los archivos de la JEP, la Fiscalía y las organizaciones de derechos humanos están colmados de casos sin fallar que muestran los tenebrosos puntos de intersección entre la industria ganadera de Colombia y el narcoparamilitarismo. Gutiérrez no estuvo ajeno a esa endogamia. Un narcotraficante convicto me comentó que el empresario se movía indistintamente entre narcos y ganaderos legítimos asesorándolos en temas de mejoramiento de la raza y reproducción de su hato. El narcotraficante me explicó que le parecía algo normal e inevitable, dado que Gutiérrez fue el pionero de la fertilización *in vitro* en el país. En ese ambiente, el veterinario conoció y se hizo amigo de Memo Fantasma "quien tenía una ganadería muy importante", apuntó la fuente. "Carlos no era de meterse en el narcotráfico sino de ayudarte en lo de ganadería, a comprar una finca, por ejemplo, a conseguir maquinaria. Él no tenía necesidad de traquetear, ha tenido mucho dinero... Era un tipo, muy, pero muy hábil para hacer negocios, un tipo entrón, que habla bien y que ha sido toda la vida muy tacaño, es de los que todo pa'dentro y nada

---

[14]   *'The Invisibles' of the Drug World*, Jeremy McDermott, Insight Crime, 29 de marzo de 2020.

pa'fuera, un tipo alegre, buen conversador que no se mete en un negocio a la loca o habla de lo que no sabe".

Una de las propiedades a nombre del fidecomiso en el que participaban Gutiérrez y Memo Fantasma era un lote en Bogotá que ambos negociaron con una empresa de la entonces exministra Martha Lucía Ramírez y su esposo Álvaro Rincón. Ramírez fue elegida vicepresidente de Colombia en 2018. Rincón conoció a Memo Fantasma a través de Gutiérrez, según el periodista McDermott.

Sueño saudita

La debacle del informe de actividades sospechosas de MF no parece haber desanimado a Gutiérrez para continuar con su sueño saudita compartido con Saab y Pulido de quedarse con un contrato de 4.500 millones de dólares para la explotación de 600 pozos petroleros en la Faja del Orinoco. El contrato, quizás el más grande de los últimos años, sería adjudicado por PDVSA. Del trío del expreso bolivariano, Gutiérrez parecía ser el más versado en petróleos. Estaba vinculado a CI Trenaco Colombia SAS –matriculada en Bogotá en noviembre de 2007– que tenía algunos proyectos de explotación en el país y suministraba crudo a multinacionales.

De acuerdo con registros de comercio exterior, de 2012 a 2015, CI Trenaco exportaba petróleo a Aruba y Panamá e importaba etanol de Italia y Ecuador. El cargamento más voluminoso registrado en esos años es un despacho de crudo de Casanare a Panamá por un valor de 14 millones de dólares. Pero ahora Trenaco quería pasar a las grandes ligas de un empellón. La firma, con sede principal en Suiza, entró a competir en Venezuela con gigantes como Halliburton, Schlumberger y Weatherford. En agosto de 2015, PDVSA anunció que Trenaco había ganado la licitación. Uno de los pilotos de los empresarios recuerda que la celebración en el vuelo de regreso de Caracas a Bogotá el fin de semana de la adjudicación fue frenética. Pero la felicidad no duraría mucho tiempo. Tal y como lo revelaron los periodistas de Reuters, Alexandra Ulmer y Girish Gupta, la decisión fue revocada luego de que los demás licitantes protestaron argumentando que Trenaco no contaba con la experiencia para asumir un proyecto de semejante envergadura.

"Había señales de peligro por todos lados", le dijo un socio de una empresa mixta a Reuters en Caracas. PDVSA insistió a las firmas participantes que aceptaran el contrato con Trenaco, pero las extranjeras se negaron y el acuerdo se derrumbó entre diciembre y enero de 2015, afirma la nota. Con la seguridad de que obtendría el enorme contrato, Trenaco comenzó la contratación de personal y la compra de equipos meses antes de ganar la licitación. Al averiguar quiénes estaban detrás de la firma, los reporteros se encontraron con los nombres de Gutiérrez, Pulido y Saab, este último presentado por la nota periodística como la voz cantante del negocio. En ese momento, Saab negó que tuviera relación con la empresa, pero los reporteros habían visto mensajes suyos de WhatsApp enviados a Trenaco. De allí obtuvieron el teléfono directo para contactarlo. El abogado de Saab, Abelardo de la Espriella, explicó que algunos ejecutivos de Trenaco se habían acercado a su cliente para hablar de negocios, pero aclaró que Saab no era parte de la compañía. En agosto de 2017, la Unidad Investigativa de *El Tiempo* le preguntó a Saab por qué se frustró el negocio de la venta de Trenaco con Gutiérrez. Saab respondió que no tenía capacidad financiera para hacer esa inversión.

Aparentemente la relación de Gutiérrez con el exalcalde Petro se deterioró. Durante las elecciones presidenciales en las que salió vencedor el presidente Duque (agosto de 2018) por el Centro Democrático, Gutiérrez subió un video a las redes sociales en el que explicó su voto. "Les digo la verdad: votamos por Duque porque conocemos de primera mano a Petro, por favor voten por Duque". A su vez Petro posteó el mismo video con el comentario: "Este es Carlos Gutiérrez Robayo, con quien me sindican falsamente de vínculos con Saab".

Petro ha negado conocer a Saab y sostiene que no es cercano ni amigo del presidente Maduro como sí lo fue de Chávez. El senador sospecha que tras la historia de Saab puede estar "el eslabón" que desentrañe los vínculos del poder político y el narcotráfico. En declaraciones públicas, Petro ha presentado dos caras distintas de Saab. En marzo de 2020 lo comparó con varios personajes vinculados a escándalos de parapolítica, narcotráfico y lavado de dinero. "Alex Saab viene a ser de lo mismo que es el Ñeñe, que es el Turco Hilsaca, que es la Gata, en una fase más moderna, más multinacional", le dijo Petro a la periodista María Jimena Duzán.[15] Tres meses después, ante la misma reportera que ha mantenido vivo el tema de Saab, el senador suavizó el análisis con una disertación geopolítica: "Yo no sé si es el bandido que dicen, una cosa es la información sobre Memo Fantasma, y otra cosa es sobre Saab porque ahí ya juega toda la sociopolítica de los iraníes y Saab es un palestino. Todo ese rollo geopolítico no es lo mismo. Estos son árabes colombianos, pero son árabes, entonces hay que entender a los árabes y lo que les sucede a los árabes y la relación obviamente que tienen por el lado del petróleo con Venezuela, pero ese señor Saab no tiene nada que ver conmigo, para nada. Por lo que uno sabe [...] los amigos de Saab en Colombia son los uribistas, otra vez, vuelve y juega".

Saab no es palestino. Es descendiente de libaneses. No es muy claro qué quiso decir Petro cuando comparó la información disponible de Memo Fantasma y de Saab, pero dejó la impresión de que para su gusto es más convincente lo que se dice del primero que las acusaciones contra el segundo. Lo irónico es que ambos tienen en común a su concuñado Carlos Gutiérrez. No hay un político en Colombia que sepa más de las conexiones del empresariado con el paramilitarismo que Petro. ¿Sabía el exalcalde en qué ambiente se

---

[15] "Petro habla de Duque, Ñeñe, Alex Saab, coronavirus y más", entrevista con María Jimena Duza, Semana TV. https://www.youtube.com/watch?v=lugN3739yi8.

movía Gutiérrez y de su amistad con un líder paramilitar cuando su relación con el veterinario era buena y recibía generosos aportes para su campaña? ¿Quizás el motivo del distanciamiento entre ellos tuvo que ver con esos vínculos? Son algunas de las preguntas que quería hacerle. Despues de varias peticiones, su asesor de medios me prometió que buscaría una cita para una entrevista. Nunca cumplió.

CAPÍTULO 22

"Yo me he matado trabajando"

"Yo no soy un hampón, yo no llegué a Venezuela a que me regalaran empresas que estaban hechas. He trabajado en mi vida y fui una persona bastante correcta y honesta y bastante sincera". Alex Saab, entrevista con Alek Boyd, 2013.

La primera entrevista con Alex Saab la consiguió en noviembre de 2013 el bloguero Alek Boyd, un sabueso de los socavones empresariales y políticos de la corrupción de Venezuela.[1] En su blog se presenta como investigador independiente, reportero, cabildero, activista de derechos civiles y políticos y consultor mediático. Dicen que es huraño. No se le ve en convenciones de periodistas y casi nunca da entrevistas.

Ya desde enero, Boyd había puesto en el mapa a Saab y Pulido con la publicación de una columna en la que explicaba la insólita carrera de los desconocidos empresarios y se preguntaba cómo lograron los contratos multimillonarios en Venezuela. Basado en fuentes anónimas, su explicación no daba rodeos: "la estructura no es nada más que una fachada para financiar actividades de [Piedad] Córdoba en Colombia a través de la adjudicación de contratos por cientos de millones de dólares que luego son fondeados y puestos en movimiento alrededor de fachadas y cómplices en Perú, Ecuador,

---

[1] El audio de la entrevista realizada el 11 de noviembre de 2013 está disponible en Infodio, el portal de Alek Boyd.

Venezuela, Colombia, España, Malta y el Caribe. Córdoba, cuyas fuentes de ingresos son desconocidas, ciertamente no parece estar mal de efectivo estos días que organiza celebraciones de cumpleaños para parientes en los que se presentan numerosas bandas y centenares de invitados. ¿De dónde viene el dinero? ¿Es de Maduro o de los compañeros de las Farc?".[2]

Bajo el interrogante "¿Quién es el misterioso e influyente señor Saab?" la exdirectora de impuestos de Colombia Fanny Kertzman y Boyd explicaron en otra columna la arquitectura de las exportaciones ficticias: "individuos o consorcios fantasmas crean o venden empresas de papel para exportar todo tipo de productos a Venezuela. Las firmas operan por poco tiempo y después desaparecen. El destino de las mercancías son compañías de 'maletín', como dicen los venezolanos".[3]

Con un acento entre barranquillero y venezolano, Saab le respondió serenamente las preguntas a Boyd y manejó el mismo argumento que me planteó Pulido tres años después: que no se podía poner en entredicho una empresa sin conocerla físicamente por dentro. De ahí la reiterada invitación de Saab a Boyd a las instalaciones de su firma cada vez que el entrevistador le pedía explicaciones de sus operaciones. Saab, quien parecía contener su enojo, expresó cordialmente su desacuerdo con las publicaciones del bloguero. Boyd le dijo que mientras se ponía de acuerdo en una cita con un representante de la empresa o incluso un encuentro personal de ambos en París, le gustaría que le respondiera informaciones que indicaban que la compañía que había fundado "no tiene ningún *track record* [antecedente] en ningún lado. No es una compañía que haya tenido ningún tipo de experiencia previa a la firma de ese convenio bilateral con Venezuela".

---

[2]   *Meet Alex Saab: Owner of Fondo Global de Construcción*, Alek Boyd, 11 de enero de 2013.

[3]   La versión digital de la columna no es posible encontrarla en su original. Cabildo Abierto la publicó el 13 de octubre de 2013 bajo el título: "De privilegiados inversionistas por encima de la nación" por Fanny Kertzman y Alek Boyd.

Saab respondió: "Eso es totalmente falso. Eso es falso. Nosotros firmamos para instalar el sistema Emmedue (M-2), un sistema que tiene muchísimos años en el mercado y eso se trabajó casi un año con el Ministerio antes de la firma de este convenio, donde se trabajó un año completo, 11 meses se trabajaron yo te puedo mostrar el documento para que tú lo veas, vayas entendiéndolo, te puedo mostrar todos los estudios que hizo el gobierno, el estudio que hizo la empresa. Todo esto para que tú veas cómo se llegó a la firma de este convenio y por qué se pidió que fuera a través de una filial de Colombia para darle participación al mercado colombiano. Más nada. No sé por qué le has puesto todo el misterio en este tema".

Saab estaba embelesado con el sistema Emmedue o M-2 y lo promovía como la panacea para la construcción masiva de viviendas populares a corto plazo. Según una fuente, Saab se enteró del sistema a través de Pulido, que había incursionado en un proyecto de construcción en Argentina. El Emmedue (marca registrada de la compañía italiana que lleva ese nombre) utiliza unos paneles estructurales unidos con mallas de acero. La tecnología ahorra el 50 por ciento del tiempo de construcción comparado con los sistemas tradicionales, según los fabricantes. Los paneles están hechos de un material que permite un aislamiento "termo acústico" y antisísmico. Según los expertos, los niveles de utilidad que deja este negocio son altos.

Visualmente, la técnica parece muy dinámica y práctica y no hay duda de que Saab utilizó los videos promocionales para descrestar a los altos funcionarios venezolanos. De hecho, en su presentación ante el gobierno, el Fondo Global anunció que tendría en su Junta Directiva al presidente de Emmedue y creador del sistema. Saab estaba tan confiado en su proyecto que le dijo a Boyd que si se sentaban a analizarlo, se lo explicaba en dos minutos "y no me lo preguntas más". Entonces le reclamó: "Me estás dando unos ataques que la verdad yo no entiendo yo que te hice, hermano (se ríe irónicamente), si yo no me meto con nadie. Ve a Caracas, mira las oficinas, mira los empleados, mira cómo se trabaja, mira las obras, mira lo que hemos hecho, mira cuántas plantas están funcionando [...] y si tú me encuentras algo malo ahí me dices [...], pero seguir poniendo cosas ahí, ya me están haciendo mucho daño al nombre mío. No sé qué necesidad tiene de eso".

Cuando Boyd intentó llevar el tema a la polémica en Ecuador, Saab lo interrumpió diciéndole "yo no tengo nada que ver con esa empresa" y aseguró que solo había ido una vez en su vida a ese país. "Tú te estás dejando mal influenciar y dejando llevar por odios de alguna persona y estás colocando todas esas cosas que no son ciertas, Alek". El argumento de Saab diciendo que no tenía nada que ver con Pulido y de Pulido asegurando que no tenía ninguna relación con Saab, también lo practicaba el abogado de Saab en Miami, Richard Díaz. Una vez que le pedí que me explicara con precisión cuál era la relación de negocios, Díaz escribió:

"JAMÁS, JAMÁS, JAMÁS, ha existido una sociedad conjunta entre los dos señores".[4]

Pasaron los años y hoy el propio Saab, en sus memoriales desde la cárcel de Cabo Verde cita el fallo del Ecuador que exoneró a Pulido como prueba de su inocencia, cuando en su momento aseguraba que no tenía ninguna relación con el escándalo en ese país. Cuando Boyd se disponía a tocar otro tema, el del abogado de Saab en Colombia, Abelardo de la Espriella, Saab le salió al paso y le dijo que no quería hablar del abogado. Pero terminó haciéndolo con una defensa cerrada: "Mira, mi abogado es un abogado prestigioso de Colombia, muy prestigioso". Boyd lo interrumpió: "Es un abogado prestigioso que anda diciendo que yo soy un prófugo de la justicia en Venezuela". "Yo no sé qué esté diciendo o que no esté diciendo el abogado", respondió Saab. "Yo no sé qué necesidad tienes de cuestionarlo a él también". "¿Cómo Alex? ¿Cómo no puedo cuestionarlo? Si este señor, según tú, es uno de los abogados más prestigiosos de Colombia y anda diciendo sin ninguna prueba que yo soy prófugo de la justicia venezolana".

---

[4]   Mensaje de Richard J. Díaz al autor el 10 de febrero de 2017.

Boyd había publicado una carta abierta retando a De la Espriella a presentar pruebas de semejante acusación. "De lo contrario, podría pensar que es usted de una incompetencia tal, que acaba de dar motivos suficientes como para socavar, de por vida, cualquiera que fuese la reputación de la que ha gozado hasta el momento de la publicación de esta carta abierta". Saab se colgó del tema para advertirle a Boyd por primera vez en un tono drástico: "Lo que sí sé Alek es que si tú sigues hablando así de la gente, claro que vas a tener problemas con la justicia porque ya te metes en injurias y calumnias; yo creo que la gente no se va a ir de aguante todo el tiempo. Claro que vas a tener cientos de demandas. Si tú me hubieras llamado a mí, antes de ese artículo, de pronto hoy serías mi mejor amigo […] primero pregunta, uno tiene familia, tiene vida".

Saab agregó: "Yo no soy un hampón, yo no llegué a Venezuela a que me regalaran empresas que estaban hechas, como dices en el artículo que hacen los rusos. Yo me he matado trabajando Alek, tú no tienes idea de cómo ha sido mi vida y en todo lo que he trabajado en mi vida y fui una persona bastante correcta y honesta y bastante sincera".

La conversación terminó en ese punto y todo indica que Boyd acordó una reunión con Saab en noviembre de 2013, pero el empresario no pudo asistir y delegó al jefe de su unidad canina contra periodistas, el abogado Amir Nassar. Este es el abogado que estuvo bajo investigación en Ecuador luego de que lo pillaron tomando fotografías en una de las audiencias del caso de lavado de activos. Fue el arquitecto de la ofensiva legal contra Armano.info. A finales de noviembre, Boyd reportó el fracaso de una reunión en Londres con el abogado "para abrir un canal de comunicación" como lo propuso Saab. Mientras esperaba una retractación de De la Espriella de la acusación de que Boyd era un prófugo de la justicia venezolana, recibió una respuesta que lo dejó más indignado. De la Espriella mandó a decir con Nassar que estaba dispuesto a retractarse si Boyd le enviaba un certificado judicial de que no tenía ninguna deuda con la justicia en Venezuela.

No está en duda que el proyecto del Fondo Global existía y que en las zonas asignadas para la construcción de las viviendas en Venezuela había ruido de mezcladoras, camiones y martillos. Lo que nunca tuvo una explicación tan contundente como sonaba Saab en la entrevista con Boyd, es a dónde fueron a parar los 159 millones de dólares que pagó el gobierno de Venezuela para la adquisición de materias primas en Ecuador destinadas a ese proyecto si solo estaban documentados 3.5 millones en exportaciones reales.

CAPÍTULO 23

Colombia vs. Saab

El mayor de la Policía Juan Carlos Arévalo Rodríguez inició la investigación contra Saab y sus colaboradores en agosto de 2014, basado en un correo electrónico que había recibido el expresidente Álvaro Uribe Vélez el 28 de noviembre del año anterior. El correo aseguraba que el Fondo Global de Construcción podría ser una lavandería de dinero de las Farc y anexaba un artículo periodístico del portal Infodio que citaba las investigaciones de la Fiscalía ecuatoriana.[1] El tema más concreto del anónimo se refería a las posibles exportaciones ficticias de Saab y el Fondo Global. Si Uribe se demoró en entregar el mensaje o la Fiscalía en judicializarlo, es algo para determinar, pero la distancia entre una fecha y la otra da una idea del ritmo al que avanzó la pesquisa desde entonces.

La Policía puso las denuncias en conocimiento de la Dirección Nacional de Fiscalías Especializadas Antinarcóticos y Lavado de Activos. Se anexó además una entrevista de La W con el fiscal de Ecuador, Galo Chiriboga, quien explicó las operaciones cuestionadas

---

[1]   Mediante informe ejecutivo del 8 de agosto de 2014, se puso en conocimiento a la Dirección Nacional de Fiscalías Especializada Antinarcóticos y Lavado de Activos un oficio del 28 de noviembre de 2013 en el que el mayor Juan Carlos Arévalo Rodríguez informa que la Policía Judicial obtuvo informaciones recibidas en el correo electrónico del expresidente Álvaro Uribe Vélez. Este hecho está registrado en el Formato de Escrito de Acusación de la Fiscalía General de la Nación con fecha de emisión del 20 de junio de 2017.

en ese país. La Unidad de Información y Análisis Financiero, UIAF, se sumó también a la investigación con un Reporte de Operación Sospechosa de un banco en el que se informaba que Alex Saab, como representante legal y socio de la empresa Shatex "se encuentra incurso en investigaciones por presuntas irregularidades en actividades de comercio exterior hacia Venezuela". El reporte fue recibido de UIAF en enero de 2017. Bajo el subtítulo "Venta de una sociedad de papel", los investigadores describieron cómo Alex Saab y los demás accionistas vendieron Shatex al abogado Gastón Ureta Ariza pese a que la empresa ya había sido calificada como un cascarón por su revisor fiscal. La venta se hizo, según la acusación de la Fiscalía "bajo el argumento de que la sociedad presentaba una situación de pérdida" y que Ureta "se encuentra en la capacidad de conseguir que el gobierno de Venezuela pague la deuda que tiene con Shatex S.A., que prácticamente ha sido imposible de recuperar. Pero se observó que en menos de dos años la empresa es declarada disuelta y en estado de liquidación". El documento no explica a qué deuda se refiere. Para este año Saab ya había logrado que Cadivi cumpliera con los pagos pendientes de más de 30 millones de dólares, pero aparentemente ninguna parte de ese dinero fue usada para capitalizar la empresa.

La hipótesis de trabajo de la Fiscalía apuntaba a que desde 2007 Saab estaba haciendo trampas en el comercio internacional. Según el documento, redactado en forma confusa y desordenada, existía un posible delito de lavado de activos en operaciones de comercio exterior por cuanto el empresario se valía de "aparentes exportaciones e importaciones ficticias" en su calidad de socio mayoritario de Shatex SAS. Se halló que entre los años 2007 y 2008, la empresa "recibió menos ingresos de los que exportó". La diferencia entre los datos entregados por autoridades aduaneras y el Banco de la República llegaron a 12 millones de dólares, agrega el informe.[2]

---

[2]   Pág. 4 del Formato Escrito de Acusación, 20 de junio de 2017.

Venezuela apareció en la reconstrucción de contabilidad forense que hicieron los investigadores. Shatex ingresó al país entre 2004 y 2011 por concepto de reintegro de divisas por exportaciones, un poco más de dieciséis millones de dólares "que en su mayoría provienen de Venezuela"; fondos que son sacados en su mayoría del país bajo el concepto de pagos anticipados de importaciones. De esa manera Shatex giró al exterior esa suma "para darle apariencia de legalidad a la operación cambiaria, teniendo presente que dichas compras nunca ingresaron por las aduanas nacionales".

Entre los hechos destacados por el informe de la Fiscalía se encuentra que Shatex presentó un crecimiento económico inusual entre 2007 y 2009. En el 2007 creció 923 por ciento en relación con el año anterior pese a la deteriorada situación económica de la empresa. Registraba una reducción de ingresos del 33 por ciento. A partir de 2010 la empresa ya ni siquiera presentaba declaración de renta, aunque continuaba realizando operaciones de comercio exterior y sacando divisas del país. Se detectó una remisión de más de dos mil millones de pesos, "evidenciándose claramente un ocultamiento de operaciones comerciales de la empresa ante el Estado colombiano", afirma la Fiscalía. "Además, utilizaron el nombre de la empresa para justificar las operaciones económicas y comerciales que realizaron en el año 2010, teniendo presente que dicha sociedad no existía físicamente".

En agosto de 2017, la destituida fiscal de Venezuela, Luisa Ortega, que había salido subrepticiamente de su país temiendo un arresto, hizo un pronunciamiento explosivo en Brasilia durante una reunión de fiscales del bloque comercial de Mercosur. "Tenemos investigación de las bolsas de alimentos que se entregan en Venezuela, las Clap. La empresa tiene el nombre de Group Grand Limited, empresa que se presume que es del presidente de la República, Nicolás Maduro", advirtió. La empresa Group Grand Limited estaba registrada en México bajo los nombres de Rodolfo Reyes, Álvaro

Pulido Vargas y Alex Saab. "Esas pruebas también las tenemos nosotros", dijo.[3]

Saab le aseguró a la Unidad Investigativa de *El Tiempo* en agosto de 2017 que no tenía ninguna relación con Group Grand Limited. Un mes después, Univisión Investiga[4] encontraría documentos de la firma en los que figuraban un hijo de Saab y otro de Pulido. Saab amenazó con denunciar penalmente a Ortega por haber dicho que Maduro o sus familiares tenían participación en sus empresas o contratos. Nunca lo hizo. En una entrevista en agosto de 2020,[5] le pregunté a Ortega cuáles serían las tres pruebas más contundentes que ella presentaría en un hipotético juicio contra Saab y Pulido para demostrar que los empresarios actuaron como testaferros de Maduro tal y como lo denunció. Me dijo que la primera sería los convenios que el gobierno diseñó para favorecerlos. La segunda la relación de Saab con el hijo de Maduro y el hijo de Cilia Flores, aunque admitió que "eso es lo difícil de las investigaciones". Ortega afirmó que tenía pistas de que los hijos de Flores estaban construyendo con Saab un conjunto residencial en República Dominicana.

"En materia de corrupción hay hoy las presunciones de cohecho o de querer defraudar al Estado cuando por ejemplo hay sobreprecios", explicó. "La principal obligación que tiene un funcionario en Venezuela es que todos aquellos contratos que celebre el Estado con cualquier individuo o personas jurídicas naturales deben ser para beneficio del Estado; cuando hay la prueba de que se perjudica al Estado y hay presunción de que ese excedente es para la persona que le está otorgando el contrato, porque a cuenta de qué tú vas a

---

[3]   "La fiscal destituida acusa a Maduro de corrupción", Peter Prengaman, Associated Press, Río de Janeiro, 24 de agosto de 2017.

[4]   Los hijos de dos empresarios colombianos figuran en la presunta compañía de fachada vinculada a Nicolás Maduro, por Gerardo Reyes, Juan Cooper y Patricia Clarembaux. Univisión Investiga, 13 de septiembre de 2017.

[5]   Entrevista telefónica realizada el 16 de agosto de 2020.

celebrar un contrato con una institución con una empresa que representas y vas a perjudicar a la empresa que representas".

En un esfuerzo por concretar la respuesta le pregunté si sus fiscales tuvieron oportunidad de obtener alguna evidencia en la que apareciera beneficiado directa o indirectamente Maduro o sus familiares con negocios de los empresarios colombianos acusados, cuentas bancarias, transferencia, negocios comunes. La fiscal respondió: "No, no tuvimos cuentas". En este momento escuché que Ortega, quien se encontraba en Bogotá, se dirigió a uno de sus asistentes y le preguntó ¿nosotros tenemos cuentas? Al fondo, el asistente, a quien presentó jocosamente como "un apuntador", lo negó, pero dijo que usaban a terceras personas. Ortega le pidió nombres de los terceros. El asistente no dio ninguno y ella prometió que buscaría esa y otras informaciones que no tenía a la mano. La exfiscal nunca envió el material prometido pese a insistencias del autor.[6]

Ortega salió de Venezuela subrepticiamente a las tres de la mañana del 16 de agosto de 2017 rumbo a Aruba. Había sido destituida por la Asamblea Nacional. Según su relato, recibió múltiples amenazas y fue víctima de seguimientos por sus investigaciones de la corrupción en las altas esferas del gobierno. El general Juan Carlos Buitrago, que para esa época era jefe de operaciones de la Dirección de Inteligencia de la Policía y hombre de confianza del presidente Juan Manuel Santos, me dijo que el gobierno colombiano había participado en la operación para facilitar la salida de Ortega de Venezuela.[7] La exfiscal, que vive en Colombia "como huésped", según sus palabras, sostuvo que entregó información sobre los negocios de Saab con el gobierno venezolano. Buitrago recordó que se encargó

---

6   Hay correos de WhatsApp del autor insistiendo en el envío de la información.

7   Entrevistas telefónicas y por escrito realizadas entre junio y septiembre de 2020.

de recibir la información a la exfiscal. "Nos describió el perfil y todo el rol criminal de testaferrato y de lavado de activos que juega Alex Saab y Álvaro Pulido con el régimen de Maduro", me explicó Buitrago. Por la misma época el presidente Juan Manuel Santos le dio instrucciones a Buitrago para que investigaran "una información precisa que había recibido de Alex Saab relacionada con lavado de activos y el negocio de las Claps". La información le había sido entregada al presidente por un líder de la oposición venezolana. Para esta parte de la pesquisa fueron invitados agentes de ICE de Estados Unidos. A estas alturas quedaban pocas entidades de vigilancia y control de Colombia que no tuvieran en su lista a los Saab y sus colaboradores. La Fiscalía no parecía escatimar detalles para evitar confusiones. Sabía que el empresario tenía una cicatriz en el muslo izquierdo y otra abdominal.

La urdimbre

Al estudiar las actividades de Saab en la Costa Atlántica, el equipo interdisciplinario encontró que el empresario armaba las cajas Clap en Barranquilla con alimentos que recibía de México, Chile, Panamá, Portugal y de Colombia para luego enviarlas desde Cartagena al puerto de La Guaira, Venezuela. Otras cajas eran despachadas por tierra a través de Paraguachón, la población fronteriza de La Guajira. En mayo de 2018, los detectives tuvieron que dejar de un lado la investigación a largo plazo para ocuparse de un asunto urgente: el hallazgo de 393 toneladas de comida descompuesta en cajas de Clap que serían despachadas a Venezuela. Las 25.200 cajas incautadas en la zona franca en el puerto de Cartagena contenían arroz, lenteja, harina, frijol, atún y pasta. El grupo de trabajo halló que el cargamento estaba a nombre del venezolano Luis Francisco Sagarzazu Rodríguez, directivo de varias empresas en Colombia, Panamá y Estados Unidos. Los papeles de importación estaban al día. El decomiso fue anunciado por el propio presidente Santos, quien dijo que era solo "la punta del iceberg" de un esquema de corrupción, lavado de activos y enriquecimiento ilícito. El iceberg completo nunca se conoció. En este caso no se encontró una conexión directa con Saab, pero se identificaron 10 empresas dedicadas a la comercialización y exportación y que podrían estar involucradas en un esquema de lavado de dinero.

Uno de los puntos más interesantes y poco explorados periodísticamente de la investigación, explicó el exgeneral Buitrago, fue haber establecido que Saab "utilizó personas claves, inclusive vinculadas aquí en Colombia con la política, con el empresariado, con la empresa privada, para no solo consolidar sus negocios, sino también para realizar actividades financieras en el exterior". También aparecieron los negocios de una poderosa familia de Barranquilla y se detectaron movimientos de oro y transacciones de petróleo. La parte de la investigación relacionada con el oro y petróleo la manejaban principalmente los agentes de la DEA, FBI, ICE y Departamento del Tesoro. Algunos de los datos permitieron ubicar a un colombiano que abría cuentas en el exterior en favor de Saab y Pulido en el momento de pagar transacciones de oro hacia Turquía, explicó Buitrago. Le pedí a Buitrago que de uno a diez en el nivel de prioridades de la Policía y el gobierno de Estados Unidos cuál le asignaría a la investigación de Saab y Pulido, siendo diez el más alto. Me respondió que empezó en cinco en 2018 y terminó en diez en 2019.

La Policía Fiscal Aduanera (Polfa) estaba a cargo de reconstruir la estructura del emporio de Saab y Pulido con sus interconexiones e intermediarios. Buitrago, director de esta división, me dijo que bautizó la investigación como ASAP, una sigla que combinaba las iniciales de los dos sospechosos y coincidía con la abreviatura en inglés "As soon as possible", "lo más pronto posible". En las pantallas de la sala de comando y control de análisis de inteligencia de la sede de Polfa en la Avenida 68 de Bogotá y la calle 19, frente al diario *El Espectador*, se proyectaban con frecuencia los avances de ASAP. Los investigadores armaron organigramas con la ayuda del programa de análisis de inteligencia IBM i2 basándose en los documentos originales que reposaban en cajas fuertes electrónicas del despacho de Buitrago. El entramado principal de la organización estaba compuesto por cuatro grandes matrices:

- La matriz central tenía como epicentro a Alex Saab. A su alrededor varias de sus empresas familiares como Jacadi, Shatex S.A., Saab Certain & Compañía, Inversiones Certain Ospina. En la proyección de este núcleo acompañaban a Saab su exesposa Cynthia Eugenia y el hijo de ambos Shadi Naín Saab Certain. Al lado, los hermanos de Saab, Luis Alberto y Amir Luis, con sus respectivas empresas.
- El centro de atención de la segunda telaraña estaba dominado por Trenaco, la empresa comercializadora de derivados del petróleo. El esquema muestra al empresario Carlos Alberto Gutiérrez Robayo integrado a la empresa. El organigrama menciona 15 firmas de Gutiérrez Robayo en Colombia y Panamá, varias relacionadas con la biotecnología agropecuaria.
- En el tercer cuadro se destacaba Álvaro Enrique Pulido, Carlos Rolando Lizcano Manrique, el empresario cucuteño fundador de los supermercados Clap, su esposa Stella López Arias y el programa Clap de Venezuela.
- En la cuarta matriz, figuraba Adrián Perdomo Mata, el expresidente de la estatal Minerven, sancionado por la Ofac, y las empresas Vram Holding, conectada con negocios de oro, Aerojet, la fuerza aérea de la organización, Expel, Emmanuel Enrique Rubio González, hijo de Pulido y Eurocontinentes Agencia de Viajes.

En otra dependencia de la Policía, el patrullero Andrés Pinto Rúa recibía información fresca de una docena de celulares interceptados a petición de la DEA.

CAPÍTULO 24

"Todas las fresas de la Olímpica"

Eddie Andrés Pinto Rúa se ganó la confianza de sus jefes colombianos por sus operativos exitosos, y a la DEA se la metió al bolsillo pasando polígrafos de rectitud. A sus 27 años, el condecorado patrullero de la Policía Nacional de Colombia no podía sentirse más detective: sus credenciales lo acreditaban como investigador de la sala de interceptaciones Rojo del SIU-Dijín. De Soledad, Atlántico, casado y con dos hijos menores, el policía dependía de la dirección de Investigación Criminal e Interpol en Bogotá y tenía línea directa con la DEA. Tan directa que el 26 de marzo de 2018, el agente de esa entidad Edward Martínez, asignado a la embajada en Bogotá, le envió un oficio al "estimado patrullero" describiendo varias actividades sospechosas de Alex Saab y su entorno, por lo cual "se sugiere abrir o adelantar la respectiva investigación".[1] En Colombia las sugerencias de la DEA son órdenes. Y especialmente en este caso en el que la oficina de interceptaciones donde se sentaba días enteros el policía a fisgonear estaba bajo la supervisión de la DEA.

La carta sin puntos de Martínez, escrita en español, se basaba en una "fuente humana" de la DEA residente en Barranquilla que trabajaba para "unas personas de descendencia libanés que se dedica [n] a

---

[1] Carta con logotipo de la DEA enviada al patrullero Eddie Andrés Pinto Rúa, investigador Policía Dijín, Proceso Control Giset. Firmada por Edward Martínez, Agente Especial DEA, Embajada Americana Bogotá, 26 de marzo de 2018.

la creación de empresas en diferentes partes del mundo como PANAMÁ, BRASIL, VENEZUELA, ECUADOR, ITALIA, entre otros, lo cual utilizan como fachada para invertir grandes sumas de dinero de dudosa procedencia, lo cual se refleja en sus actividades diarias, ya que poseen lujosas propiedades y vehículos de alta gama, especialmente escucha negocios para la venta y compra de títulos y valores en bancos brasileros y europeos evitando usar entidades financieras americanas (Estados Unidos), para no ser rastreados en posibles transacciones de millones de dólares fraudulentas y así fortalecerse cada vez más financieramente".

La fuente de la DEA sostenía que las actividades sospechosas del grupo como la presencia de personas extrañas y "cultos religiosos", pero sobre todo la desproporción entre su tren de vida y los modestos ingresos que reportaban, "los hacen ver como si estas personas estarían ejerciendo labores ilícitas similares al lavado de activos, el cual utilizan los puertos marítimos y comerciales de la costa (Barranquilla) para ingresar diferentes clases de mercancías y divisas que ya en el interior del país son legalizadas de manera fraudulenta".

El agente Martínez identificó a los sospechosos como Alex Saab, quien "sería el jefe de la organización"; su hermano Amir Saab, quien "participa de todas las actividades"; Mario García, socio de Alex encargado de las finanzas y legalizaciones de las empresas; Juan Carlos Figueroa Contreras, "socio de Alex", encargado de las legalizaciones de las empresas a nivel nacional e internacional; Karen Junca, secretaria de la organización quien maneja "los controles y actividades diarias" de Alex, y Eliécer Arturo Morales Gutiérrez, también socio de Saab encargado de las finanzas "a nivel nacional e internacional". Para cada uno de los sospechosos, excepto Alex Saab, la fuente entregó números de teléfonos celulares.

En abril el patrullero recibió nuevos datos, esta vez del agente de la DEA Randall M. Ballman.[2] Como justificación para intervenir

---

2   Carta con logotipo de la DEA enviada al mayor Carlos Alfonso Plaza

otro celular escribió que era utilizado "por un integrante de una organización transnacional que ejerce labores ilícitas similares al lavado de activos empleando los puertos marítimos y comerciales de la Costa Atlántica (Barranquilla) para el ingreso de diferentes clases de mercancías y divisas, legalizadas al interior del país de manera fraudulenta. Estas personas, según el agente, "estarían detrás del negocio CLAPS Comités Locales de Abastecimiento y Producción [...] actividad que realizan de forma fraudulenta y genera enormes incrementos de recursos".

Al parecer, los memos de Martínez y Ballman fueron aportados a la investigación como un refuerzo, pues la operación estaba en curso desde dos años antes. En junio de 2016, Pinto ya tenía chuzados a los colabores de Saab mencionados por la DEA. Con una sintaxis rauda y difusa, el detective elaboró decenas de reportes en los que describió conversaciones de Mario Germán García Palacio, Karen Junca y un tal Jorge, a quien nunca identificó con su apellido. Algunos interlocutores son identificados solo como "HD" o "MD", hombre o mujer desconocidos. Las interceptaciones a las que tuve acceso van desde mediados de 2016 hasta mayo de 2018.[3]

Junca es una muchacha hiperactiva de unos 35 años que hasta 2016, cuando empezaron a escuchar sus conversaciones en el salón Rojo de la Dijín, vivía en un apartamento de estrato cinco en Barranquilla y manejaba los asuntos domésticos, administrativos y algunos financieros de uno de los hombres más ricos de Colombia como ya lo era Alex Saab. De acuerdo con dos fuentes, Junca llegó al círculo de Saab a través de su prima, la modelo y piloto Elizabeth

---

Carrascal, jefe de Grupo Giset, Dirección-Policía Dijín. Fechada el 25 de abril de 2018. La carta empieza diciendo que "según convenios internacionales" que permiten el intercambio de información entre organismos de la ley, la DEA presenta la información que se cita a continuación.

[3] Los informes son formatos proforma que contienen una descripción general de la persona cuyo celular es interceptado; el número del teléfono; la fecha y hora de la intervención, la dirección y una sinopsis del contenido de la llamada.

Loaiza Junca, amiga cercana del empresario barranquillero. Al contactarla para conocer detalles de su relación con el empresario, Loaiza me respondió: "No sé de qué me hablas. ¿Por qué afirmas que yo tuve una relación con dicho señor?". Junca hacía diligencias de ama de llaves, secretaria y administradora. "Lo conocí en una cena de varios amigos; no sé mucho de su vida ni de su personalidad".[4] Las grabaciones la muestran resolviendo la venta de camionetas blindadas de su jefe o preparando la llegada de su joven esposa italiana o buscando desesperadamente cosas muy singulares como un jarabe reconstituyente para pacientes de diálisis que debía enviar a Venezuela por instrucciones de Saab. Ella tenía que estar pendiente de que le llegara el giro de 10.000 dólares mensuales a la exesposa del jefe en París, Cynthia Certain, o de hacer las reservaciones en el Hotel JW Marriott de Bogotá para uno de los hijos del empresario. Y le quedaba tiempo para hablar con su novio y luego marido Felipe Galofre Balcázar, un cantante y actor de televisión de Colombia. En agosto de 2016 se encargó de recaudar la documentación para que dos hijos de Saab intentaran de nuevo obtener la visa estadounidense que les habían negado en marzo de ese año. En sus conversaciones mencionó varias veces a un misterioso personaje solo identificado como 3p "quien es amigo de Alex". A ella le preocupa que el personaje "no dice qué actividades hace".

La llegada a Barranquilla de Camilla Fabri, la esposa de Saab, era todo un acontecimiento en la organización del empresario. Reparaciones de último minuto de aparatos de aire acondicionado en la mansión de Riomar, un jacuzzi dañado en el apartamento de Cartagena, contratar a una cocinera por 1.2 millones de pesos al mes, la compra de rollos de papel de colgadura para el apartamento del papá de Fabri, sacar las improntas que quedaron mal de las camionetas blindadas de Saab, son algunas de las tareas que Junca debía resolver antes del arribo de la exmodelo. El nivel de dedicación de la administradora para mantener contenta a la pareja se

---

4   Conversación por Instagram, 17 de marzo de 2021.

patentiza en una llamada a un jardinero para preguntarle cuánto demoraba en crecer el césped de la mansión de Saab si se podaba en mayo bien corto antes de que Fabri llegara el 10 de junio.

"Estoy estresada porque no han avanzado", se queja Junca con un trabajador que debería solucionar un problema del agua. Tampoco están listos los vidrios blindados de la garita, le informa Sergio. En medio de todo esto, otro chicharrón: la venta de las camionetas de Saab por órdenes del jefe. La joven aconseja vender una de ellas, no solo porque es muy cara, y hay que importar los repuestos y gasta mucha gasolina, sino porque "es difícil camuflarse entre la gente… y todo el mundo no las tiene y cuando las ven dicen esas son las de Alex Saab, entonces no hay seguridad". Saab se desplazaba en Barranquilla en un BMW, su marca preferida, seguido por dos camionetas blindadas. A la esposa le gustaba un automóvil Cadillac.

El ojo de Sabri

Durante un tiempo, Saab mantuvo como imagen de su WhatsApp una foto de primer plano de un llamativo ojo humano color azul aguamarina. Sus amigos decían que era el ojo de la mujer que lo enloqueció, Camilla Fabri, una modelo italiana a quien dobla en edad. Las versiones de cómo conoció a la modelo cambian según la fuente. A pesar de su discreción cuando pasaba largas temporadas sola en Barranquilla, Fabri le contó a algunas personas con quien hizo buenas migas que Saab la conoció en un restaurante de París o de la Costa Azul donde ella estaba cenando con un amigo o quizás un novio. Según ella, Saab no le quitó la mirada durante toda la noche desde la mesa donde estaba y se empeñó en conocerla. No es claro cómo obtuvo su teléfono. El caso es que logró comunicarse con ella y empezaron a salir. Del lado de Cynthia Certain, la exesposa de Saab, la versión es menos romántica: Certain les ha contado a sus amigos que Saab conoció a la italiana a través de un catálogo de modelos de internet. El único novio conocido de Fabri, según la prensa italiana del corazón, era el futbolista brasilero Felipe Anderson, que jugó de centrocampista del Lazio de Roma.

Fabri nació en Italia en 1993. Cuando tenía 19 años se describió como "decidida, volcánica, de energía solar, y superactiva" y siempre dispuesta a la felicidad. Su color preferido es "el azul como mis ojos" y su sueño era trabajar en televisión como presentadora. Le gusta el mojito y adora a su perro Marlin. "Puedo hacer tres mil cosas al mismo tiempo pero me gustaría hacer más y más, siempre hiperactiva, no me gusta estar quieta", dijo para el programa de concurso italiano Selfilasfida. Todas las mañanas cuando se levanta le da gracias a la vida y al amor.

Fabri empezó a trabajar en 2013 de medio tiempo en una conocida tienda de ropa de Milán, lo que combinaba con el modelaje. Tenía ingresos anuales de 1.840 euros. Su vida y sus finanzas dieron un vuelco a partir de 2015 cuando se convirtió en la primera dama de uno de los hombres más ricos de América Latina. Del modesto sueldo de medio tiempo, la modelo principiante pasó a firmar un contrato de arrendamiento de un apartamento en Roma por 69.600 euros anuales. Ese mismo año importó un Range Rover Evoque por 54 mil 500 euros y empezó a viajar en lujosos aviones ejecutivos por todo el mundo.[5] Tal y como lo había hecho con su anterior esposa, sus hermanos y sus hijos, Saab involucró en sus negocios a la novia italiana y a su familia. A ella la registró como dueña de la firma inglesa Kinloch Investments Limited[6] y la autorizó para recibir giros de Multibank de Panamá y del UBS de Suiza. También vinculó en su conglomerado a la hermana de Camilla y nombró a Lorenzo Antonelli, el novio de aquella, como administrador de Kinloch. De acuerdo con la justicia italiana, Camilla aparentemente terminó adquiriendo el apartamento de Roma (via Condotti) en octubre de

---

[5] Dal Tufello a vida Condotti, la scalata della commessa (ora scappata in Russio); il ritratto di Camila Fabri, Corriere della Sera, Fulvio Fiano, 16 de noviembre de 2019.

[6] Companies House, Notice of Indiviudal Person with Significant Control, 18 de diciembre de 2018. Fabri registró como dirección: Suite 29 25 Jermyn Street, Bank Chambers, London, United Kingdom.

2018 por 4 millones 923 mil euros. Con pasión de recién casado, Saab hacía vuelos de fin de semana desde Caracas a Roma con tal de ver a su esposa, recuerda un expiloto de su equipo.

Quizás para evitar un viaje tan largo, Saab acomodó en Barranquilla a Fabri. La muchacha vivió inicialmente en el edificio Solara junto con la niña primogénita del matrimonio. En su perspicaz memoria social los barranquilleros notaron el contraste entre la salida y el regreso de Saab de la ciudad. Se escabulló huyéndole a las demandas, las quiebras y el bochorno social, casado con una mujer con quien no se entendía, y ahora regresaba con avión propio, multimillonario y enamorado de una bella esposa de 25 años a quien alojaría en una mansión del barrio Riomar. De un lado de la casa vivirían sus dos hijos mayores y en otro sector se instalaría él con su esposa y la primogénita. El lote que Saab compró inicialmente en Barranquilla daba la impresión de que allí se podría construir una gran mansión, pero arquitectónicamente presentaba dos problemas: el terreno era más largo que ancho y tenía un marcado desnivel que solo permitía usarse como patio. Así que tuvo que comprar el lote contiguo de 750 metros para un total de 3.000 metros.

Quienes la trataron en Barranquilla no están seguros de si Fabri estaba a gusto viviendo en una ciudad desconocida en la que solo podía ver a su marido los fines de semana. Saab estaba viajando por el mundo. Entre tanto, la joven tomaba clases de español, jugaba tenis en el Country Club y muy de vez en cuando hacía vida social, salvo charlas de paso con las mamás de los niños de la guardería de su hija. Ella no era socia del Country Club, el elitista centro social de la oligarquía de la ciudad, sino que asistía por invitación de Alex Saab, quien sí tenía acción del club pero por intermedio de su primera esposa. A Cynthia Certain no le causaba mucha gracia que la nueva mujer de su exmarido disfrutara del club por cuenta suya y empezó una campaña para que la Junta Directiva del Country bloqueara el ingreso de la italiana. En Barranquilla se regó el chisme de que el club "le tiró bola negra" a la nueva esposa de Saab por todos los escándalos en los que estaba apareciendo su marido en los medios. La bola negra es un procedimiento de exclusión de un club social. Lo que ocurrió realmente, según me lo confirmó una fuente familiarizada con el procedimiento, es que Certain sacó a su exesposo de la acción y por ende a su invitada. Este desplante habría enfurecido a Saab, quien decidió construir la mansión en la ciudad con cancha de tenis profesional en la planta superior para que su esposa practicara el deporte cuando le viniera en gana.

El patrullero Pinto estaba muy atento a los movimientos de dinero de la legión de colaboradores de Saab en Barranquilla. "JULIO se comunica con KAREN, le pregunta si los 40 millones de pesos que tenía guardados los tiene o se los gastó", reportó el policía el 5 de mayo de 2018. "KAREN dice que ella tiene 30 porque sacó algo para arreglar los carros, JULIO le dice que cuadre para que se los entregue porque le debe a varias personas y no tiene dinero". Aunque la mayoría de las conversaciones se refieren a labores de logística, algunas dejaban traslucir datos relevantes para la investigación. Durante una charla de la administradora para concretar el mantenimiento de unos hornos en un apartamento en el Edificio Morros Epic de Cartagena, por ejemplo, Pinto toma nota de que el pago de 99 mil pesos saldría de la empresa Golden Sun Trading. La firma sería intervenida por las autoridades colombianas en octubre de 2020.

Aparentemente la relación de Junca con el matrimonio Saab iba más allá de la de una simple secretaria y sus patronos. Un cruce de comunicaciones refleja que los Saab auxiliaron a la madre de Junca cuando le robaron la cartera con todos los documentos de identidad en un tren de Europa. Ocurrió a principios de mayo de 2018. El incidente no parece muy relevante, pero ofrece algunos destellos del estilo de vida del empresario. Saab pasaba temporadas entonces en París. Al enterarse de la pérdida de los documentos, Fabri llamó a Janeth, la mamá de Junca y le dijo que tomara un taxi hasta su residencia. Se excusó de que no podía enviarle su chofer porque se encontraba de descanso y el conductor de Saab lo estaba recogiendo en un aeropuerto ejecutivo de la ciudad al que llegaría en su avión privado. Pero que se fuera a la dirección que le dictó donde su hermana le daría un dinero. Las empleadas domésticas de los Saab estarían pendientes de la llegada. La dirección correspondía a un clásico edificio de apartamentos del legendario bulevar de Saint Germain. Construido en 1876, en una zona que se convirtió en el imán intelectual y cultural de la ciudad después de la Segunda Guerra Mundial, el edificio de siete pisos está situado a pocas cuadras del margen izquierdo del Sena. El alquiler de un piso puede costar 15.000 euros al mes. Para Pinto, escuchar en la conversación intervenida la dirección exacta del apartamento con la clave de entrada al edificio desde la calle debió ser motivo de celebración, especialmente porque se acercaba la hora cero para el gran golpe a Saab. Janeth, la madre de la administradora, estaba muy agradecida con Fabri por su atención y los 500 euros que le regaló para su viaje de regreso. El patrullero escribió: "Se evidencia una vez más que Alex y Camila están en París, pero Alex regresaba de un viaje".

Los contertulios

Pinto guardaba las conversaciones de otro personaje del círculo de Saab en los discos DVD de la sala de interceptación: Mario Germán García Palacio, monitoreado desde el 31 de mayo de 2016. Hasta noviembre de ese año había acumulado 4.258 audios. El perfil elaborado por Pinto dice que García es un sujeto que trabaja para Saab y su hermano Amir "para envío y administración de fuertes sumas de dinero, el cual se desconoce su procedencia, estableciendo empresa y cuentas en diferentes bancos del mundo". Agrega que García se ganó un contrato para la compraventa de gas en el Caribe "obteniéndolo con sus posibles actividades ilegales que hace con dinero de su jefe Alex Saab".

Los diálogos de García muestran que es un hombre de confianza de Saab y que pese a su edad está familiarizado con varias gestiones de comercio internacional. El abogado, que entonces tenía unos 32 años, figuraba en empresas de Panamá e Inglaterra. Entre otras

247

apareció como directivo de Kinloch Investment Limited, de la cual era dueña Fabri, y Mulberry Capital Partners Limited. La segunda pertenecía a Patrizia Fiore, según un organigrama preparado para el autor por C4ADS, una organización no gubernamental que analiza datos internacionales en temas de conflicto y seguridad.

Alrededor de junio de 2016, García manejaba varios negocios de la organización de Saab. Uno de ellos, y al que más tiempo le dedicaba en las conversaciones, se relacionaba con una transacción de bonos venezolanos, posiblemente de PDVSA. García buscaba redimir los papeles a través de bancos que no tuvieran nada que ver con Estados Unidos. Los bonos venezolanos de deuda pública han sido una fuente inagotable de escándalos. Los emitidos en 2016, año en el que ocurre la conversación, no fueron una excepción. Nicolás Maduro lanzó los títulos conocidos como PDVSA 2020, respaldados con acciones de Citgo, la filial refinadora de PDVSA en Estados Unidos. Maduro comprometió en esa emisión el 50 por ciento de las acciones de la refinería como garantía de los títulos. La operación fue considerada un descalabro por la oposición. El gobierno de Juan Guaidó demandó esa emisión en una corte de Estados Unidos con el argumento de que fue ilegal por cuanto no contó con la autorización de la Asamblea Nacional.

A García lo escuchó el patrullero discutiendo el tema de los bonos con un hombre no identificado (HD), con quien primero aborda asuntos familiares. Hablan de la posibilidad de que la hija de uno de ellos viaje a Caracas y se quede con la esposa de Saab. Pero el tema central gira en torno a la utilización de sociedades de maletín y a la apertura de una cuenta bancaria aparentemente para recibir los dividendos de los bonos en venta. La manera como abordan el segundo tema sugiere que el escándalo internacional de los Panama Papers, que había estallado dos meses antes de la conversación, no parecía preocupar a los hombres de Saab. HD comenta que OMS "tiene compañías en Costa Rica que no se han usado". Las empresas fueron creadas en 2004 y 2006. A lo que García agrega que "hay que preguntar cuánto cuestan". Comentan que Saab debe definir "si va en ese negocio". Analizan quién sería la persona adecuada para un cargo en una empresa de gas. "Tiene que ser una persona visible del sector que lo conozcan porque no tiene presentación que Carlos Henao" [aquí hay un corte del memo del patrullero]. En esa breve secuencia está plasmado el esquema típico de los Papeles de Panamá revelado por el Consorcio Internacional de Periodistas Investigadores (ICIJ): la compra de sociedades a la carta como vinos, entre más viejas mejor, para operarlas a través de personas sin relación aparente con el beneficiario real, (ver transcripción textual de la conversación telefónica).[7]

---

[7] Esta es la sinopsis que elaboró Pinto de la llamada el primero de junio de 2016 a las 8:52 p. m. Agregué tildes y puntuación en algunos casos para hacerla más clara: "en esta llamada HD identifica al portador como Mario, donde le dice que su hija se la puede llevar a Caracas, Mario dice mejor para dejarla con la esposa de Alex, Camila, HD dice que OMS tiene compañías en Costa Rica en el 2004 y 2006 que no se han usado, Mario dice que hay que preguntar cuánto cuesta. Que el representante sería Miguel Medina, según Alex dice que la de gas sí es Miguel Medina y de gasolina, hay que preguntarle a Alex si va en ese negocio, HD dice que hay que definir quién es el director, Mario dice que Alex diría ponte tú, tiene que ver [¿ser?] una persona visible del sector que lo conozcan, porque no tiene presentación, HD dice que Carlos Henao, Mario pregunta por Amir y diga los riesgos de recibir los bonos, HD dice que Amir no entiendo de dónde viene eso, Mario dice que tampoco tiene idea qué tiene que hablar con el hermano porque él hace preguntas que no tenemos respuestas, HD dice que 3p no va enviar a "perchi" si lo es es por Europa, Mario dice que si él tiene la capacidad de decidir eso, sí por Europa por donde lo envían, HD dice que toca abrir otra cuenta, en Banistmo no puede ser, toca abrir otra cuenta a nombre de Amir, Mario dice que eso es lo que hablar mañana, porque Amir le dice a Jorge (interlocutor) no me quiero meter en problemas, Mario dice que si quiere saber eso debe hablarlo con el hermano porque nosotros no preguntamos más de lo que corresponde, le comenta también que hoy Alex salió de Orozco porque no le gusta la actitud de él porque dice que todo va muy mal, porque lo está afectando problemas personales ya que el man perdió un billete con Perilla en mezuli, ya que Perilla había comentado del negocio de un edificio de oficinas donde jodían a los inversionistas y Alex no le gustó el negativismo, HD le comenta después el tema de los "pelados" si aprueban eso, que si lo hacemos podemos joder la cuenta del hermano, por eso toca abrir una cuenta al

De hecho, Saab fue usuario de la gran cava de sociedades de Mossack Fonseca, la firma de abogados que estuvo en el centro del escándalo. Justamente en Costa Rica había incorporado en 2013 la firma P.I. Proment International Sociedad Anónima. Con la colaboración de su abogado en Barranquilla, Juan Carlos Gloria de Vivo, Saab constituyó ese año un portafolio de empresas de papel entre las que se encontraban Neston Properties, Lintel Oversas, Kingstone Team, pero todas bajo la matriz Seafire Foundation. Esta fundación tiene una historia rara. En una carta escrita por Saab y enviada a la firma de abogados panameña, reconoció que extravió los documentos que certificaban sus acciones en esa fundación y que asumía las consecuencias. El problema es que la pérdida, según él, había ocurrido en octubre de 2013 y su carta admitiéndola es de marzo de 2015. Como miembros del consejo de Safire, Saab puso a sus hijos Isham Ali, Shadi Naín y Jad Ali; como tesorera a su hermana Katia y como secretario a Luis Amir. A su vez, Amir compartía con Jackeline Fares Ballestas la Fundación Venedig, en cuya Junta Directiva estaba la mamá de Alex, Rosa, y su hermano Luis Alberto. Seafire, Venedig y otras sociedades de Saab fueron sancionadas por la Ofac en 2019. La costumbre de meter a la familia en la nómina tuvo consecuencias nefastas para Saab. Padres, hermanos, esposas, hijos, cuñados y su segundo suegro resultaron comprometidos en investigaciones de todo tipo. Algunos de ellos fueron mencionados

---

hermano de Amir, lo ven jodido por la prensa, por lo que sale en Google, Mario dice que tiene que hacer algo que saquen eso de Google, que sigan las páginas pero que quiten eso con el nombre de él, las noticias que salen son viejas en temas bancarios, porque lo que sale es lo mismo de Ecuador, HD dice que también sale lo de la tía, Mario dice que nombran a el amigo no a él, HD dice que lo de él sale lo viejo lo del ahijado y los nexos diferentes a los de Ecuador, no se sabe qué hacer, haber si está dispuesto a cubrir al hermano, Mario dice que esa es una conversación que deben tener ellos, HD dice que 3p se va para Estados Unidos, Mario se ríe dice que ore, HD dice que se despida, dice que ustedes dos le diga que me digan que esté tranquilo (Amir), Mario dice no le voy a decir mentiras de eso.

en pesquisas internacionales o sancionados por Estados Unidos y otros podrían afrontar cargos criminales en Estados Unidos.

Pues bien. En la conversación que estaba escuchando el sargento Pinto, el abogado García y su contertulio analizaban la posibilidad de desempolvar las sociedades de Costa Rica, una para negocios de gas y otra de gasolina. Se barajaron nombres de directores y evaluaron si sería conveniente que Saab participara. Aquí vuelve a aparecer el fantasma 3p a quien ya había mencionado Karen Junca. Según HD 3p "no va a enviar a 'perchi', si lo hace es por Europa". Se habla de "los riesgos de recibir los bonos" y de que Amir Luis, el hermano de Alex, "no entienden de dónde viene eso [los riesgos]". García acota que tampoco tiene idea, que tiene que hablar con el hermano "porque él hace preguntas que no tenemos respuestas". Se debate si las transferencias se deben hacer por Europa o abrir otra cuenta en Banistmo. Alguien no identificado interviene diciendo: "No puede ser, toca abrir otra cuenta a nombre de Amir". Mario opina que lo mejor es hablar al día siguiente con Amir. "No me quiero meter en problemas", agrega. "Nosotros no preguntamos más de lo que corresponde". En otro pasaje de la charla se comenta que Saab despidió a un colaborador de apellido Orozco "porque no le gusta la actitud de él, porque dice que todo va mal, porque lo están afectando los problemas personales ya que el man perdió un billete con Perilla en 'mezuli', ya que Perilla había comentado de unos negocios de un edificio de oficinas donde jodían a los inversionistas y [a] Alex no le gustó el negativismo". Perilla es el apellido de uno de los representantes de Constructora e Inmobiliaria Jaar que figura en los registros de la compañía en el Banco de Venezuela para el trámite de los pagos de Cadivi. Como lo dije en un capítulo anterior, varios inversionistas cercanos a Perilla quedaron colgados de la brocha con un proyecto vacacional en el que pusieron sus ahorros.

Aunque el tema siguiente en la conversación es más confuso, denota una incomodidad con publicaciones en Internet que afectan a la organización de Saab y Pulido. Los participantes comienzan hablando de un tema al que se refiere a "los pelados". Dicen que "si aprueban eso, que si lo hacemos podemos joder la cuenta del hermano, por eso toca abrir una cuenta al hermano Amir, lo ven jodido por la prensa, por lo que sale en Google. Mario dice que tienen que hacer algo que saquen eso de Google, que sigan las páginas pero que quiten eso con el nombre de él, las noticias que salen son viejas en temas bancarios, porque lo que sale es lo mismo de Ecuador". El hombre desconocido agrega que "también sale lo de la tía" pero Mario le aclara que nombran al amigo, no a él. Al final el desconocido informa que 3p se va de viaje a Estados Unidos. "Mario se ríe, dice que ore".

Al día siguiente, Mario García vuelve de nuevo al tema de los bonos, pero esta vez con la participación de Amir Saab, el hermano de Alex que entonces tenía 46 años. En su explicación sobre cómo opera el mercado de los bonos y su control, García despliega un conocimiento especializado del tema. En esta conversación, finalmente Pinto se entera del monto de la operación de los bonos: cuatro millones de dólares. De la conversación interceptada se infiere que García, quien está en Barranquilla, se había reunido recientemente con Saab en Caracas y traía noticias frescas. La actitud de Amir en esta conversación es que las operaciones se deben hacer sin trapisondas. "No quiero tener problemas", dice. "Se debe hacer bien, no comportarnos como malhechores". Todo indica que la idea era tratar de que la operación de los bonos no pasara bajo la mira de Estados Unidos. A la pregunta de Amir sobre este negocio, García le responde que "el ordenante [de los bonos] no los va a girar a Estados Unidos". Agrega que está tratando de no usar el banco Banistmo, el más grande de Centro América, comprado en 2013 por Bancolombia, porque "Banistmo trabaja con Estados Unidos". Aparentemente esa circunstancia es un obstáculo por tratarse de bonos relacionados con el gobierno de Venezuela. Por ello prefieren, según lo dan a entender, trabajar con Eurogir (posiblemente Eurogiros), Safra o Triom (fonético). Si se refería al Banco Safra esta es una compañía de servicios financieros con sede en Sao Paulo parte del Grupo Safra. Uno de los participantes de la charla explica que los ordenantes de los bonos los mantienen en una central de depósito de Europa. "La razón es clara porque los bancos no pueden tener títulos de Venezuela en centrales que tenga custodia en Estados Unidos, por eso los bancos de allá hacen convenios con centrales [de depósitos] en Europa", explica García. Más adelante comenta que "los gringos son unos hijueputas porque no entienden que Banistmo tenga oficinas en un edificio que está en la lista Clinton". Amir le pide a García que ayude a Alex "porque él es un desordenado" y sugiere "trabajar" la suma recibida por la venta de los bonos efectuando depósitos en "cantidades menores" como él lo hizo alguna vez con el HSBC en una cuenta en Panamá.

La conversación cambia de tema y García explica que "se trajo" un 90 por ciento de un contrato para venta de gas y gasolina. Solo faltan algunos trámites burocráticos. No es claro dónde se ganó el contrato, pero podría tratarse de PDVSA Venezuela. En esos años funcionaba en Colombia una subsidiaria de PDVSA con el nombre de Gas Colombia. La empresa fue el centro de un escándalo de corrupción y fraude denunciado por el mismo gobierno bolivariano. Según informó Tal Cual, en septiembre de 2018, el fiscal designado por la impuesta Asamblea Constituyente, Tarek William Saab, anunció que el Ministerio Público solicitó órdenes de aprehensión contra varios representantes de PDVSA Gas Colombia.[8]

---

[8] "Nuevamente en la línea Jorge lo identifica como Mario al portador de la línea, este le dice que le va a poner en línea Amir, luego Amir le pregunta cómo llegó del viaje, Mario dice que llegó bien de Caracas, en unas reuniones que estaba Alex y se devolvieron temprano, Amir dice que cuando iba a Venezuela él llegaba siempre tarde, Amir dice que él tiene la disposición para colaborar con su hermano (Alex Saab) como le decía a Jorge, siempre y cuando se hagan las cosas bien, así como se hizo el contrato con AIS y se dieron explicaciones que creo que Banistmo las ha entendido, quiero saber cómo va eso, no quiere tener problemas y pregunta sobre el tema de los bonos, Mario dice que el ordenante no los va a girar a Estados Unidos y Banistmo trabaja con Estados Unidos por lo cual se debe trabajar con Eurogir, Safra o Triom otro banco que me van a recomendar, toca

El Cubano

Hasta este punto, las pistas inconclusas que tenía la DEA de Saab se relacionaban con lavado de dinero, exportaciones ficticias y fraudes al gobierno de Venezuela, pero no hacían ninguna mención al narcotráfico. El 23 de marzo de 2018, el agente de ese organismo Edward Martínez, adscrito a la Embajada de Estados Unidos, agregó el nuevo ingrediente en una carta en la que una vez más le "sugería" a Pinto adelantar labores investigativas de seis usuarios de los teléfonos indicados, sin dar nombres. "Otros números pertenecen a integrantes de la

---

abrir con uno de esos, le explica que cuando va a negociar con títulos valores, tiene que estar en custodia como se llama en Colombia Deseval que es la central de depósitos de valores, lo mismo pasa a nivel internacional, hay centrales y los bancos deben tener convenios para administrar los títulos, cuando se va a enviar un título se debe llamar al banco para que haga el paso llamar a la central y esto se lo pase a otro banco que tiene convenio para hacer las transferencias de títulos, los ordenantes que tienen los títulos los tienen en una central de depósito en Europa diferente a la de Banistmo que maneja Estados Unidos, el banco del ordenante no tiene convenio con la centrales de depósito que manejan estos bancos [...] Mario dice que toca revisar eso que Jorge se mueva eso en que se va inventar y hablarlo Alex, decirle Alex que Safra recibe el dinero pero haciendo este negocio, Amir dice que se debe hacer bien y no comportarnos como malhechores, Jorge debe hacer ayudar a Alex porque él es un desordenado, ¿cuánto dinero es? Jorge dice 4 millones y algo, la idea es con ese algo dejarlo en el banco no sacar dinero, todo el dinero y pagar un interés y en una cuenta en Panamá, tuvo tres millones en Luxemburgo y los invirtió en HSBC, invirtió los tres millones en unos títulos Balack Rop y Frankilndesepel, en Panamá colocaron un millón en un plazo de banco y me dieron problemas por lo que hablamos, ayer le pregunta cómo van las cosas, Mario dice que ya se trajo el 90 % del contrato faltan detalles y reuniones con otras empresas, en un mes se tiene todo firmado, y el flujo de gas estaría entrando máximo el 1 de diciembre por el sistema de compra de gas, hablan temas sobre detalles de unos contratos para la venta de gas y gasolina, así mismo dice Jorge que toca activar la tarjeta de crédito, Jorge dice que debe verse bien porque puede afectar la cuenta tuya (Amir), Amir le dice a Jorge y Mario que confíe en ellos y deben cuidarle la espalda, Mario indica que no están haciendo nada malo, Amir indica que va para Estados Unidos, Mario dice que los gringos son unos hijueputas porque no entienden que Banistmo tenga oficinas en un edificio que está en la lista Clinton y la trasladen. Al terminar la llamada hablan de un giro de 22 mil dólares que nunca llegó para Alex".

organización criminal de Alex Saab presunto socio de alias Cubano", agregaba la carta.[9] El agente de la DEA sostuvo que según su fuente los sospechosos se movilizaban entre las ciudades de Medellín y Bogotá. Estas personas son las encargadas del transporte vía aérea de estupefacientes desde Colombia hacia Guatemala posterior a Estados Unidos, en coordinación con carteles mexicanos", sostuvo el agente.

Alias Cubano es José Santisteban, un cubano-americano con cédulas de Venezuela y Colombia que enviaba cocaína a Centro América y México desde pistas en la frontera colombo-venezolana. También usaba el nombre de Pedro Antonio Becerra Cárdenas. Cuando se produjo su detención en junio de 2018, una información judicial del diario El Tiempo aseguró que en un allanamiento que la Policía Judicial hizo a un campamento de John Jarley Benítez Mejía, un jefe disidente de las Farc, habían encontrado registros contables que revelaban que Santiesteban financiaba a Benítez.[10] Agrega la información que Santiesteban contaba con conexiones en los puertos de Barranquilla y Cartagena. Alias Cubano fue extraditado a Estados Unido en 2019, donde había sido acusado dos años antes de cargos de narcotráfico. Santiesteban se declaró culpable de esos cargos en una corte federal de Miami en marzo de 2020.[11]

A mediados de 2014, mientras Pinto continuaba con los audífonos calientes, Saab fue el tema central de una cumbre secreta que se realizó en un hotel frente al canal de Panamá entre autoridades de México, Panamá y Colombia, según lo reportó el periodista Joshua Goodman de la agencia AP.[12] En la reunión participaron

---

[9] Carta a Eddi Pinto Rúa, Investigador Policía Dijín, de Edward Martínez, Agente Especial de la DEA, 25 de marzo de 2018.

[10] "Capturado cubano que envió 25 toneladas de coca a EE.UU.", El Tiempo, justicia, 11 de junio de 2018.

[11] Caso No. 17-Cr-20893 del 15 de diciembre de 2017, Corte de Distrito del Distrito Sur de Florida. Estados Unidos vs. Juan José Santisteban y Héctor Fabio Riascos.

[12] As Venezuelans Go Hungry, Trump Targets Food Corruption, Joshua Goodman, Associated Press, 24 de septiembre de 2018.

funcionarios del Departamento del Tesoro e investigadores forenses de los tres países de América Latina. Los funcionarios del Tesoro, "distribuyeron una lista de compañías sospechosas que creen que altos funcionarios venezolanos han utilizado en todo el mundo para desviar millones de dólares en contratos de importación de alimentos pese al hambre que se padece en la rica nación petrolera", escribió Goodman.

Rick Díaz, abogado de Saab en Estados Unidos, rechazó los señalamientos contra su cliente a raíz de la noticia de AP y atribuyó las publicaciones en su contra a "falsos testimonios". En cuanto a la labor de Saab como empresario, recalcó que había un trasfondo de ingratitud en todo esto. "Deberían estar agradecidos de que a pesar de la mala prensa y el bloqueo internacional todavía hay empresarios dispuestos a invertir y creer en el país", dijo. La cumbre panameña fue un paso más de la estrategia de cerrarle el cerco a Saab. Los agentes federales de Estados Unidos habían apostado a que la justicia ecuatoriana hiciera su parte, pero el caso fue cerrado en las extrañas circunstancias ya descritas. Ahora seguía el turno de Colombia.

Hasta este punto, Estados Unidos tenía puesta toda su confianza en Pinto y sus grabaciones, pero la conciencia del policía dio una sorpresiva voltereta a mediados de 2018. Conforme se acercaba la hora cero del Plan Patriotas para arrestar a los sospechosos, Pinto parecía mareado por la danza de los millones que escuchaba en los teléfonos de la organización Saab. El patrullero vivía en una modestísima casa del barrio San Ignacio, al suroriente de Bogotá. No debió ser muy alentador para él enterarse de que su sueldo de 1.8 millones de pesos al mes (600 dólares de entonces) no superaba por mucho el que recibía la cocinera de la esposa de Saab. Aparte de su deslumbramiento con la riqueza del empresario multimillonario, el patrullero terminó simpatizando con García, uno de los chuzados. Lo había escuchado tanto que le empezó a caer bien y lo consideraba casi como un hermano sin haber cruzado una palabra con él, como se lo confesó.

Pinto no ocultaba su asombro por la cantidad de dinero en efectivo que manejaba Julio, uno de los asistentes de Saab. Probablemente se refería a Julio César Ruiz Maestre, exrevisor fiscal y contador de empresas de Saab. De acuerdo con una abogada que denunció a Pinto, al patrullero no le cabía en la cabeza que Julio tuviera siempre disponibles 500 millones de pesos (160 mil dólares) para lo que necesitara de urgencia su patrón. "Con ese dinero, calculaba Pinto, Saab podría comprar todas las fresas de la Olímpica".[13]

[13] Entrevista FPJ-14 con María Paula Escorcia, Policía Judicial, instalaciones de Gaula Atlántico, octubre 26 de 2018, 4:30 p. m.

CAPÍTULO 25

"Sígale la corriente"

El equipo de la defensa de los Saab era férreamente controlado por Abelardo De la Espriella. Nada se movía sin su aprobación y Saab parecía confiar ciegamente en sus órdenes. Alex Saab, su esposa Cynthia Certain, sus hermanos Luis Alberto y Amir Luis, dos ex revisores fiscales y un excontador de la empresa textil de la familia, afrontaban cargos de lavado de activos producto de otros delitos como concierto para delinquir y enriquecimiento ilícito.

Una voz disonante entorpecía el manejo del caso: la del abogado Miguel Angel del Río Malo, que representaba a Certain y había sido nombrado por recomendación del padre de ella y no parecía dispuesto a plegarse a las estratagemas de De la Espriella. Del Río, también barranquillero, es un penalista altanero de la Universidad Externado que se dio a conocer recientemente en Colombia por su defensa de policías que investigaban los aportes de un narcotraficante a la campaña del presidente Iván Duque. Los periodistas Gonzalo Guillén y Julián Martínez revelaron audios tomados por los policías en los que José, Ñeñe, Hernández, presunto testaferro del narcotraficante guajiro Marquitos Figueroa, comprometió en el supuesto fraude electoral a la asesora de la Unidad de Trabajo Legislativo del expresidente Uribe, Claudia "Caya" Daza.

La estrategia que parecía incomodar al equipo de defensa de Saab es que Del Río buscaba un acercamiento con la Fiscalía, convencido de que Certain no era cómplice sino víctima de su exmarido. Se basaba en que algunas de las firmas de su clienta que aparecían en los documentos empresariales bajo investigación, no coincidían grafológicamente con las de ella. El acuerdo no se concretó porque Del Río terminó renunciando al caso. "Yo tuve distancias profesionales con el equipo de la defensa de Alex Saab", me dijo Del Río.[1] "Tenía distancias éticas y profesionales que no coincidían con mis intereses y que generaron una presión sobre ella. Esas distancias determinaron mi salida del proceso". El abogado prefirió no hablar de otra situación incómoda para su defensa, de la que me enteré a través de una fuente familiarizada con el expediente. Según esta persona, cada vez que Del Río visitaba el bunker de la Fiscalía, Saab se enteraba de lo que el abogado comentaba al interior de la entidad con el fiscal del caso.

Eliminada la disidencia, el equipo continuó bajo la única voz de mando de De la Espriella, quien dirigió desde el comienzo el próximo ardid de protección de Saab sin calcular las consecuencias que tendría no solo para la justicia de Colombia sino para la de Estados Unidos. La joven abogada penalista María Paula Escorcia Leiva trabajaba bajo las órdenes directas de De la Espriella. Aparentemente no tenía ninguna relación con el expediente de Saab, hasta el día en que recibió un mensaje de un ex compañero de cursos de criminalística que había tomado en Barranquilla por allá en el 2014. El hombre, que se identificó como policía judicial, le dijo que "tenía un caso de interés en contra de un cliente del doctor Abelardo de la Espriella, el empresario barranquillero Alex Saab". El mensaje ingresó al Facebook de la abogada el primero de septiembre de 2018. Dice que no le prestó atención -pese a que mencionaba a su jefe De la Espriella- porque ella no manejaba ningún caso en contra de Saab. Pero el policía insistió al día siguiente y le pidió una cita en Bogotá que ella aceptó con el permiso de sus superiores.

De ese contacto inicial y sus encuentros con el patrullero, al que identificó como Eddie Pinto, solo se conoce el testimonio de la

---

[1]   Entrevista telefónica realizada el 30 de octubre de 2020

abogada en una declaración rendida el 26 de septiembre de 2018 en las instalaciones del Gaula (Grupos de Acción Unificada por la Libertad Personal) de Barranquilla, con el propósito de denunciarlo[2]. No ha surgido una fuente independiente que esclarezca si hubo o no otro tipo de acuerdos entre Escorcia y Pinto. La abogada se negó a responder mis llamadas y mensajes electrónicos. Aunque su centro de actividades estaba en Bogotá, hizo la denuncia en Barranquilla "debido a la revisión de procesos" que llevaba en esa ciudad y a "una convocatoria a comité realizada por el Director General de la misma [Abelardo de la Espriella]".

Cuando ocurrieron las reuniones con el policía, Escorcia tenía 26 años. En los pasillos de los despachos judiciales de Bogotá y Barranquilla, algunos abogados competían por hacerle el mejor piropo a su belleza. Había conocido a Pinto en los cursos de criminalística cuatro años antes, pero los suspendió porque no le gustaron los temas "ni el personal", según ella. Ejercía el derecho en Bogotá. Cuando sus jefes la autorizaron para reunirse con Pinto, le pidieron que lo grabara. Escorcia se puso de acuerdo con los técnicos de sistemas de su oficina de abogados en Bogotá, que pusieron a rodar la grabación. Pinto llegó a las siete de la noche y sin mediar ningún acuerdo se despachó con todo: relató los detalles de la investigación que venía realizando en los últimos años; se congració con la abogada diciéndole que las autoridades no tenían nada sustancioso contra Saab y que había un complot político para destruirlo. Según ella, el patrullero le explicó que tenía a su cargo dos investigaciones contra Saab y su círculo: "una por terrorismo que se basa en apoyo a Hezbollah y la otra por lavado de activos".

Pinto dijo, según ella, que tenía numerosas conversaciones grabadas a hermanos y abogados de Saab en las que hablaban de contratos y movimiento de dinero en Canadá, Inglaterra y Estados Unidos;

---

[2] Entrevista FPJ-14, Caso No. 080016001055201805774 del 26 de septiembre de 2018

le contó que la firma Shatex era el centro de la investigación y que en la lista de quienes serían capturados estaban la ex esposa y la madre de Alex. También incluía a Julio Ruiz, quien se daba el lujo de llevar consigo 500 millones de pesos para gastos de bolsillo del patrón. Varios de estos detalles atribuidos por Escorcia a Pinto pude cotejarlos en los informes de avance de la investigación que presentó el patrullero. Lo que el policía estaba ofreciendo a la abogada no era una exageración o un invento. Era un material obtenido de su propia pesquisa.

¿De dónde venía la supuesta conexión Hezbollah? El único documento que pude conocer al respecto es un informe sin firma que forma parte del expediente de investigación. Fechado en julio de 2018, el documento afirma que Luis Saab Rada, el padre de Alex, tiene una relación con un empresario libanés de Barranquilla que "sostiene vínculos con el grupo terrorista internacional Hezbolla (sic)". Agrega que "estas dos personas exportan carbón mineral desde Colombia hacia el Medio Oriente, cuya parte de la ganancia sería destinada para financiar el terrorismo". No hay en el expediente ninguna otra referencia a este señalamiento. Pinto le explicó a la abogada que la acusación por terrorismo se había abierto solamente por un motivo: para que las autoridades a nivel mundial pudieran hacer seguimiento de las actividades de Alex Saab "donde quiera que estuviera". De toda esa investigación sobre supuesto terrorismo "no había nada", afirmó Pinto, según la abogada.

Saab no parecía un objetivo fácil de las grabaciones. Pinto dijo que el empresario era muy cuidadoso y "no hablaba mucho", pero "todos sus hermanos y trabajadores hablaban mucho y que él los tenía chuzados a todos, hasta las novias y novios de sus empleados". Dijo que chuzó al esposo de Karen Junca "y que ese trabajaba en sábados felices o en Caracol". Ante la imposibilidad de obtener información relevante de boca de Saab, "iban a capturar a toda la familia para apretarlos". Para darse credibilidad, el detective le mostró a Escorcia una estructura de la organización de Saab, su familia y trabajadores elaborada por los investigadores.

"Me dijo que tenía muchas conversaciones de contratos entre hermanos y abogados de Saab para legalizar contratos, platas del exterior, sobre todo de Canadá, Estados Unidos, Inglaterra y otros países", declaró Escorcia.

Durante la conversación, la joven quedó con la impresión de que Pinto "tenía una actitud insinuante ya que decía que él en la policía [estaba] muy mal pago y [recibía] malos tratos". Ante estas quejas, la abogada ofreció una solución. "Yo le dije que cuando se retirara me pasara su hoja de vida". La abogada no utilizó en su declaración la palabra extorsión. La "actitud insinuante" y la expresión "intimidante" fueron las declaraciones más incriminatorias que consignó en la denuncia. Lo único que pidió Pinto en esta reunión fue un teléfono iPhone que dedicaría exclusivamente a la comunicación entre ellos. El patrullero le dio a la abogada una dirección en el barrio Restrepo de Bogotá donde ella se lo entregó personalmente un día más tarde.

"Después de que le entregué el celular, este muchacho me dice que cuando habláramos por celular fingiéramos que éramos pareja", explicó la abogada. En los días siguientes le pasó el dato de que la Fiscalía estaba tratando de voltear a algunos de los comprometidos en lugar de arrestarlos para que declararan en contra de Saab. "Después de eso yo consulto a los jefes qué tenía que hacer antes (sic) todos estos mensajes y me dijeron que le siguiera la corriente", afirmó Escorcia. Pinto empezó a enviarle mensajes de video porque, según él, en ese formato resultaba más segura la comunicación. Un domingo, el patrullero le dijo a la abogada que debían reunirse cuanto antes. Ella lo citó en el centro comercial Gran Estación, situado en la Avenida Eldorado de Bogotá. Así describió ella lo que ocurrió:

"Él comienza a mostrarme muchos documentos de las investigaciones, pero solo me da una lista de empresas, entonces yo compré una memoria USB y ahí él me grabó una llamada entre Alex Saab y Mario García donde al parecer hablan de un proceso, entonces ese Eddy (sic) me dice que no hable nada por teléfono ya que él todo lo escucha y que mejor mande a la familia Saab de vacaciones para que no los capturen que él puede borrar las llamadas de todos los informes y que a cambio de eso él quería el diario que Alex Saab se gastaba en su caja menor, es decir $500.000.000 pesos […] Después de eso yo comuniqué todo lo que había pasado a mis superiores".

Pinto continuó enviándole mensajes sobre los mismos temas, "los cuales ya me ha puesto en un grado de zozobra e intimidación al punto de que en la noche de ayer cuando me escribe yo le manifiesto que desinstalé el chat que me tenía agobiada, que era un acosador, entonces él no me supo contestar nada y desde ahí opté por apagar el teléfono".

La diligencia en la que Escorcia denunció a Pinto se inició a las 4:30 de la tarde con una pregunta del policía, que de entrada tipificaba el delito denunciado y el nombre de la víctima: "indique a esta unidad de Policía Judicial qué conocimiento tiene usted sobre situaciones en las cuales está siendo extorsionado o coaccionado el señor Alex Saab dando la presente diligencia". Escorcia nunca mencionó el delito de extorsión. La diligencia terminó a las seis y media de la noche, luego de que la abogada aseguró que esta era la primera vez que ponía en conocimiento a las autoridades los hechos denunciados. El policía judicial que firmó el acta no hizo más preguntas, no pidió la grabación que le hicieron a Pinto en la oficina de abogados, ni los documentos que supuestamente el patrullero le había entregado. Tampoco ella los ofreció. En ningún momento el funcionario preguntó a Escorcia por qué se había presentado ante la policía 23 días después de que Pinto la contactó. Tampoco se interesó en saber si Saab y su familia se habían enterado de la información que pasó el policía.

Escorcia no fue la única marioneta del control de daños que De la Espriella pretendía implementar. En la mañana del mismo día en el que ella denunció a Pinto, también en una estación de la Policía Judicial de Barranquilla, se había presentado el asesor jurídico de Alex Saab, Mario Germán García Palacio, para radicar una noticia criminal contra el patrullero.

García figura en las conversaciones transcritas por Pinto explicando cómo eludir los controles de Estados Unidos en el manejo de bonos que estaba negociando Saab. La historia que García contó en la estación de Policía era similar a la de Escorcia. La diferencia es que el declarante, también abogado, no tuvo ningún recato en admitir durante la diligencia que había alertado a Amir Saab, el hermano de Alex, sobre las revelaciones de Pinto. Amir también afrontaba una orden de captura. Es decir que el testigo reconoció ante las autoridades que había obtenido un beneficio directo e inmediato del delito de extorsión que estaba denunciando, pero la Policía lo recibió en la estación como una víctima.

García explicó que "todo comenzó" cuatro días antes, cuando había recibido un mensaje por WhatsApp de Pinto, a quien se refiere varias veces como "este tipo".[3] Los mensajes fueron aportados por García al expediente. Desde su celular, Pinto se identificó como la persona "que ha intentado comunicarse con usted, hace meses". García pidió más detalles y el patrullero le respondió preguntándole si no recordaba que Marchena, un guardaespaldas de Saab, "iba a hablar con un amigo que tenía información importante". El amigo era Pinto. El abogado no parecía recordarlo. Según el patrullero, ese no fue su único acercamiento. Dijo que había contactado una oficina de abogados en Bogotá "donde indiqué una información". No aclaró qué tipo de información ni el nombre de la oficina, pero afirmó que "esos abogados están engañándolos ahora". Y sin más preámbulos lanzó su oferta: "la idea mía es trabajar, no quiero dinero" […]. "En realidad, la idea es ayudarlos y muchas cosas buenas tengo para informarles".

Desde su celular, García, quien estaba en Barranquilla, aceptó y se comprometió a "transmitir lo que tengas que decirme". Sugirió que se reunieran dos días después, pero Pinto, que le escribía desde Bogotá, le dijo que sería muy tarde, que mejor al día siguiente "para

---

[3]   Único de noticia criminal FP-J-2. Caso No. 080016001055201805774 del 26 de octubre de 2018

poder darles unas instrucciones importantes". Faltaban pocos días para la hora cero del operativo de captura de los acusados en Barranquilla. Quedaron de verse a las 10 de la mañana en el Hotel Movich Buró 26, cercano al aeropuerto El Dorado.

El domingo 23 de septiembre de 2018, a las 9:59 de la mañana, el patrullero llegó al lobby del hotel con su celular en la mano. Iba con una chaqueta negra, pantalón oscuro y tenis.[4] A los pocos minutos apareció García, que había viajado desde Barranquilla. Las cámaras de seguridad del hotel muestran que el patrullero y el abogado se dirigieron al bar cafetería del Movich. Si Pinto había dejado algún dato por fuera en las conversaciones con la abogada Escorcia, con García llenó los vacíos y las expectativas. La conversación se extendió por tres horas. Según García, Pinto aseguró que pese a que los detectives no habían encontrado "nada malo" durante los últimos tres años, "por razones políticas y presiones de la UIAF [Unidad de información y Análisis Financiero] y de la Presidencia de la República, estaban montando un operativo para capturar a los miembros de la familia Saab".

Tal y como lo declaró el abogado, Pinto estaba dispuesto a colaborar con la organización de Saab para facilitar su defensa porque "creía que era injusto lo que estaba pasando […] todo eso eran decisiones políticas porque en las interceptaciones no habían encontrado evidencia que permitieran judicializar un proceso". También insistió en la supuesta conexión terrorista. Dijo que tenía información sobre "investigaciones que le están adelantando a él y a su grupo familiar por terrorismo internacional, por ser supuestos financiadores del grupo terrorista Hesbola en las cuales les habían hecho interceptaciones telefónicas desde el años 2015". La Policía tenía interceptados los celulares de "todo el grupo familiar" con el fin "de presionar a los familiares a ver si tenían algo malo que decir del señor Saab y con esto poder montar un proceso judicial en su contra".

---

[4]   Informe investigador de Caso, FPJ-11. No. de noticia criminal 110016 000096201800222. 10 de octubre de 2018.

Pinto tranquilizó a García diciéndole que no caería preso en esta primera etapa. La Fiscalía pondría presión en una fase posterior para forzarlo a declarar contra Saab. Luego, Pinto le hizo una insólita confesión: que contara con su apoyo porque se había encariñado con él. "Según él, me quería cuidar porque me consideraba un hermano después de tanto escucharme y que no quería que yo tuviera inconvenientes", dijo García. Bajo la gravedad del juramento, el abogado aseguró a la Policía Judicial que en esa reunión se enteró de los encuentros previos de Pinto con Escorcia. Es decir, que la oficina de De la Espriella no le había comentado sobre la existencia de Pinto y la filtración de información.

Sin haber llegado a un acuerdo de pagos o promesas de empleo, según se desprende de la narración de García, Pinto le pidió que le informara a Saab que el jueves 27 de septiembre se estaba preparando una operación para capturar a Amir Saab, Luis Saab, Julio Ruiz, Cynthia Certain y la madre de Alex. Se realizarían once allanamientos. Pinto le pidió que le dijera a Saab que "él no quería plata, que solamente quería asesorarlo para que se defendiera y que en un futuro le gustaría retirarse de la Policía y pensar en prestarle asesoría o servicios al señor Saab".

Como prueba del valor de la información que manejaba, el patrullero le mostró en su celular a García una presentación que contenía "el supuesto organigrama de una organización liderada por el señor Saab donde mencionaban que yo era su socio y me mostró transcripciones telefónicas que yo había tenido con el señor Amir Saab". También le dijo que había interceptado las líneas de algunos de sus clientes para establecer si estaba involucrado en alguna actividad criminal. Pinto le preguntó al abogado cómo continuarían comunicándose. La solución parecía copiada del encuentro con Escorcia. "Le dije que me siguiera escribiendo al celular y que se comprara uno nuevo, entonces le di como ochocientos mil pesos", explicó García.

A las 4:30 de la tarde, García voló a Barranquilla y ya plenamente convencido de que ningún teléfono era de fiar, citó al hermano de

Saab, Amir, en el restaurante FiorDi. "Entonces le conté al señor Amir lo que había pasado", indicó García. En medio de la conversación, entró una videollamada de Pinto. "Me dijo que ya sabía que estaba reunido con Amir en un restaurante y también me dijo que el operativo Plan Patriotas iban a realizarlo el jueves, pero lo habían adelantado para el día martes de este mes". La razón es que habían escuchado una conversación de Amir con su hija Sheryn en la que ella comentó que estaba planeando un viaje a Canadá. "Entonces me pidió que le dijera que saliera prontamente del país y que eso mismo lo dijera a todas las personas que iban a capturar", afirmó García.

Después de que Pinto compró un celular para hablar con García, los papeles cambiaron. Ahora García grababa a Pinto para reforzar sus alegatos de que la familia Saab estaba en la mira de una campaña extorsiva por un caso sin fundamento. En una de las conversaciones reveladas por El Heraldo de Barranquilla, el patrullero le respondió: "No marica, si fuera extorsión yo no sería el que llegaría, mi jefe sí, esos manes van por mí, o sea, no te creas, aquí se han hecho muchas vainas, casi todos ellos tienen carros último modelo, son millonarios, ellos presionan es con la gente presa no con la gente libre". Pinto le admitió que la operación estaba bien montada por sus jefes, por lo que estaban buscando protagonismo para ganar ascensos. "Créeme que cuando se destape el boom de este man (Alex Saab) eso es pa'siempre, o sea, obviamente ellos quieren es sacarlo para ellos quedar bien".

CAPÍTULO 26

"El señor de la A"

El lunes 24 de septiembre de 2018 todo estaba listo para el gran golpe. El fiscal especializado contra el lavado de activos, Rafael Francisco Rojas Orcasitas, a cargo del caso, había definido que al día siguiente se haría el operativo de "captura y diligencias de registro y allanamiento" en Barranquilla. Se había enterado de que Alex Saab llegaría a la ciudad el fin de semana anterior a celebrar el cumpleaños de su madre. Sus hermanos también estarían en la fiesta. Sumando transporte aéreo, alojamiento y alquiler de vehículos, el operativo costaría unos 5.000 dólares. Los comandantes de la operación, algunos de los cuales viajaron a Barranquilla desde Bogotá, llevaban copias de las órdenes de captura. A Cynthia Eugenia Certain Ospina le correspondió la número 68; a Alex Saab la 69, a sus hermanos Luis Alberto y Amir Luis, la 70 y 71 respectivamente y la 73 para Julio César Ruiz Maestre, revisor fiscal de Saab.[1] El director de Investigación Criminal e Interpol, mayor general Jorge Luis Vargas Valencia, dirigía el operativo. En el terreno tenía la voz de mando el mayor Nicolás Guillermo Suárez Plata, jefe del Grupo Investigativo de Lavado de Activos. Suárez tenía bajo sus órdenes a diez policías para los cuales había pedido viáticos y alojamiento en Barranquilla para diez días. El teniente coronel Edwin Mauricio Santamaría Santamaría tenía listo un grupo de sus

---

[1] Formato de Escrito de Acusación, Fiscalía General de la Nación de Colombia, 20 de junio de 2017.

hombres. En la Embajada de Estados Unidos, la DEA seguía atenta la acción. La operación se había programado para el 27, pero una conversación telefónica interceptada a Luis, hermano de Alex Saab, cambió los planes. Luis comentó en el celular que viajaría al exterior.

Los agentes deberían realizar el operativo con traje de civil, una chaqueta de identificación de la Dijín y gorra "beisbolera". El instructivo de la operación firmado por el general Vargas Valencia, decía en mayúscula: "Se requiere ABSOLUTA CONFIDENCIALIDAD como requisito prioritario para garantizar su resultado". A las 9:01 de la noche del martes, en un abierto desafío a la orden, el patrullero Eddie Pinto comenzó una transmisión del operativo en vivo y en directo a uno de los consultores más cercanos a Saab.[2] Al otro lado de la línea atendía sus instrucciones y advertencias el abogado Mario García, asesor legal del empresario. En un juego ingenuo de detective, Pinto se refería a Saab en sus conversaciones ultrasecretas como "El señor de la A". El policía comentó que después de verificar la lista de pasajeros de los vuelos de Avianca "ninguno de ellos viajó, lo que asegura que los objetivos están en quilla [Barranquilla]". Estaba inquieto porque Lulo tenía apagado el celular. Quizás se fue a Bogotá, especuló. Lulo es el apodo de Luis Saab Morán, hermano de Alex. García respondió que no sabía de él. A esa hora Luis ya había salido hacia Panamá. El abogado cambió de tema de inmediato para expresar su preocupación por los padres de Saab. Pinto le había dicho que la madre octogenaria de Alex estaba en la lista de las órdenes de captura.

"La señora sufre del corazón, que mal rato para esa señora", le dijo García al policía.

"Claro, es que esta gente con afán de protagonismo quieren joder al señor como sea", se congració Pinto. García debió contener su

---

[2] Los chats de celular fueron obtenidos del expediente disciplinario de la Policía de Colombia contra Pinto (Proceso de Integridad Policía No. DIPON-2018-392) y de publicaciones de los periódicos *El Heraldo* de Barranquilla y *El Espectador*.

regocijo en ese momento al escuchar el dato que soltó el patrullero: le dijo que la operación empezaría a las seis de la mañana del día siguiente (martes) por "la casa grande", posiblemente refiriéndose a la mansión de Saab. A las 10:12 de la noche el policía escribió un comentario que pese a su importancia incriminatoria no parece haber llamado la atención a quienes investigaron la infiltración meses después. Pinto comentó: "Ya los abogados están avisados para que si algo los llamen a ellos de una y no a ti, para despistar las cosas [...] los llamarán a ellos que son los penalistas". Los abogados penalistas de Saab en ese momento eran Abelardo de la Espriella y su equipo.

Haciéndose el paranoico, García consultó con Pinto si el chat de WhatsApp podría ser intervenido porque había escuchado que "lo chuzan hasta las esposas". Pinto respondió que podían hacerlo por la web. "Solo somos nosotros que podemos, esta tecnología cuesta millones de dólares y nadien (sic) la tiene", alardeó. El comentario podría indicar que se estaba refiriendo a los gringos, por lo que el policía trabajaba para la DEA con equipos controlados por agentes de ese organismo.

A las 10:36, Pinto preguntó por Julio César Ruiz, el revisor fiscal de las empresas de Saab.

—¿Tú tienes a Julio? —inquirió el policía.

—Sí, claro —mintió García. A esa hora Julio Ruiz también había abandonado la ciudad.

—Pero no lo encuentran —agregó Pinto.

A renglón seguido escribió: "Temo del señor de la A va amanecer donde él está". El detective parecía muy interesado en confirmar con García la dirección del apartamento de Saab en la calle St. Germain de París. La misma propiedad que había visitado la mamá de la asistente del empresario cuando le robaron la cartera. García le respondió que allí estaba Saab. No es posible determinar si la respuesta del abogado era una estrategia para despistar al patrullero. De cualquier modo, la Policía tenía coordinada previamente la búsqueda del fugitivo en Francia. Para que García le creyera, Pinto le envió una foto de la orden internacional de captura de Interpol que sería expedida contra "el señor de la A".

—¿Pero con esta lo capturan en París? —preguntó García.

"Es que estoy esperando si quieren ir por él o van a esperar que él viaje para que le hagan la notificación", respondió Pinto. En este punto el patrullero le recomendó a García que si la circular de Interpol fuese expedida con la cédula de Colombia de Saab, el empresario podría viajar con la identidad "veneca" (venezolana) y que mientras tanto se hospedara en un hotel.

"Qué película esto", comentó García a las 11:59 p. m.

La operación empezó a las seis de la mañana del 25 de septiembre. A los pocos minutos de comenzar el día, Pinto le escribió a García: "Rey y los celulares también los van a quitar… ojalá no esté nada comprometedor en los que ellos tienen". No es claro a quién se refiere cuando habla de ellos, pero si aludía a la gente de Saab el consejo de Pinto era inútil. Ya todos se habían ido de la ciudad. García le siguió el juego y por supuesto le mintió:

"Con ellos nadie ha hablado… he intentado ser discreto… no hablo nada por teléfono… estoy paranoico… siento que todo el mundo me está siguiendo".

Pinto: "Sí claro entiendo, pues también me asusta a mí que sospechen de uno, acá nos poligrafían como tres veces". (La DEA había sometido a Pinto a un detector de mentiras en diciembre de 2017).

García: Sí claro, el que más está arriesgando eres tú.

Pinto: Claro rey todo porque salgan bien los señores.

"Esto es grave"

Durante la conversación, Pinto se enteró de una información que lo puso muy nervioso. Recibió un mensaje de sus supervisores de que un abogado de la familia Saab había avisado telefónicamente de los operativos a un pariente del empresario a través de la asistente de Alex. El patrullero le envió a García un pantallazo del mensaje que recibió de sus superiores con esta novedad, pero las copias aportadas al proceso son muy borrosas y no permiten ver el nombre del abogado. Pinto transmitió su pánico a García: "Por favor, no hable nada... ya esto es grave" [...] "Los jefes se alertaron como saben esa información tan directa". García respondió: "Mucho bobo ese abogado". Pinto explicó que al abogado "lo van a chuzar" y a interrogar "hasta que hable". En ese momento el patrullero ya tenía pocas dudas de que los comandantes de la operación sospechaban de una fuga de información. Según su análisis, los jefes acelerarían el operativo o lo cancelarían. Este episodio rompió con el curso aparentemente calmoso de la confabulación entre el policía y los defensores de Saab. Hasta este momento el secreto de la infiltración circulaba entre el patrullero y los abogados de De la Espriella y García. En un intento por desviar la atención de sus jefes, Pinto le pidió a García que llamara a la asistente de Saab, a quien identificó como Katia, y le pidiera hacer un comentario desmintiendo lo que había conversado antes con el abogado. Es para que "crean otras cosas", escribió Pinto. Pero ya era tarde.

A las 4:31 de la madrugada, García preguntó cómo iban las cosas.

PINTO: Rey, todo quieto hasta el momento.
GARCÍA: Ok, sigue inicio en una hora.
PINTO: Parece que van a parar todo, quieren poner una cascarita para saber quién dio la información, por lo de la llamada que pasó con Kati.

García quería saber si los policías y fiscales que llegaron por Cartagena ya estaban en Barranquilla.

PINTO: Sí claro, como 25 son.
GARCÍA: Si ya están aquí yo creo que eso va ¿no?
PINTO: Sí, pero acaban de decir estar pendiente para cancelar todo. No sé si van a infiltrar gente.

Una persona directamente familiarizada con la investigación me dijo que Saab canceló su viaje a Barranquilla ese fin de semana gracias al aviso de Pinto. Luis y Samir, hermanos de Alex salieron del país, uno de ellos como ya dije a Panamá y el otro a un país desconocido ya que no quedó registrado en inmigración. También salió Julio Ruiz.

Con este fiasco se desplomaba una investigación de más de cinco años en la que habían participado casi todos los organismos de control, vigilancia e interdicción del gobierno. En la Embajada de Estados Unidos varios agentes se quedaron con los crespos hechos. En la Ofac, la oficina de Washington que seguía más de cerca a Saab, se escucharon puteadas de frustración. Pinto pasó en vela la madrugada del 25 de septiembre en la sala de interceptaciones Rojo SIU. Alrededor de las ocho de la mañana él mismo le reportó al intendente que tomaría el turno siguiente, que se había presentado una fuga de información. Le quedaban dos semanas de libertad. En la tarde del 11 de octubre fue detenido en la zona administrativa del Club de Agentes y Patrulleros de la Policía Nacional de la Avenida 68.[3] Los policías judiciales que lo arrestaron le leyeron los cargos: violación ilícita de comunicaciones o correspondencia de carácter oficial y cohecho impropio. A los pocos minutos, como parte del protocolo, le dieron la noticia a la esposa del detenido. Aparentemente la mujer de Pinto, nacida en el departamento del Atlántico, no vivía en Bogotá. El policía compartía vivienda en el barrio San Ignacio de la capital con otro patrullero de nombre Jonás. La casa fue allanada ese mismo día. Los compañeros del policía que hicieron el allanamiento pudieron comprobar que Pinto no parecía un detective muy cuidadoso. Sobre el mueble del televisor y el equipo de sonido los oficiales encontraron hojas sueltas en las que el patrullero había escrito los nombres y números de celular de los objetivos de su investigación. Además de los ya mencionados, aparecía un tal Salim. En el closet encontraron una caja de celular marca iPhone 6. A finales

---

[3] Proceso de Integridad Policía No. DIPON-2018-392.

de noviembre de 2020 llamé al expatrullero que está cumpliendo los últimos meses de condena en su casa después de dos años en una cárcel. Dijo que no quería hablar.

El 10 de junio de 2019, Pinto fue condenado en el juzgado 20 penal del Circuito por violación ilícita de comunicaciones y correspondencia de carácter oficial en concurso con cohecho impropio. En la sentencia, el juez Diógenes Manchola Quintero dejó claro que el policía le entregó a Escorcia "información valiosa de la investigación insinuándole que lo mejor era que la familia Saab se fuera de vacaciones para que no los capturaran". Agrega el juez que por lo anterior, el operativo "se vio frustrado ya que la información fue conocida por el precitado quien logró salir del país al igual que varios de sus familiares". En la misma sentencia, Manchola describe como parte del cohecho impropio (soborno) el celular iPhone que le dio la doctora Escorcia y la suma de 800 mil pesos que recibió de García, "como quiera que fue el mismo servidor público que buscó obtener un beneficio y aspiraciones laborales a cambio de afectar y desviar las funciones propias de su cargo".

CAPÍTULO 27

La mentira

En medio del escándalo que había causado la filtración de la redada en Barranquilla, el abogado Abelardo de la Espriella salió a decir que su cliente, Alex Saab, había sido víctima desde hace varios meses "de extorsiones y presiones de todo tipo a través de terceras personas"[1]. Lo que no dijo es que Saab sabía con anticipación del operativo, gracias al pitazo del patrullero Eddie Pinto y que la denuncia de la abogada de su bufete, María Paula Escorcia, fue presentada un día después del fracaso del arresto. Al momento de su denuncia, Escorcia ya conocía la investigación que adelantaban los gobiernos de Colombia y Estados Unidos contra los Saab. El primer encuentro de la abogada con el patrullero Pinto había ocurrido el dos de septiembre, la operación fracasó el 25 del mismo mes y presentó la denuncia al día siguiente.

Cuando los medios de comunicación colombianos hicieron un inventario del fracaso del operativo a finales de septiembre de 2018, aparentemente no estaban enterados de la denuncia de Escorcia o si lo estaban no repararon en el tiempo que había transcurrido entre el primer encuentro de la abogada con Pinto y la fallida operación. El Espectador, uno de los primeros en publicar un amplio recuento

---

[1]   El empresario Alex Saab es víctima de extorsiones: De la Espriella, Caracol Radio, Barranquilla, primero de octubre de 2018.

del fracaso de la redada en Barranquilla[2] , tuvo que aguantar un iracundo comunicado de De la Espriella en el que además de presentar a su cliente como víctima de las extorsiones, calificaba de mentirosa la versión del periódico de que existía una "robusta investigación" en contra de Saab. De la Espriella fue aún más lejos al acusar al medio de "desviar la atención de la documentada denuncia por extorsión".

A sabiendas de que su abogada llevaba más de 20 días sonsacando información al "extorsionista", De la Espriella no ahorró indignación en su comunicado del primero de octubre: "Anuncio que llevaré este caso hasta las últimas consecuencias y demostraré cómo el buen nombre del señor ALEX SAAB ha sido pisoteado injustamente, como resultado de una ruin estrategia puesta en marcha por unos vulgares extorsionistas que han intentado esquilmarle recursos a mi cliente, en clara violación de la ley penal colombiana". El abogado acusaba de la extorsión a funcionarios judiciales y miembros de la Policía nacional y calificaba de ilegales las interceptaciones de las comunicaciones de su cliente que habían sido autorizadas por la DEA y la Policía, las de sus familiares y las de algunos de sus amigos.

La intervención del abogado fue una farsa completa. Al momento de su comunicado, De la Espriella sabía que los encuentros de la abogada y el policía habían sido muy provechosos, amigables y desprovistos de cualquier insinuación extorsiva. De hecho, Pinto no fue condenado por extorsión. Por instrucciones de sus superiores, según lo declaró la propia Escorcia, ella había grabado a Pinto clandestinamente en la sala de juntas de sus oficinas contando lo que había y lo que venía de la pesquisa. En esa grabación, sin ninguna presión ni pago previo de un soborno, el joven detective reveló los nombres de las personas bajo investigación, explicó los objetivos de la pesquisa y lo que sabía de cada uno de los sospechosos.

---

[2]   Así cayó el policía que filtró la captura de Alex Saab, Investigación, El Espectador, 13 de octubre de 2018

A mediados de 2020, mientras organizaba el material para este libro, tuve acceso a la declaración de Escorcia. Los tiempos no cuadraban. Había un largo bache de silencio que dejó pasar la oficina De la Espriella antes de hacer la denuncia. Se lo comenté a Daniel Coronell para someter el tema al ejercicio que practicamos algunas veces en ambas vías, de discutir los hallazgos del otro. Daniel es el columnista más leído de Colombia. Ocupa la Presidencia de noticias de la cadena Univisión de Estados Unidos. Con él me unen una larga amistad y el periodismo investigativo. Mi hipótesis sobre la actuación de De la Espriella pasó la prueba y acordamos que publicaría en las páginas digitales de la cadena la historia de la filtración y él denunciaría en su columna de Los Danieles la insólita omisión de la justicia colombiana: no haber tocado a quienes sobornaron a Pinto, pese a que para bailar un tango se necesitan dos, como lo sugirió el título de su artículo. La legislación penal colombiana castiga tanto al que recibe como al que paga o promete pagar.

Escorcia y García nunca fueron investigados. Por lo que se sabe, los pagos no pasaron de un celular entregado por ella y 800 mil pesos pagados por él para que el investigador comprara un segundo teléfono. También hubo una promesa de darle trabajo al patrullero en la organización de Saab. En ninguna de las 13 páginas del formato de acusación contra Pinto ni en otros documentos del proceso, el fiscal especializado, Rafael Francisco Rojas Orcasitas, abordó el tema de la otra pareja del tango. Cualesquiera que fuesen, los presuntos sobornadores quedaron libres de culpa.

Consulté con varios abogados sobre el tema. El profesor de la facultad de derecho de la Universidad Javeriana, Juan Felipe García, sostuvo que tanto la Corte Constitucional como la Corte Suprema de justicia, han dicho que en los delitos de cohecho "es fundamental investigar al funcionario público, pero también al particular que está diezmando a la administración pública, si no finalmente se crea impunidad en la sociedad". En ese sentido, agregó, el juez que impuso la sentencia a Pinto debía haber compulsado copias a la Fiscalía para que se investigara a los sobornadores.

Ubiqué en Bogotá al fiscal Rojas. Quería saber por qué no abrió una investigación contra los abogados Escorcia y García. Se lo pregunté en un mensaje de WhatsApp[3]. El fiscal respondió con varias preguntas que no guardaban relación con el tema: "En primer lugar ¿tiene usted un elemento material probatorio o evidencia física suministrado por la DIPOL Policía Judicial encargada de indagar el caso del patrullero Pinto, que demuestre que la susodicha Escorcia fue quien entregó alguna de las dádivas de 500 millones de la supuesta caja menor de Alex Saab exigidas por el funcionario de Policía Judicial Eddie Pinto a cambio de su filtración? También me preguntaba si tenía video de la reunión con Pinto y Escorcia y me conminaba a presentar pruebas ante las autoridades competentes. Según él, los hechos "no fueron puestos en conocimiento del despacho por parte de los funcionarios de Policía Judicial de la DIPOL encargados de adelantar las labores de indagación preliminar que permitan probar eso que usted afirma; si eso hubiese sido así no se hubiesen compulsado copias, sino que se hubiera procedido por parte del despacho fiscal especializado encargado del caso a vincular formalmente a la señora Escorcia al proceso".

Las preguntas no venían al caso porque nunca se habló de que Pinto recibió dinero de la caja menor ni mayor de Saab, aunque no ocultó su deseo de tener plata suficiente para comprarse todas las fresas de la Olímpica. De las únicas dádivas que se habla en el expediente son el celular y el dinero. "De lo anterior es igualmente posible inferir que el aquí imputado Eddie Andrés Pinto Rúa recibió un teléfono celular marca iPhone y consecuentemente la suma de $800.000", dice la sentencia. Le envié este fragmento del fallo al fiscal y no volvió a responder.

El abogado defensor de Pinto, Luis Torres Martínez, se negó a darme una entrevista para conocer qué esfuerzos hizo para que se

---

[3] Entrevista realizada el 28 de noviembre de 2020

investigara a quienes sobornaron a su cliente. "Yo soy un abogado común y corriente y yo sé que hay un trasfondo ahí y la verdad no me gustaría meterme", dijo.

Pinto se allanó a los cargos y se acogió a sentencia anticipada. El 10 de junio de 2019, fue sentenciado a 38 meses de prisión por los delitos de "cohecho impropio en concurso con violación ilícita de comunicaciones o correspondencia de carácter oficial". El juez 20 Penal del Circuito que dictó la sentencia, Diógenes Manchola Quintero, tampoco tocó el tema del cohecho por dar y ofrecer que castiga con 48 meses de prisión a quien "dé u ofrezca dinero u otra utilidad a servidor público". Solo se limitó a describir la conducta corrupta del patrullero, o sea, recibir "dinero, utilidad o promesa remuneratoria" sin mencionar a los posibles corruptores. El secretario del Juzgado 20 Penal del Circuito, Carlos Vera, me confirmó telefónicamente que el juez no compulsó copias a la Fiscalía para que se investigara a los abogados[4]. Explicó que no lo hizo porque posiblemente ya sabía que estaba en curso una investigación en ese sentido en la Fiscalía. Cuando le pregunté si lo suponía o lo daba por hecho, me respondió: "Habría que mirar todo el expediente". A través de Vera, el juez Manchola respondió en un correo electrónico que "personalmente no concede entrevistas y menos contesta preguntas al público"[5].

De la manera como fueron presentados los abogados Escorcia y García en el fallo del juez Manchola, quedaron como unos ciudadanos ejemplares que cumplieron con el deber de denunciar un crimen. Aunque el fiscal y el juez estudiaron las declaraciones de ambos, no pidieron arrimar al proceso la grabación secreta que Escorcia le tomó a Pinto en la sala de juntas. Tampoco hay constancia de que el juez ni el fiscal hayan pedido la voluminosa información que entregó el

---

[4]   Entrevista realizada el 28 de noviembre de 2020

[5]   Correo electrónico enviado el 24 de noviembre de 2020: "Me permito informarle que el señor juez, de los asuntos a su cargo, "personalmente no concede entrevistas y menos contesta preguntas al público". Firma Carlos Vera C.

policía a Escorcia en el centro comercial de Bogotá en un dispositivo USB. Hay un punto muy significativo en el fallo de Manchola. El juez afirmó que el operativo contra Saab "se vio frustrado ya que la información fue conocida por el precitado (Alex Saab) quien logró salir del país, al igual que varios de sus familiares". Es decir, que en el proceso penal nunca estuvo en discusión que el pitazo de Pinto fue útil y eficaz, contrario a lo que sostuvo De la Espriella al decir que mal podría Saab escaparse de Barranquilla sino estaba en la ciudad para la fecha de la redada [6]. El general en retiro Juan Carlos Buitrago asegura que Alex Saab estuvo en Barranquilla el fin de semana anterior del operativo y salió del país por la filtración de Pinto.

Al reconstruir para este libro las conversaciones de Pinto con García, el asistente de Saab, durante las horas previas a la redada en Barranquilla, encontré una frase ya citada en un capítulo anterior que merece un breve análisis. Pinto dice: "Ya los abogados están avisados para que si algo los llamen a ellos de una y no a ti [García], para despistar las cosas […] los llamarán a ellos que son los penalistas". Oficialmente, en ese momento el defensor penalista de Saab era Abelardo de la Espriella. El mensaje daba por hecho que los abogados defensores de Saab habían recibido instrucciones previas de cómo comportarse durante el operativo. Las implicaciones de este mensaje nunca fueron investigadas. Ninguna autoridad interrogó a los abogados de Saab sobre ese presunto acuerdo.

Con la cronología de estos acontecimientos terminada, el próximo paso de mi reportaje fue hablar con De la Espriella. Mi relación con el abogado no era buena. En coordinación con Richard Díaz, él había

---

[6] De la Espriella escribió en su respuesta a Univisión por WhatsApp el 30 de junio de 2020: "Es importante señalar que, cuando fue expedida la orden de captura contra Saab por el proceso que se le sigue en Colombia, aquel se encontraba fuera del país hacía más de 8 meses, por tanto, no puede predicarse que Saab se escapó, porque simple y sencillamente no estaba en Colombia. (Esto se puede verificar con Migración)".

promovido la demanda de Saab contra Univisión y contra mí en 2017. Además, radicó otra demanda contra Coronell en Miami en febrero de 2018 por una columna publicada en Semana. La columna hacía un recuento de la vertiginosa carrera de De la Espriella. Ambas demandas fueron retiradas.

Le envié a De la Espriella un cuestionario a su correo electrónico informándole por WhatsApp que estaba en su bandeja de mensajes. El abogado eludió responder las preguntas una por una y prefirió chatear. "¿Por qué su oficina esperó hasta que se conociera la frustrada operación de captura de Saab el 25 de septiembre para presentar la denuncia?, pregunté. "¿No fueron suficientemente alarmantes los indicios que mostraba la conducta del sargento Pinto desde la primera semana de comunicaciones con la abogada Escorcia para concluir que debía ser denunciado de inmediato?

El principal argumento de De la Espriella es que desde "el primer momento" en que fue informado por una abogada de la firma sobre el acercamiento que buscaba el patrullero Pinto, "di instrucciones precisas para que, dicha situación fuera puesta en conocimiento del entonces director de la Dijín, general Vargas"[7]. El abogado aseguraba que no conocía a Pinto. En la misma respuesta y entre paréntesis me invitó a verificar su dicho con el general Vargas. Fue una exquisita invitación que terminó redondeando su mentira.

Hablé con el general Jorge Luis Vargas[8]. Me dijo que en efecto había recibido una llamada de De la Espriella para que atendiera a uno de sus abogados "que tenía algo delicado que informar y denunciar". Según el general, el abogado Daniel Peñaredonda lo visitó en su despacho en Bogotá. "El me comentó que un policía de la Dijín estaba haciendo una de las llamadas a algunos de los clientes de ellos extorsionándolos para evitar unas actuaciones tanto de la Fiscalía

---

[7] Conversación por WhatsApp realizada el 30 de junio de 2020
[8] Entrevista telefónica realizada el tres de julio de 2020

como de la Policía y que tenía información sobre procesos que se tenían en contra de ellos. Estoy hablando de Alex Saab, de socios de Alex Saab y de familiares de Alex Saab".

Vargas, hoy Director General de la Policía, explicó que en ese momento se enteró del nombre del patrullero y recibió una copia de una denuncia. Posiblemente la queja de la doctora Escorcia. De inmediato, sostuvo Vargas, "se dio inicio a una noticia criminal y se dio captura a las dos o tres semanas de ese policía". Vargas aseguró que hasta ese momento no sabía que la oficina de de De la Espriella había tenido contactos con Pinto y el círculo de Saab y que Peñaredonda "ni mencionó" si el equipo de la defensa había pasado la información a los Saab. Para esta fecha, sin embargo, entre los policías que participaron en el operativo ya era un secreto a voces que había habido una filtración.

De lo que no estaba seguro el general Vargas era de la fecha de la visita de Peñaredonda a su despacho. Me pidió una hora para averiguar. Con puntualidad militar me llamó para informarme que la visita de Peñaredonda ocurrió el viernes 28 de septiembre. O sea, tres días después de la operación fallida. De manera que no había sido en "el primer momento", como aseguró De la Espriella. No había sido la primera semana de septiembre sino casi tres semanas después, cuando De la Espriella, su abogada Escorcia y García, el asesor de Saab, ya habían exprimido al patrullero locuaz. Cuando le escribí a De la Espriella pidiéndole precisión sobre la fecha de la denuncia, una vez más reiteró que fue "cuando empezó todo, no recuerdo la fecha exacta. Hasta luego. Tengo una conferencia ya mismo".

Después de mi conversación con Vargas, insistí con De la Espriella: "¿Y por qué, cuando empezó todo, no se presentó la denuncia de la manera como se presentó 24 días después?". El abogado dio un giro radical respecto a su primera versión. Esta vez aceptó que había dejado pasar un tiempo "porque primero había que saber qué quería [Pinto], y fue evasivo hasta el final. No se puede denunciar a nadie sin tener las pruebas suficientes. De haber tenido un acuerdo ilegal con Pinto, no tiene sentido haberle denunciado". El lector que haya pasado por los anteriores capítulos podrá verificar que Pinto fue todo, menos evasivo. Desde la primera reunión con Escorcia soltó la sopa. Ante nuevas preguntas de Univisión sobre estas contradicciones, De la Espriella cerró la comunicación. "No quiero ser grosero con usted. A pesar de sus atropellos, aquí estoy dándole la cara. Es todo lo que tengo que decir".

El fracaso de la operación, me dijo el general Vargas, "fue devastador para todos nosotros [...] muy duro porque fue una investigación absolutamente seria con la unidad de lavado de activos y un fiscal de crimen organizado. Trabajamos muy de cerca con el gobierno de los Estados Unidos. Habíamos tenido colaboración con la DEA, con el FBI en varios sentidos; fue un golpe supremamente grave". Le pregunté a Vargas si en el momento en que recibió al emisario de De la Espriella y teniendo en cuenta la indignación que les había causado que se hubiera filtrado la información, se le ocurrió preguntarle por qué no denunciaron anteriormente al patrullero. "Esa información en ese momento fue importante para poder proceder de acuerdo a la ley. Frente a esa información queríamos actuar de manera inmediata", me dijo. "Creo que llegamos lo más rápido. Teníamos que actuar de manera inmediata".

Meses después de esta entrevista, logré establecer que la denuncia que recibió el general Vargas no fue usada como cabeza del proceso de la investigación contra Pinto. La pesquisa fue abierta el 30 de octubre con base en un correo electrónico enviado por denunciasbarranquillaarenosa@gmail.com, de acuerdo con el expediente. El mensaje, bajo el nombre de "Miguel Ángel", revelaba números de celulares de los implicados y señalaba que "a los hermanos Saab les avisó un mismo integrante de la Policía Nacional que trabajaba como analista de las líneas interceptadas en la unidad de antiterrorismo de la Dijín". El correo electrónico que abrió el proceso llegó a conocimiento del mayor Nicolás Suárez Plata. No tuvo que hacer mayor esfuerzo el oficial para descubrir al sospechoso. Al marcar uno de los números telefónicos citados por la fuente, apareció en la pantalla de su celular el nombre de Pinto, que lo tenía grabado. Otro de los teléfonos denunciados correspondía al abogado Mario García. Una búsqueda de su nombre llevó a los policías judiciales a los archivos electrónicos donde encontraron la denuncia por extorsión que el abogado había presentado en Barranquilla.

CAPÍTULO 28

La tormenta perfecta

Robinson Ruiz Guerrero, de 63 años, solía hacer ejercicio para contrarrestar los efectos de un trastorno del sueño provocado por obstrucciones respiratorias intensas conocidas como apneas. Un día a mediados de julio de 2019, mientras trotaba en un parque cercano a su casa de Barranquilla, en la Ciudadela 20 de Julio, sintió un fuerte dolor en el pecho. Tomó un taxi hasta su casa. Su esposa Ángela lo llevó a un hospital universitario cercano donde le diagnosticaron un infarto y se le practicó un cateterismo para destapar una arteria. "Ella lo dejó bien en la noche", comentó un conocido de la familia. Al llegar a la mañana siguiente, Ángela de Ruiz vio a través de un vidrio de la sala de cuidados intensivos que su esposo parecía estar sufriendo un nuevo infarto. Los médicos se presentaron y lo revivieron, pero después sobrevino otro ataque que le causó la muerte.

Con Ruiz quedaba también sepultada la historia de cómo Alex Saab y su familia manejaron durante una década una empresa cuestionada por haber sido el semillero de las exportaciones ficticias que el empresario reprodujo a gran escala años después en Venezuela. Ruiz había sido revisor fiscal de Shatex. Al cabo de diez años renunció en vista de que la sociedad había dejado de existir en la práctica. Pese a esa situación, según la Fiscalía de Colombia, la empresa "fue utilizada por parte del gobierno corporativo para canalizar y dar apariencia de legalidad a $25.304.081.000 bajo la fachada de pagos de importaciones que [...] nunca ingresaron al país".[1]

Ruiz había sido acusado desde mayo de 2018 junto con su patrón Alex Saab; el hermano de este, Luis Alberto; la exesposa, Cynthia Certain; Julio César Ruiz Maestre, sobrino de Ruiz; y el excontador de Shatex, Devis José Mendoza Lapeira. Afrontaban cargos de lavado de activo agravado, enriquecimiento ilícito y concierto para delinquir. Ruiz y Mendoza fueron los únicos que no se salvaron de la redada fallida en Barranquilla. Sobre ellos cayó el peso de la ley mientras los demás acusados gozaban de su libertad en el exterior, gracias al aviso que le dio el policía a la abogada de la oficina de Abelardo de la Espriella a cambio de un celular.

Ruiz y Mendoza fueron detenidos en octubre de 2018. Se les acusó de ayudar a Saab a ocultar la procedencia ilícita de un dinero "con el propósito de posteriormente obtener [Saab y las empresas de Saab] un provecho ilícito con actividades de exportaciones e importaciones ficticias utilizadas además para estafar al Estado Colombiano haciéndole cobros de operaciones ficticias a la entidad Bancoldex". A pocas horas del arresto, los acusados fueron enviados a Bogotá. Para los fiscales colombianos, lo que Ruiz sabía de la cuestionada contabilidad de la familia Saab podría ser oro en polvo. Quizás por eso Saab no lo abandonó. No había terminado de limpiarse la tinta de los dedos de su registro de detención cuando aparecieron en la Dijín abogados del empresario para que se hiciera cargo de su defensa. Jhonatan José Peláez Sáenz empezó a defender a Ruiz. La familia de Mendoza, el contador, nombró a un abogado amigo, Brayan David Torres Montes, quien no tiene ninguna relación con De la Espriella.

Ruiz fue enviado a La Picota y Méndez a La Modelo. Estuvieron presos tres meses hasta que un juez les concedió la libertad condicional. En los meses siguientes Ruiz estaba muy deprimido y angustiado por la posibilidad de regresar de nuevo a la cárcel, me comentó un

---

[1]   Formato de Escrito de Acusación, 20 de junio de 2017, pág. 10.

conocido del revisor fiscal. "Me dijo yo no la pasé muy bien, yo no quiero regresar de nuevo allá". Contó que los compañeros y vecinos de celda lo insultaban por el ruido de la máquina que usaba para prevenir los ronquidos. Los abogados de la oficina de De la Espriella lograron que el caso fuese trasladado de Bogotá a Barranquilla mediante un recurso de tutela.[2] Argumentaron que los acusados residían en Barranquilla cuando en realidad estaban todos prófugos y las acciones que se le imputaban trascendían los límites de la ciudad costera, como lo alegó el fiscal en un recurso contra la decisión.

En Barranquilla, el caso le correspondió a un juez con prontuario. José de Jesús Vergara Otero, juez 12 penal municipal, había sido arrestado en 2015 por prevaricato, cohecho, tráfico de influencias y falsedad en documento público en un escándalo de supuesta venta de libertades.[3] Según la Fiscalía, Vergara Otero integraba una red que presuntamente manipulaba las audiencias en el Centro de Servicios Judiciales de Barranquilla y "desviaba hacia despachos específicos, ciertos procesos penales con el fin de favorecer a los imputados".

El juez levantó las medidas de aseguramiento contra Robinson y Mendoza en diciembre de 2018 y en el fallo de una página sustentó la decisión diciendo que "desapareció el mínimo de tipicidad". El documento invitaba a consultar los detalles en la grabación de la audiencia. A los acusados se les explicó que la medida se había levantado por

---

[2]   El 21 de marzo de 2019, la Sala Penal del Tribunal Superior de Barranquilla amparó los derechos al debido proceso, igualdad y defensa de los accionantes y ordenó a la Fiscalía Segunda de la Unidad de Lavado de Activos de Bogotá que procediera a formular la imputación en el Centro de Servicios de los Juzgados del Sistema Penal Acusatorio de Barranquilla.

[3]   Comunicado Fiscalía General de la Nación del 9 de marzo de 2016. "A Vergara Otero el representante del ente acusador le imputó cargos por concierto para delinquir, concusión, constreñimiento ilegal, cohecho por dar u ofrecer, prevaricato por acción agravado, tráfico de influencias y falsedad en documento público". Vergara Otero fue duramente criticado en septiembre de 2019 por las víctimas de las libranzas de la empresa Elite, luego de que el juez le concedió la libertad a la única detenida por la estafa.

haberse demostrado que ellos no representaban un peligro para la sociedad. El fiscal del caso contra los Saab, Rafael Francisco Rojas Orcasitas, se opuso a la decisión, pero el juez envió a los acusados a sus casas acogiéndose a los argumentos de los abogados defensores.

El traslado a Barranquilla del expediente contra Saab y su combo fue un gran alivio para el empresario y el resto de los imputados. El 8 de mayo de 2019 la defensa se anotó una nueva victoria en la audiencia de imputación de cargos contra Saab, su exesposa, sus hermanos Luis y Amir Luis y el revisor fiscal y gerente de algunas de las compañías investigadas, Julio César Ruiz Maestre. Saab afrontaba los delitos de lavado de activos, concierto para delinquir, enriquecimiento ilícito de particulares, exportaciones e importación ficticia y estafa agravada. En una decisión que pasó desapercibida para los medios, el juez Néstor Segundo Primera Ramírez canceló las órdenes de captura contra todos los acusados argumentando que "ya cumplieron su fin el cual se llevó a cabo en esta diligencia".[4] Ninguno de los imputados se había presentado ante las autoridades, pero sus abogados expresaron en la audiencia que no aceptaban los cargos. Con la decisión del juez Primera Ramírez, Saab hubiera podido llegar al día siguiente a Barranquilla y dormir en su mansión sin ningún inconveniente. De acuerdo con un abogado penalista que consulté, al momento de la audiencia Saab era un prófugo. Esa habría sido una razón suficiente para declararlo a él y a los demás en contumacia y mantener las órdenes de captura.

De acuerdo con un funcionario que estuvo en la diligencia, el argumento del juez se basaba en que si los abogados de los acusados estaban presentes y habían radicado memoriales demostrando su

---

⁴ Acta de audiencia preliminar, lavado de activos y otros, Juzgado Segundo Penal Municipal con Función de Control de Garantías de Barranquilla, 8 de mayo de 2019. Los delitos que se le imputaron a Saab son: "concurso homogéneo y sucesivo de lavado de activo producto de los delitos subyacentes de concierto para delinquir y enriquecimiento ilícito de particulares. Se desarrolló en calidad de coautor y en concurso heterogéneo con la conducta punible de exportación o importación ficticia en concurso heterogéneo de la conducta de estafa agravada".

interés y preocupación, se suponía que había una voluntad de responder a la justicia. La Fiscalía le recordó el escándalo de Pinto como antecedente de que los acusados se habían fugado por una filtración, pero el juez se mantuvo firme en su decisión.

A los siete meses de obtener la libertad, el exrevisor fiscal Robinson Ruiz murió en Barranquilla. Su muerte causó suspicacias entre fiscales y abogados que seguían el caso, pero no pasó de conjeturas. "A esta gente le salió chévere porque le van a echar toda la culpa a él y como está muerto no puede hacer nada", comentó una persona que conoció a Ruiz y quien le hizo esa misma reflexión a su viuda. Ella le respondió que prefería dejárselo todo a "la ley divina".

Muerto Ruiz, los únicos imputados que quedaron fueron Saab y Mendoza, el contador. En otras actuaciones la justicia precluyó la acción contra los demás acusados por cuanto no tuvieron intervención en los hechos, según la versión de un abogado familiarizado con el caso. Mendoza ha comentado con familiares y amigos la gran injusticia de haber sido acusado de delitos que ocurrieron después de su salida de la empresa en abril 2006. Allí trabajó un año y medio y no todo el tiempo como contador, pues en una temporada lo trasladaron a jefe de personal. Ganaba 500 mil pesos. "¿Dónde está mi enriquecimiento ilícito si ni casa tengo?", le preguntó Mendoza al fiscal del caso. "Yo vivo en una casa de mi mamá". Mendoza, de 49 años, fue arrestado a pocos metros de la casa materna en el municipio de Galapa, Atlántico, cuando se dirigía a pie a dictar clases al Colegio Antonio Nariño, donde es profesor de primaria.

Han pasado seis años desde que la investigación de la Fiscalía comenzó. Saab logró escapar, su exesposa y sus hermanos fueron sobreseídos y el único de los acusados que está dando la cara es Mendoza. Frente al tablero de estos movimientos, traslados, fallos y aplazamientos estaba la mano del abogado Abelardo de la Espriella.

CAPÍTULO 29

De la chiva al Challenger

Un video musical lo muestra montado en una chiva mientras marca con sus palmas el compás de un vallenato mal rimado. La canción "Tengo un dolor" es interpretada por el conocido compositor de Valledupar, Iván Villazón.

"Yo tengo un dolor
No sé a onde me duele
Yo creo que eso es el corazón
Y es por las benditas mujeres".

Entre una copla y otra, Villazón lanza el consabido saludo vallenato para el joven risueño de baja estatura que va bailando a su espalda en la chiva: "¡Papuuuucho De la Espriella!". Papucho le dicen en el Caribe a los niños mimados. Así le decían sus amigos a Abelardo de la Espriella Otero. En el año 2000 que se tomó ese video, el joven trabajaba como coordinador musical de Villazón. "Realmente era el que le llevaba la mochila y los cigarrillos", según un amigo de esa época y enemigo de hoy, Arcadio Martínez Pumarejo.[1]

Pasaron casi veinte años y en otro video miles de colombianos vieron al mismo personaje cantando a *capella* O'Sole Mio a bordo de un avión ejecutivo Challenger de siete mil dólares la hora. Esta

---

[1]   Entrevista telefónica realizada el 6 de diciembre de 2020.

vez Papucho era la estrella. *Che bella cosa na jurnata 'e sole N'aria serena doppo na tempesta*, le canta con una voz de barítono *wannabe* a su esposa Ana Lucía Pineda Aruachán, la única pasajera. El video colgado en sus redes sociales muestra a la pareja brindando con vino blanco, quizás champaña. De la Espriella lleva un reloj Pateck Philepe de 80 mil dólares. Si ese día aterrizó en Colombia, lo más seguro es que lo esperaban en el aeropuerto dos o tres camionetas blindadas con media docena de escoltas, algunos de ellos pagados por los colombianos.

De la chiva al Challenger, estos pasajes en los extremos de la vida de Abelardo de la Espriella permiten calcular la velocidad de ascenso de uno de los abogados más cuestionados en Colombia en los últimos años. Es una carrera meteórica en la que el penalista de la Universidad Sergio Arboleda ha dejado una larga estela de escándalos de presunta corrupción que atribuye principalmente a la envidia. "Es el sentimiento más popular en estas tierras", escribió en una de sus columnas antes de citar al campeón del ciclismo Cochise Rodríguez diciendo que en Colombia se muere más la gente de envidia que de cáncer.

Con el desdén y la flojera de la justicia colombiana a su favor, hay que decir que Saab gozó de libertad hasta junio de 2020 en gran parte gracias a las maniobras leguleyas y las marrullerías potencialmente delincuenciales de De la Espriella. A cambio de honorarios de por lo menos un millón de dólares anuales, el abogado encimaba a su contrato intrigas políticas a nivel presidencial y ministerial y marketing mediático. Estas gestiones mantuvieron a Saab y a su familia lejos de las cárceles. La intervención del abogado no solo funcionó en Colombia. Durante por lo menos dos años (2016-2018) se las ingenió para mantener relativamente tranquilos a agentes del FBI y la DEA de Estados Unidos con la ayuda de su amigo, el abogado cubanoamericano Rick Díaz. Al final la relación con los gringos no cuajó. Los agentes se cansaron de esperar la información prometida y Saab pasó de sapo a *"target"*.

En síntesis, y en orden cronológico, De la Espriella logró:

- Trasladar de Bogotá a Barranquilla el caso contra su cliente, familia y empleados. En Barranquilla jugaba de local y se le facilitaba el manejo de los jueces. De hecho, logró que uno de los jueces de garantía, acusado de cohecho y otros delitos, concediera la libertad domiciliaria a un exrevisor fiscal que sabía los secretos del conglomerado empresarial de Saab.
- Frustrar la detención de Saab y otros miembros de su familia sonsacándole información a un patrullero de la policía durante veinte días a cambio de un celular. El policía recibió un iPhone de manos de una abogada de la firma de De la Espriella. El celular fue catalogado como soborno por un juez, que se negó a investigar a la abogada que lo entregó. El fiscal tampoco compulsó copias.
- Revocar las imputaciones contra Saab, su exesposa, el hermano y el revisor fiscal Julio César Ruiz Maestre, luego de que el caso fue asumido por un juzgado de Barranquilla.
- La renuncia de Miguel Ángel del Río, el abogado que representaba a la exesposa de Saab, Cynthia Certain, en momentos en que este planeaba un acuerdo de su cliente con la Fiscalía para presentarla como una víctima de su esposo.
- La renuncia del exdirector de la Policía Fiscal y Aduanera (Polfa), el general Juan Carlos Buitrago, enlace del gobierno de Estados Unidos para la investigación de las operaciones nacionales e internacionales de Saab. Aunque negó que tuvo algo que ver con la salida de Buitrago, la celebró.

Prodigio y matagatos

Abelardo Gabriel de la Espriella Otero, nacido en Bogotá el 30 de julio de 1978, es hijo de Abelardo de la Espriella Juris, un exmagistrado de Montería que militaba en el Nuevo Liberalismo y terminó de amigo, partidario y admirador de Álvaro Uribe Vélez. Siendo presidente Uribe, le adjudicó una notaría en Cartagena. En agradecimiento, el exmagistrado le regaló una burra fina que Uribe devolvió. La madre de Abelardo, María Eugenia Otero, es también abogada. Abelardo vivió su infancia en Montería. Él dice que con solo cuatro años de edad se sabía de memoria los discursos de Luis Carlos Galán, el jefe del Nuevo Liberalismo. Cuando estaba la familia reunida lo subían a un taburete y recitaba algún fragmento de las intervenciones del líder asesinado, según se lo contó a su biógrafo, el publicista argentino Ángel Becassino.[2] El libro saluda al lector con un epígrafe del politólogo estadounidense Elmer Eric Shcttschneider que podría ser muy útil para entender las motivaciones del abogado en sus incesantes intervenciones públicas: "Aquel que determina en qué consiste la realidad dominará sobre los demás. Le elección de los conflictos proporcional el poder".

En un largo recorrido presencial por los espacios de su niñez y juventud, Barranquilla y Bogotá pasando, por Montería y Cereté, el pueblo cordobés donde lo crio la abuela mientras sus padres vivían en Europa, De la Espriella relató a Becassino historias que tienen en común la extraordinaria precocidad del personaje como explicación definitiva de su éxito. De la Espriella triunfó antes de tiempo en todo, según él. A los cinco años se leyó en cuatro días *El señor de los anillos*, tres tomos de 1.368 páginas; a los diez manejaba dos kioscos de comida rápida y licor en un lote desocupado del barrio La Castellana de Montería, donde vivía su familia. Dice que le quedaban libres 100 mil pesos a la semana. Si suponemos que el exitoso negocio de barrio funcionó en 1988, los ingresos del niño al mes serían el equivalente a casi cuatro millones de pesos de hoy. "Me la pasaba todo el día viendo la manera de hacer plata. En esa época, tenía diez, once años, a mí me quedaban libres, semanales, más de cien mil pesos. Y con eso, hace veinte años, yo era el dueño del barrio", explicó. Casi al

---

[2] *Abelardo de la Espriella: la pasión del defensor*, Ángel Becassino, Ediciones B, 2012.

mismo tiempo ganaba con cuatro amigos unos 75.000 pesos mensuales en publicidad por el programa de variedades de La Voz de Montería que él presentaba, agrega el biógrafo.

Al poco tiempo fue contratado para un programa similar en Telecaribe con sus compañeritos de radio. "Éramos considerados unas estrellas, nos tenían carro y chofer, nos sacaban por todas partes, dábamos autógrafos y nos llamaban para ser jurado de todo tipo. Yo era jurado de los reinados, me conocía todo el mundo". Por esa época, y esto no es parte de su biografía oficial, una de sus diversiones era matar gatos con voladores de pólvora. Así lo describió en tono jactancioso en el programa de entrevistas de la televisión antioqueña The Suso's Show. El entrevistador Dany Alejandro Hoyos se quedó sin palabras luego de que el abogado relató que uno de sus pasatiempos consistía en atarle los cohetes a los gatos callejeros para verlos volar y después morir destrozados por la explosión. "Agarraba un gato, le poníamos cinco voladores y yo quería que el gato volara, no se levantaba sino a esta altura [hace un gesto que deja unos 30 centímetros entre su mano y el piso] pero tú sabes lo que pasaba cuando explotaba", explicó sonriente De la Espriella.

Cuando estudiaba derecho en la Universidad Sergio Arboleda de Bogotá, repartía su tiempo libre trabajando como asistente del vicerrector y vendiendo *whisky* con unos amigos de La Guajira, perfumes y ropa que traía de Panamá. No habló de pago de impuestos. Iba a Nueva York o a Miami dos veces al mes a vender esmeraldas que le entregaba en consignación un amigo esmeraldero de la universidad. No habló de permisos. Con la utilidad compraba relojes. "Así que en cada viajecito me quedaban dos o tres mil dólares, luego de pagar los gastos al más alto nivel. Tenía 19 años y en Nueva York me quedaba en el Waldorf Astoria tomando champaña y comiendo ensalada de langosta, la misma que pedía Liz Taylor cuando se hospedaba allí". Antes de tener sus primeros clientes como abogado, pasaba el sombrero organizando espectáculos para empresas. Llevó al mago Lorgia a las instalaciones de Cerromatoso, la gigantesca productora de ferroníquel en Montelíbano y a la cantante de porros sabaneros Aglaé Caraballo.

De acuerdo con una fuente que lo conoció desde sus inicios, el joven abogado entró al reino de las autodefensas de la mano de Hernán Gómez, un enigmático personaje muy cercano al clan de los Castaño, cabecillas de la organización designada como terrorista por el Departamento de Estado en septiembre de 2001. Antropólogo monteriano, más conocido como Hernancito para distinguirlo de su padre homónimo, un prestante médico de la ciudad, Gómez se convirtió en el ideólogo y maestro de modales, cultura general, historia y geopolítica de Carlos Castaño, el jefe de las Autodefensas Unidas de Colombia (AUC). Conocí a Gómez a principio de los años ochenta cuando pasaba vacaciones de bachiller en Montería. En atardeceres del golfo de Morrosquillo bajo kioscos de paja frente al mar, escuché de su repertorio las mejores leyendas de corronchos campesinos cordobeses. Yo ignoraba que en los contornos paradisiacos de la zona estaban surgiendo los primeros brotes del feudalismo armado. Desde entonces decían que muchas de las historias que hicieron famoso al escritor costumbrista de la región, David Sánchez Juliao, salían de los divertidísimos cuentos de su amigo Hernancito.

Todo esperaba, menos que un tipo con inclinaciones humanistas de izquierda terminara alfabetizando a uno de los mayores asesinos de la historia de Colombia. El Sibarita, le decía Carlos Castaño, según la biografía de Mauricio Aranguren Molina. "Hernán es un sibarita, el hombre más buena vida que he conocido. A pesar de estar desilusionado con él, no puedo desconocer que le debo gran parte de mi formación intelectual, aunque no fue fácil obtenerla", le dijo Castaño a su biógrafo.[3]

Pues bien, de acuerdo con la fuente, De la Espriella asesoró a la esposa de Gómez a raíz de un litigio que involucraba a Urapalma S.A.,

---

[3]   *Mi confesión, Carlos Castaño revela sus secretos*, Mauricio Aranguren Molina, Editorial Oveja Negra, pág. 193.

una empresa de palma africana que se convirtió en sinónimo de desplazamientos forzados en el Urabá antioqueño y Chocó.[4] Agrega la fuente que Gómez "presentó a las autodefensas a Hello Kitty", otro de los apodos de De la Espriella que surgió del decorado de su cuarto en Montería cuando era pelado. Lo presentó "como la panacea, les dice a los paras que él tiene el acceso a Sabas Pretelt, el ministro de Justicia […] Ahí fue cuando él empezó a coger fortuna".

Habla el Tuso

En 2002, los paramilitares buscaban un acuerdo de desmovilización con el gobierno del presidente Álvaro Uribe Vélez en el proceso conocido como Justicia y Paz. Una de sus metas consistía en modificar el estatuto marco del acuerdo para que no se les acusara del delito de concierto para delinquir sino por el de sedición, con lo cual obtendrían condenas más bajas. Hernán Gómez, el tutor de Castaño, consiguió que los paramilitares contrataran a De la Espriella con muy buenos honorarios para sacar adelante sus pretensiones jurídicas, indicó la fuente. El problema es que además de los honorarios, el abogado empezó a pedir donativos para otro tipo de cosas, según lo declaró a la Fiscalía el exlíder paramilitar y narcotraficante Juan Carlos Sierra, alias el Tuso. En junio de 2010, desde la prisión de Quantico, Estados Unidos, Sierra aseguró que De la Espriella pidió a los líderes de las AUC 4.000 millones de pesos para "arreglar" a la Corte Constitucional a fin de que fallara en favor de un caso que garantizaba que los paras serían procesados por sedición.[5]

---

[4]   Uno de los socios de Urapalma, Antonio Nel Zúñiga Caballero, fue condenado a diez años de prisión en junio de 2017 por los delitos de concierto para delinquir agravado, desplazamiento forzado e invasión de áreas de importancia ecológica, según comunicado de la Fiscalía General de la Nación del 8 de junio de 2017.

[5]   Sierra se refiere a una tutela, pero los archivos judiciales muestran que fue un recurso de apelación presentado por los abogados de Orlando César Caballero Montalvo, arrestado en noviembre de 2004 en el municipio de Mutatá, Antioquia. Caballero se acogió a Justicia y Paz dos años después argumentando que

"Es que Abelardo es un bandido", afirmó Sierra en su declaración. "Yo le cuento esta: nosotros en Itagüí, y de esto le puede hablar Mancuso si miento, resulta que hubo una tutela que puso un hombre del bloque, Elmer Cárdenas, del grupo del Alemán porque para la sedición, este hombre [De la Espriella] nos pidió cuatro mil millones de pesos que porque ya tenía eso cuadrado en la Corte Constitucional, cuatro mil millones que valía la tocada de los magistrados, verdad o mentira no tengo ni idea".[6] El Tuso aseguró que como encargado de manejar la contabilidad de los movilizados hizo cuentas de la cuota que le correspondía a cada uno y anotó las cifras en un tablero de su celda. En la misma declaración agregó que había entregado información específica sobre estos pagos a las autoridades de Estados Unidos. "Esa prueba escrita, la contabilidad de eso, yo la aporté aquí en los EE.UU., aquí la tienen", precisó. Al final, explicó, los 4.000 millones no fueron entregados porque alias el Alemán, "se dio cuenta de que eso no era cierto como todo lo que hacía Abelardo". También dijo que le pagó a De la Espriella para no ser excluido del proceso de Justicia y Paz por sus actividades en el narcotráfico. "Él [Abelardo de la Espriella] me pidió un millón de dólares, porque me decía que la mitad era para Sabas. Verdad o mentiras tendrá la verdad Abelardo, pero es que Abelardo es un bandido". En el primer caso alcanzaron a recaudar una parte del dinero, y a él le correspondieron 200 millones y a Salvatore Mancuso 300 millones, "pero se dieron cuenta de que lo que decía Abelardo no era cierto y no se le pagó".[7]

había militado en el bloque Elmer Cárdenas de las AUC. Los abogados buscaban con este caso que las actividades paramilitares fueran incluidas en el tipo penal de sedición. La Corte Suprema de Justicia denegó la petición el 11 de julio de 2007 aduciendo que los delitos cometidos por personas vinculadas a grupos paramilitares "bajo ningún pretexto alcanzan a ser considerados como autores del punible de sedición, por cuanto tales comportamientos no pueden ser asimilados al concepto de delito político".

[6]   Noticias Uno, informe de Ignacio Gómez, 8 de marzo de 2015.

[7]   "Fiscalía indaga a 41 salpicados por el Tuso", *El Tiempo*, 20 de marzo de 2011.

Como parte de un caso diferente, la Sala Penal de la Corte Suprema de Justicia conoció las declaraciones de Sierra y solicitó a la Fiscalía que investigara a De la Espriella. RCN radio informó que, según la solicitud de la corte, el abogado habría recibido "una gran cantidad de dinero de manos de Sierra a cambio de gestionar su vinculación al proceso de Justicia y Paz, haciéndolo pasar como jefe paramilitar y no como un narcotraficante".[8]

La misma publicación reportó que la Fiscalía respondió que ha investigado esos mismos hechos en tres ocasiones "y en todas ha sido desestimado de una responsabilidad penal". En este caso, agregó, "el supuesto delator de esa conducta no demostró la manera como se diluyó su caudal patrimonial lícito en un acto de ilicitud de quien sindica, excepción de citas testimoniales que fueron desvirtuadas bajo juramento".

En una nota del periodista Ignacio Gómez de Noticias Uno, De la Espriella respondió sobre uno de los pagos: "Lo de los cuatro mil millones supongamos que es cierto, que yo le cobré en su momento cuando había una discusión jurídica importante le cobré 4 mil millones de dólares (sic) a los paramilitares. Si eso fuera cierto, ¿cuál es el problema?".[9]

En público y en estrados judiciales, De la Espriella se ha defendido afirmando que Sierra se retractó de lo dicho aunque hasta ahora no ha mostrado ninguna prueba formal del desmentido. En mayo de 2020, el abogado colgó en su cuenta de Twitter un fragmento de un video[10] en el que Sierra explica, con menos firmeza de la que exhibió en sus denuncias originales, que De la Espriella solo le pidió honorarios. "Todo dentro del marco jurídico como abogado que me ayudaba. Yo del abogado De la Espriella dije dos cosas puntuales, que me cobró

---

[8]   Archivan investigación a Abelardo de la Espriella por supuesto favorecimiento al Tuso Sierra, Judicial, RCN Radio, febrero primero de 2019.

[9]   Noticias Uno, 8 de marzo de 2015.

[10]   Trino de De la Espriella Lawyers del 20 de mayo de 2020.

unos honorarios […] porque no conozco al primer abogado que te trabaje al gratín (gratuitamente)". Pasaron diez años para desdecirse. Sierra no explicó por qué lo hacía después de tanto tiempo. Le pedí a su abogado en Estados Unidos, Manuel J. Retureta, que me explicara si Sierra notificó de su retractación a las autoridades de Estados Unidos, lo que se supone que debería haber hecho por lo que ya las había enterado de los cobros de De la Espriella. También le pregunté si su cliente había presentado alguna denuncia al gobierno federal por las presiones de las que dice haber sido víctima para acusar a De la Espriella. Retureta no respondió.

La afinidad de De la Espriella con el paramilitarismo también era ideológica. El abogado defendió en la revista *Semana* el papel que jugó en la historia de Colombia el jefe del paramilitarismo y amigo suyo Salvatore Mancuso, quien admitió su participación en por lo menos 300 asesinatos, incluido el de una niña. "Mancuso es mi paisano y se echó a espaldas una lucha que debimos haber dado todos los cordobeses", le dijo al periodista Gustavo Gómez. "En el lugar de él, yo habría hecho lo mismo: me han querido señalar como 'paraco', pero, como dice Uribe, si me hubieran querido matar y extorsionar, habría sido 'paraco' de verdad, con uniforme y con fusil".[11] Años después matizó diciendo que lo que quería explicar es que la reacción inicial del paramilitarismo era comprensible, pero que con el paso del tiempo se volvió en flagelo causado por "personas que cometieron muchas atrocidades".[12]

Con ese impulso de los paras y el que le dio luego su íntimo amigo, el fiscal Mario Iguarán, De la Espriella saltó a la fama y se convirtió en uno de los abogados más costosos del país.

[11] "Mancuso dio una lucha que hemos debido dar todos los cordobeses", entrevista con Gustavo Gómez. Revista *Semana*, 26 de octubre de 2008.
[12] *La pasión del defensor*, op.cit., pág.154.

"Cuerpo de modelo"

De la Espriella se viste bajo la consigna de que la elegancia "es la estricta cercanía entre la estética y la función". Casi siempre lleva un sombrero Panamá y un par de zapatos distinto cada día. "De los abogados colombianos es quizás el mejor vestido. Sus trajes finos son casi un escándalo en la sordidez de los juzgados y las cárceles, tanto como lo son los detalles, el pañuelo, el perfume", escribió Becassino. Usa una loción suave por la mañana, una más fuerte para la tarde y un perfume más "dominante" para la noche. Puede ser un Dolce y Gabanna, explica De la Espriella, que cuando te lo pones, "las féminas te dicen, hmmmm, coño cómo hueles de rico, porque ahí huelen el peligro".

Viaja a Italia cada año a surtir el armario con sus trajes predilectos de Ermenegildo. Le gustan porque se ajustan perfectamente. "Como tengo un cuerpo de modelo de tallaje, nunca tengo problemas con las medidas. Es como si hicieran ese traje para mí", afirma. Ateo y anticlerical, De la Espriella dice que le "fascinan" las armas porque igualaron la fuerza entre los hombres como el Viagra emparejó la edad. "Y hay unos revólveres divinos, el 357 Magnum o un Colt 44 de 1890", le dijo a su biógrafo.

Al menos tres personas a quienes entrevisté coinciden en que De la Espriella tiene un carácter irritable. Cuando se sale de casillas lanza cualquier cosa que tenga a la mano y es muy común que use la misma diatriba para intimidar a quien se convierta en su enemigo. "Que hasta el último día de su vida lo va a perseguir hasta acabarlo, que tiene el poder y el dinero para hacerlo, que cuando tenía veinte años ya tenía millones de dólares, y que en su vida ha hecho lo que le ha dado la gana", me dijo una persona que trabajó en su oficina.

A pesar de estar en esquinas políticas opuestas, De la Espriella ha mantenido una buena relación con Piedad Córdoba e incluso ha dicho que estaría dispuesto a defenderla como abogado. "Aquí en

Colombia me encantaría defender a Piedad Córdoba", le dijo De la Espriella a Becassino. "Sería genial defenderla porque me parece más valiente que muchos hombres que conozco [...] Piedad Córdoba es una mujer verraca, estamos en orillas absolutamente opuestas, pero ella es una mujer inteligente, aguerrida, que pelea por lo que cree y por eso la admiro profundamente". En la entrevista que me dio, Córdoba no parece pensar lo mismo del abogado.

Nada de lo que hizo en su juventud fue ilícito, le advirtió De la Espriella a su biógrafo. "Nunca se me dio por hacer nada ilegal o chueco, solo trabajar duro, serio, consciente de que la plata está hecha y hay que buscarla". No hay unanimidad en si esa aseveración pudiera aplicarse a su vida profesional. El abogado ha publicitado en prensa, radio y televisión su defensa de narcotraficantes, políticos paramilitares, delincuentes de cuello blanco, expresidentes, celebridades y prostitutas. También ha promovido su defensa de gente humilde. Pero hay historias inconclusas, algunas olvidadas y otras en la impunidad, que agrandan las zonas sombrías de su actuación. Una de esas historias es la relación con su mejor cliente en los últimos años: Alex Saab Morán.

"Sobremirando"

De la Espriella empezó a figurar como abogado de Saab en Colombia desde 2013. En octubre de ese año le envió una carta a Armando Neira, editor de revista *Semana*, preocupado por la publicación de un artículo firmado por la exdirectora de la Administración de Impuestos, Fanny Kertzman y el bloguero Alek Boyd, bajo el título "¿Quién es el misterioso e influyente señor Saab?". La columna como tal fue borrada de internet. Solo quedan una transcripción en Facebook y las referencias que ha hecho Boyd. De acuerdo con el bloguero, el artículo fue eliminado por las presiones de De la Espriella. En esa época el abogado solía ofrecer en la página de su bufete servicios de "limpieza" de publicaciones negativas en internet. "Todos tenemos derecho al olvido", decía el lema de su firma Clean Ups. "Por el respeto al buen nombre limpiamos tu reputación en Internet".

A mediados de 2016 también respondió por su cliente al declarar a la agencia Reuters que Saab no tenía ninguna participación en la misteriosa empresa suiza Trenaco, que se había ganado de la noche a la mañana, sin tener ninguna experiencia, un contrato de explotación petrolera en Venezuela de 4.500 millones de dólares. La operación fue reversada. En ese artículo, los reporteros de Reuters Alexandra Ulmer y Girish Gupta, soltaron un dato inédito en medio de su primicia: la DEA, decían, "ha estado investigando compañías de propiedad de Saab y de [Álvaro] Pulido bajo la sospecha de lavar dinero de operación de tráfico de drogas ilegales, en su mayoría cocaína de acuerdo con autoridades del cumplimiento de la ley de Estados Unidos".[13] La nota decía que no era claro el estado de la investigación y que sería posible que no se formularan cargos. Saab no respondió a este punto, indicaron los reporteros.

Por esos días de la publicación de Reuters, logré la entrevista con Pulido. Queríamos publicar un perfil de ambos empresarios contando de dónde salieron y cómo llegaron a las cimas del poder en Venezuela. Envié en julio la primera solicitud al abogado de Saab en Estados Unidos, Richard Díaz, el penalista cubanoamericano de Miami que ha defendido a varios narcotraficantes de Colombia. Díaz prometía colaborarme generosamente, pero continuaba dilatando las respuestas. "Créeme q te puedo ampliar MUCHO el tema", me escribió. El especial que prepara cada año Univisión Investiga distrajo mi insistencia, pero en noviembre le reclamé a Díaz por la demora en responder. Una de las preguntas indagaba si Saab tenía visado de Estados Unidos. Díaz respondió: "Lo cierto es q el Sr Saab no tiene ninguna acusación en los Estados Unidos. En el momento

---

[13] Reporte Especial "PDVSA y Trenaco: el acuerdo que fue demasiado lejos en Venezuela", Alexandra Ulmer y Girish Gupta, Reuters, 26 de julio de 2016.

q él quiera y pueda viajar a los Estados Unidos, haremos el trámite normal para su visa. Y estoy confiado q podremos almorzar en Miami los 3 juntos".

Pasaron semanas mientras esperaba el prometido almuerzo. Compartimos información en la reunión anual de periodistas investigadores de América Latina (Colpin) en Panamá con Ewald Scharfenberg, director de Armando.info y Mónica Almeida de *El Comercio* de Ecuador, expertos en el tema. Mi principal interés se concentraba en explorar cómo Saab se había asociado con un personaje como Álvaro Pulido, condenado por narcotráfico y de usar un nombre falso para ocultar su pasado. También quería aclarar con qué objeto Saab había creado varias empresas de papel en la firma panameña Mossack Fonseca, el centro del escándalo de los Panama Papers. Por esos días me enteré de que Saab se había reunido con agentes de la DEA en Bogotá en presencia de Díaz y De la Espriella. ¿Si Saab no tenía en ese momento ninguna acusación pendiente, por qué quería hablar con el gobierno de Estados Unidos? ¿Quizás solamente estaba poniéndose a disposición para aclarar las dudas sobre sus actividades? Mis fuentes coincidieron en que desde ese momento Saab estaba contemplando la posibilidad de colaborar con la DEA y el FBI en el tema de Venezuela, como lo expliqué en un capítulo anterior. Díaz me informó que Saab no lo había contratado para ningún caso en especial sino para resolver su problema reputacional. "Precisamente por esta experiencia es que el Sr Saab me ha nombrado a mí y a Abelardo como sus asesores personales y estamos sobremirando sus negocios de cerca. Nuestra responsabilidad y compromiso es monitorear todos sus negocios actuales y prospectivos para en ese due diligencia, no caiga, inocentemente bajo una nube de sospecha indebida o por una acusación falsa de un competidor comercial y/o una persona envidiosa", escribió Díaz.

A pocos días del anuncio de la acusación y las sanciones del Departamento del Tesoro contra Saab y Pulido, De la Espriella publicó en Colombia un comunicado de prensa en respaldo de Saab en el que reivindicaba "sus derechos universales a la presunción de inocencia y al debido proceso los cuales le asisten a él y a todos los seres humanos". En diferentes oraciones dejó en claro que la evaluación de los casos que atendía era apolítica y expresamente advirtió que "ante los estrados los juristas defienden causa, no ideologías políticas".[14] Aunque el comunicado fue escrito por él, puso a firmar a su escudero, el abogado Daniel Peñaredonda. La advertencia de la valoración apolítica de sus clientes respondía a una ola de críticas por haber pedido la muerte de Maduro mientras defendía a un testaferro del dictador a quien quería ver muerto.

La historia de esa contradicción comenzó en julio de 2017 cuando, bajo el título "Muerte al tirano", De la Espriella publicó una columna en *El Heraldo* de Barranquilla en la que afirmó que "Los venezolanos de bien y la comunidad internacional en pleno deben entender que la muerte de Nicolás Maduro se hace necesaria para garantizar la supervivencia de la República. No se trataría de un asesinato común, sino de un acto patriótico que está amparado por la constitución venezolana y que resulta, por demás, moralmente irreprochable".[15] En los días siguientes el abogado tuvo que responder por la evidente contradicción de su postura. Rafael Manzano, corresponsal de La W en España, le pidió al aire una explicación. De la Espriella respondió con su discurso enfadado y terminó expresando su decepción con el periodista a quien según dijo tenía en un pedestal.

Muy afectado por las críticas, De la Espriella publicó en 2018 un libro con el mismo título de la columna en el que justifica el tiranicidio de Calígula, de Anastasio Somoza y una vez más el de Maduro.[16] En ese contexto, al explicar el panorama desolador de Venezuela denunció que "Maduro, su familia, su círculo cercano y los

---

[14] De la Espriella Lawyers Enterprise, comunicado a la opinión pública, sin fecha, firmado por Daniel Peñaredonda, subdirector.

[15] "Muerte al tirano" por Abelardo de la Espriella, *El Heraldo*, 9 de julio de 2017.

[16] *Muerte al tirano*, Abelardo de la Espriella, Editorial Oveja Negra, 2018.

comandantes militares, han saqueado el tesoro de Venezuela, se han adueñado de los bienes arrebatados a empresarios, agricultores, campesinos y están en la mira de autoridades internacionales por vínculo con el tráfico de narcóticos". La descripción de De la Espriella coincidía con las actividades de saqueo que se le atribuían a su cliente.

Piedad Córdoba me comentó que al leer la columna de De la Espriella visitó a Saab y le hizo el reclamo. "Cuando leí eso casi me caigo. Yo le dije, mire este tipo no puede ser abogado suyo y decir estas cosas de Nicolás cuando usted está aquí ganando plata por cuenta de ellos. Yo se lo dije de frente. Me respondió que no, que él era su abogado de él en Bogotá y punto. Yo le dije pues te quiero decir que ese tipo [De la Espriella] goza de pésima imagen y la gente decente en el país no lo quiere".

"Lavador de inodoros"

Cuando De la Espriella pensaba que el terremoto había pasado, su admirado amigo Jaime Bayly lo crucificó en la televisión de Miami. Durante tres días seguidos, el periodista peruano dedicó un segmento de su popular programa en Mega TV para desfogar su indignación con el abogado. Una y otra vez, Bayly se preguntaba cómo era posible que hubiera asumido la defensa de un empresario "pícaro", "truhan", "bandido", que amasó una "vasta y hedionda" fortuna a la sombra de Maduro. En el primer programa, Bayly reseñó algunas de mis respuestas a la periodista María Jimena Duzán acerca del doble discurso del abogado y la cercanía de Saab con la exsenadora Piedad Córdoba.

Al día siguiente, Bayly formuló tres preguntas abiertas a De la Espriella, basado en una publicación reciente de Univisión relacionada con los vínculos del abogado con Saab. En el siguiente programa el cáustico presentador soltó los caballos. Dijo que le había dolido profundamente enterarse de que "un brillante colombiano abogado De la Espriella, que ha venido aquí al programa, lo he entrevistado, es o era uribista, defensor del presidente Álvaro Uribe, es ahora el abogado de este truhan, de este bandido Alex Saab". Con esa introducción lo que venía no pintaba muy bien, aunque recordé su elogiosa y cordial entrevista a De la Espriella un año antes y pensé que la frase siguiente podría ser una palmadita de señorío limeño. Me equivoqué.

"Lo que me recuerda la frase cínica, pero lúcida, que me dijo hace años un amigo criminalista, un abogado criminalista de que nosotros los abogados criminalistas lavamos los inodoros de la gente rica, de la gente rica que se pelea", continuó Bayly. "Y la gente rica que se pelea, generalmente, no digo siempre, es gente que se porta mal [...] Entonces, los que lavan los inodoros son los abogados criminalistas como este señor De la Espriella, ahora lavador de inodoros de Saab. Vamos a la publicidad y regresamos".

CAPÍTULO 30

El profesor

En marzo de 2017 recibí un correo electrónico del profesor de la
Universidad de Miami, Bruce Bagley, a quien conozco desde hace
unos veinte años.[1] Quería hablar de Alex Saab. Me extrañó el mensaje porque no lograba conectar al profesor con el empresario.
A Bagley lo ubicaba en el mundo académico que estudia los narcos,
no en el de la boliburguesía. Lo tenía además como un crítico del
régimen venezolano. A mediados de 2016, Bagley le había declarado
a mi colega de Univisión, David Adams, que "la corrupción es ram-
pante en las esferas de poder en Venezuela" y que los sobrinos de la
primera dama, recién arrestados por narcotráfico, eran "solo la punta
del iceberg".[2]

Días antes, Univisión Investiga finalmente había publicado el
perfil de Saab y Álvaro Pulido bajo el título "El oscuro pasado de dos
millonarios contratistas del gobierno venezolano". La nota del 3 de
marzo de 2017 le cayó muy mal al abogado de Saab, Richard Díaz,
quien me reclamó por escrito que no teníamos pruebas para sustentar lo publicado y me advirtió que, de no hacer una corrección, Saab

---

[1]   Mensaje a mi correo personal el 10 de marzo de 2017: "Quisiera hablar
contigo este fin de semana o el lunes por la mañana sobre el tema de Alex Saab".

[2]   Narcotráfico: "rutina" en círculos del poder en Venezuela, David Adams,
Univisión, julio 15 de 2016.

nos demandaría por difamación. Con el respaldo de los abogados de Univisión me rehusé a quitarle una sola coma al artículo.

Bagley, de 73 años nació en California. Habla perfectamente español con acento bogotano del que se debió contagiar de su amigo, el exministro colombiano y politólogo Fernando Cepeda. Es difícil encontrar en el mundo académico de Estados Unidos alguien que sepa tanto como Bagley del narcotráfico en América Latina. A los reporteros que asistíamos a sus conferencias y lo entrevistábamos, nunca nos dejaron de impresionar sus detalladas exposiciones de las nuevas tendencias del negocio. En un tono cáustico, a veces irreverente y escéptico, sobre todo al analizar las políticas antinarcóticos, el profesor actualizaba a sus contertulios en las tornadizas jerarquías de los carteles. Se sabía de memoria los nombres de guerra de narcos y sicarios. Dominaba las rutas y mercados de los estupefacientes y en el caso de Colombia había estudiado profundamente –y condenado– el fenómeno del paramilitarismo. Y lo más importante, sabía qué estaba tramando Washington en la frustrante guerra sin fin contra las drogas. Él mismo se celebraba sus ironías con carcajadas. Conocí de cerca lo que pensaba del paramilitarismo en un proyecto de compilación de ensayos sobre el tema en el que participé por invitación suya y de la profesora colombiana Elvira María Restrepo. Los ensayos analizaban críticamente el proceso de desmovilización y la extradición intempestiva de los líderes de las Autodefensas en mayo de 2008 en medio de versiones de que el presidente Uribe no quería correr el riesgo de que revelaran sus andanzas con ellos. Fue publicado por la Universidad de los Andes de Bogotá, donde Bagley fue profesor. Su narrativa iba más allá de la historiografía de las drogas y sus ponencias contextualizaban las secuelas de violencia y corrupción que genera el flagelo en la región.

Bagley siempre fue un duro crítico de la política antinarcóticos de Estados Unidos. Decía que la guerra contra las drogas era un viejo fracaso con un pavoroso saldo. Y no tenía problemas en lanzar estos dardos frente a los soldados de primera línea de esa guerra, agentes de la DEA que lo escuchaban en conferencias o en las salas de audiencias judiciales donde lo invitaban a declarar. "El precio que Colombia ha pagado por su papel en la Guerra de las Drogas, ha sido alto en sangre y tesoro", escribió en el libro *Drug Trafficking, Organized Crime, and Violence in the Americas Today*[3] que editó con Jonathan D. Rosen. El texto es de lectura obligatoria para alumnos de estudios latinoamericanos de varias universidades de Estados Unidos.

En los últimos años, Bagley rendía testimonios especializados en cortes de Estados Unidos en favor de narcotraficantes convictos en proceso de deportación, pero que se habían acogido a una ley que suspende el trámite al demostrarse que corren un grave peligro de muerte si son enviados a su país. Con honorarios pagados por el narcotraficante, Bagley explicaba al juez del caso la siempre complicada situación de la seguridad en Colombia, subrayando las probabilidades de que el narco fuese asesinado a su regreso.

En su condición de testigo experto, y para sorpresa de quienes conocíamos su discurso anticorrupción, Bagley profirió una opinión en favor de Ricardo Martinelli, el expresidente panameño que no pasará a la historia por su transparencia. Martinelli enfrentaba un pedido de extradición de Panamá a raíz de una acusación por la utilización de sofisticados equipos de interceptación telefónica del gobierno para fines personales y políticos. Se le acusaba de grabar amantes, amigos y enemigos entre quienes se encontraban 150 opositores y una funcionaria de la Embajada de Estados Unidos. Martinelli había solicitado asilo político en Miami. Bagley declaró que en Panamá no existían garantías judiciales para el acusado.[4] El expresidente fue

---

[3]   University Press of Florida, 2015.

[4]   Bagley escribió que Martinelli sería objeto de venganza de la oposición por su cooperación con el gobierno de Estados Unidos en la guerra contra el narcotráfico. "Escribo en respaldo de la petición de asilo del expresidente Ricardo Martinelli en Estados Unidos. El presidente Martinelli cooperó en forma cercana con el gobierno de Estados Unidos, especialmente con el Departamento de Justicia y la DEA lo mismo que con la Guarda Costera de USA, en temas de

extraditado a Panamá donde fue exonerado por el sistema del que desconfiaba el profesor.

De manera que después de un largo tiempo de no saber de Bagley, el despeinado profesor me visitó en mi correo electrónico personal para interceder por Alex Saab, que ya arrastraba públicamente el bacalao del escándalo del Ecuador. Pensé que si Bagley estaba intercediendo por Saab, se había integrado a la brigada de asalto de De la Espriella en Miami. Al parecer, el profesor no tenía problemas con que su nuevo amigo colombiano hubiera sido el gran defensor del paramilitarismo que tanto condenó. Saab y De la Espriella tenían además en común la solidaridad con Martinelli.

Finalmente hablé con Bagley. Me explicó que conocía a Saab porque estaba ayudando a su hijo Shadi Naín a conseguir papeles en Estados Unidos. El profesor quería que yo escuchara a Saab. Le dije que llevaba más de medio año esperando que me diera una entrevista porque desde finales de 2016 había hecho la petición. Al mencionar a los abogados, el profesor me dijo que como Saab estaba frustrado con De la Espriella y Díaz, quería que me reuniera con él directamente en Barranquilla. El empresario cubriría todos mis costos. Empecé por decirle que de aceptar la entrevista, los gastos correrían por cuenta de Univisión, pero le advertí que debía consultar con los abogados de la cadena por lo que estaba de por medio la amenaza de Díaz de demandarnos. El riesgo de este tipo de entrevistas en medio de un litigio en ciernes es que todo lo que el reportero comente puede ser usado en su contra en una corte. Como lo dejé registrado en mis notas, el día de la llamada de Bagley quedé

narcotráfico durante su administración [...] Es mi opinión profesional que, si al señor Martinelli se le niega el asilo político en Estados Unidos forzado a regresar a Panamá es muy posible que él simplemente sea incapaz de eludir la persecución política en Panamá o recibir un proceso libre y justo en manos de las autoridades actuales de Panamá". Firmado con logotipo de University of Miami, el 21 de junio de 2017.

asombrado de que me hubiera preguntado, no sin cierta incomodidad, si tenía algún inconveniente en contarle quiénes habían sido las fuentes del reportaje de Saab. Era otro Bruce. No lo reconocía. Al final decliné la invitación de la entrevista con Saab por el riesgo legal que implicaba.

Cuatro meses después de publicado el artículo con los perfiles de Saab y Pulido, Saab nos demandó por difamación a Univisión y a mí en la corte del condado de Miami Dade. El abogado Richard Díaz, autor de la demanda bajo indicaciones de De la Espriella, consideraba calumnioso haber llamado "oscuro" el pasado de Saab y Pulido y afirmar que ambos empresarios dejaron "una estela de intrigas sobre sus posibles tratos con el narcotráfico". En medio de memoriales que iban y venían, quedaban siempre las preguntas de cómo solucionaría Saab el problema de presentarse en un tribunal de Miami si Estados Unidos le había retirado la visa. ¿Cómo explicaría su asociación con un narcotraficante convicto? ¿Qué diría de sus vínculos con el gobierno venezolano?

Un año antes de empezar el litigio, el consulado estadounidense en Bogotá envió una carta a Cynthia Certain, la exesposa de Saab, en la que les negaba la visa a ella y a sus hijos. El mensaje citaba un artículo de la Ley de Inmigración y Nacionalidad. Bajo el título de "Traficantes de Sustancia Controlada", el artículo dispone que el gobierno de Estados Unidos puede negar la visa si tiene razones para creer que "el cónyuge, hijo o hija de un extranjero, obtuvo un beneficio financiero o cualquier beneficio de la actividad ilegal de ese extranjero, y sabía o razonablemente debía saberlo que el beneficio financiero o cualquier beneficio era el producto de dicha actividad".[5]

Poco a poco, Díaz y De la Espriella abandonaron el caso contra Univisión, hasta que se rindieron. El desistimiento no fue resultado de un acuerdo extrajudicial entre las partes. Se produjo por iniciativa

---

[5]   Sección 212 (a)(2)(c) de la Ley de Inmigración y Nacionalidad.

de los demandantes luego de que el departamento legal de Univisión pidió que Saab diera su aprobación para que la DEA, el FBI y otras autoridades federales entregaran sus antecedentes.

El arresto de Bagley

No volví a saber del profesor Bagley hasta que lo vi en las noticias en noviembre de 2019. Había sido acusado en Nueva York de participar en una conspiración para lavar dineros producto de esquemas de corrupción y sobornos en Venezuela.[6] Particularmente, obras públicas, según la acusación. Aunque la denuncia no mencionaba el dueño de las cuentas desde las cuales se transfirieron los fondos contaminados, el profesor lo identificó: era su amigo Alex Saab. Los reporteros que hablaban con frecuencia con Bagley no podían creer la noticia del arresto y a través de sus amigos supe que en los últimos años la situación económica del profesor era asfixiante. Tenía que pagar la carrera de Derecho de sus dos hijos y costosos tratamientos médicos para una enfermedad crónica de su esposa. No tenía casa propia. Vivía en arriendo. Un profesor de tiempo completo de una universidad privada de Estados Unidos gana entre 130 y 150 mil dólares al año, pero en cuestión de un año, Bagley se embolsilló 300 mil en comisiones de lavado.

La historia es la siguiente, según la Fiscalía:[7] Bagley abrió una cuenta en un banco de Weston, ciudad al norte de Miami, a nombre de una empresa que había creado con su esposa en Florida en 2005. El saldo de la cuenta era mínimo, hasta que en noviembre de 2017 empezó a recibir depósitos de unos 200 mil dólares mensuales desde una cuenta de una empresa en Emiratos Árabes Unidos. Tras el aviso de cada depósito, Bagley se presentaba en el banco con

---

[6]   Caso No. 19-Cr-00765, Corte de Distrito Sur de Nueva York, 24 de octubre de 2019.

[7]   Relato basado en el caso 18-3881-MJ, acusación radicada en el Distrito Sur de Nueva York el 18 de noviembre de 2019, Estados Unidos vs. Bruce Bagley.

Jorge Luis Hernández Villazón, alias Boliche, un resabiado informante del gobierno federal que le puso la cáscara al profesor. Bagley retiraba en *cashier checks* el 90 por ciento de la suma recibida de Emiratos Árabes, suma que traspasaba a la cuenta de Hernández de Luque Brothers LLC, una sociedad de Boliche en Florida. Bagley se quedaba con el 10 por ciento del giro, que depositaba en su cuenta personal. Esa era su comisión. El procedimiento se repitió cuatro veces más con depósitos de 200 mil cada uno para un total de 800 mil, suma de la cual el profesor pasó 720 mil a la cuenta de Boliche y se quedó con 80 mil de comisión.

En marzo de 2018 cambiaron el origen y el volumen de las transferencias. Ahora llegaban de una firma de administración de fortunas de Suiza que operaba en Emiratos Árabes. La cuenta en Florida recibió depósitos por 1.7 millones de dólares. Bagley cobró una comisión de 92 mil. El flujo de dinero se interrumpió por un tiempo luego de que el banco cerró la cuenta por actividades sospechosas. No se conoce ninguna explicación del por qué Bagley continuó recibiendo dinero, pese a que el sistema bancario de vigilancia ya lo tenía entre ojos.

El caso es que en diciembre, como si nada, Bagley empezó a usar una nueva cuenta en un banco de Florida. A estas alturas, según lo reconoció el profesor ante un juez, sabía que el origen del dinero "representaba los dividendos de sobornos y malversación [de fondos] robados al pueblo venezolano". Desde el exterior, Saab hizo un giro de 230 mil y luego otro de 224 mil, en febrero de 2019. Estas dos transferencias pasaron por el sistema financiero de Nueva York, lo que le dio jurisdicción al Distrito Sur de esa ciudad para asumir la investigación.

El FBI arrestó a Bagley en Miami el 21 de noviembre de 2019. Antes de su traslado a Nueva York, un juez federal le fijó una fianza de 300 mil dólares y le confiscó el pasaporte. A los seis meses, Bagley se declaró culpable en Nueva York de dos cargos de lavado de dinero ante el juez Jed S. Rakoff, conocido por sus fallos implacables contra los grandes grupos financieros fraudulentos de Wall Street. En la audiencia por video, cortesía de la pandemia, Rakoff le preguntó a Bagley por su grado de educación. En un tono seguro y directo le respondió:

—Tengo un PhD en Ciencias Políticas de Ucla (Universidad de California, Los Ángeles).

—¿Usted prefiere que lo llame doctor Bagley o míster Bagley?

—De cualquier manera, generalmente me dicen doctor Bagley.

—¿Qué edad tiene?

—74 años, su señoría.[8]

El juez hizo sumas y restas de cargos y concluyó que el acusado afrontaba una pena de cuarenta años de prisión, veinte por cada cargo por el que se había declarado culpable. En su aceptación de culpabilidad, Bagley admitió que sabía que el dinero de Saab salía de actividades corruptas porque así se lo advirtió Boliche. El juez intentó conocer más detalles de lo que Bagley entendía por actividades corruptas, pero el abogado del profesor, Peter Quijano, intervino para alegar que consideraba suficiente lo que había explicado su cliente. Los fiscales estuvieron de acuerdo y el juez no insistió. Uno de los agentes del FBI que participó en la audiencia intervino para reconocer que Boliche, a quien la acusación solo describía con Individuo 1, seguía instrucciones del gobierno.

Cuentas que no cuadran

¿A dónde fueron a parar los 2.7 millones de dólares lavados por Bagley? ¿Si al profesor le confiscaron su comisión de 300 mil dólares, qué destino se le dio al resto de los fondos que no fueron

---

[8] Audio de la audiencia del primero de junio de 2020. El comunicado de prensa del Departamento de Justicia anunciando la declaratoria de culpabilidad de Bagley no dejó dudas de que la totalidad del dinero era producto de un esquema de lavado y corrupción en Venezuela.

confiscados? Estas preguntas me surgieron al examinar el expediente del profesor y no encontrar por ninguna parte una orden de confiscación de esa cantidad.

Pensé que los fiscales habían abierto un proceso civil como lo hacen muchas veces en paralelo con el caso penal para congelar los fondos o propiedades relacionadas con un delito, pero tampoco figuraba en el archivo electrónico. Se lo pregunté a James Margolin, portavoz de la oficina del fiscal del Distrito Sur de Nueva York y respondió que los fiscales del caso no harían comentarios. María Domínguez, quien en ese momento representaba a Saab en Estados Unidos, no quiso hablar. Abelardo de la Espriella, abogado de Saab en Colombia, respondió en un mensaje: "Desconozco por completo los detalles del caso del profesor Bagley" […] "A Bagley lo conocí en su oficina de la Universidad de Miami, claustro del que era profesor. Lo vi un par de veces, no tengo ninguna relación de negocios o personal con él. Le pedí el favor que fuera mi testigo en una demanda civil por difamación contra su jefe Coronell. […] Jamás he sido notificado de investigación alguna en contra mía: a diferencia de Colombia, la justicia norteamericana actúa con pruebas y no por cuenta de chismes e infundios". De la Espriella reconoció que recibió honorarios de Saab y su socio Álvaro Pulido que "fueron debidamente reportados a las autoridades", pero no aclaró si se refería a los dineros que hicieron parte de la operación encubierta. "Así es como siempre procedo […] No he cometido delitos", agregó De la Espriella.

En un cuestionario que le envié para este libro, insistí si sabía del destino de esos dineros, pero no respondió. De la Espriella tampoco ha explicado qué tipo de contratos firmó con Saab y Pulido para hacer gestiones en Estados Unidos, dado que ninguno de los dos afrontaba cargos criminales en ese momento. En junio de 2020 publiqué en Univisión digital un artículo que planteaba el destino incierto de la suma millonaria que Saab envió a Miami y abría la posibilidad de que el dinero hubiera sido destinado para pagar abogados que estaban facilitando un acuerdo con Estados Unidos.[9]

Antes de publicar el artículo, De la Espriella me había explicado que conoció a Jorge Luis Hernández, Boliche, "en presencia de dos agentes de una agencia federal", pero que no tenía ningún negocio con él. Llamé a Boliche y me colgó después de exclamar nervioso: "No sé de qué me está hablando". Quijano, el abogado de Bagley, tampoco respondió un correo electrónico con preguntas sobre el tema.

Dos personas familiarizadas con el caso ofrecieron una pista: los 2.7 millones que lavó Bagley llegaron a manos de unos abogados que le prometieron a Saab un acercamiento con el gobierno de Estados Unidos antes de ser acusado. Según esa hipótesis, Saab le habría pedido a su amigo profesor que lo ayudara a tramitar lo más discretamente posible los pagos a los abogados para evitar que el régimen de Nicolás Maduro se enterara de que estaba coqueteando con la DEA y el FBI. La publicación de un artículo en Univisión sobre el misterio de los 2.7 millones revivió la profunda rivalidad entre las fiscalías del Distrito Sur de Nueva York y la del sur de Florida. En Miami consideraban un error monumental no haber confiscado el dinero. Ambas oficinas están en una continua competencia hostil por quedarse con casos célebres. La comunicación entre fiscales es prácticamente nula. Nueva York casi siempre termina ganando. Su más reciente victoria fue el caso contra el narcotraficante mexicano Joaquín "el Chapo" Guzmán. Nueva York nunca estuvo a gusto de que Florida se hubiera quedado con el de Saab.

Un abogado estadounidense a quien le consulté el caso de los envíos de dinero de Saab, me dijo que "lucía muy extraña" la hipótesis de que los abogados hubieran recibido los honorarios por debajo

---

[9]   "Un misterio de $2.7 millones: ¿estaba Alex Saab pagando abogados para buscar un acuerdo en Estados Unidos?", Gerardo Reyes, Univisión, 23 de junio de 2020.

de la mesa de manos de un informante. A la pregunta de por qué la Fiscalía no confiscó ese dinero si venía de la misma fuente corrupta del que se cobró Bagley, el jurista me explicó que el gobierno de Estados Unidos es muy reacio a imputar abogados por el origen oscuro de sus honorarios después del sonado revés contra Ben Kuehne, abogado del equipo de la defensa del narcotraficante colombiano Fabio Ochoa. Kuehne fue acusado de lavar 5.2 millones de dólares, transferidos para la defensa de Ochoa, pero fue absuelto. El caso sentó jurisprudencia.

El secreto de quiénes fueron los destinatarios finales del dinero de Saab en Estados Unidos lo debe tener también Boliche, el veterano cazador de sapos colombianos que infiltró al profesor Bagley.

Durante años, Jorge Luis Hernández Villazón, alias Boliche, ha infiltrado organizaciones de narcotráfico y "flipeado" [volteado], como se dice en el argot de los sapos, a narcos y lavadores de dinero de la droga para negociar con los fiscales a cambio de un tratamiento benigno en la sentencia condenatoria.

Nacido en Colombia en septiembre de 1967, Boliche es un traga candela. Siendo miembro de las Autodefensas Unidas de Colombia, AUC, debió huir del país bajo amenazas de muerte de su jefe, Salvatore Mancuso, el temible cabecilla de esa organización, a quien le había robado un cargamento de cocaína. Boli, como le dicen los abogados miamenses, se refugió en Venezuela y de allí viajó a Estados Unidos donde le contó su historia a la DEA. Ha trabajado durante los últimos quince años como colaborador de organismos federales y con casi todos los abogados de narcos en el sur de Florida. Fue vetado en la oficina de la DEA en Tampa, Florida, por agredir a un agente de la entidad. En la base de datos pública del sistema judicial federal de Estados Unidos, Pacer, no aparece ninguna acusación criminal en su contra. Un abogado que conoce su trayectoria y sus mañas, me comentó que pese a todos los problemas que ha tenido con las agencias federales, el gobierno prefiere dejarlo en paz porque "el hombre sabe muchas cosas incómodas de los agentes".

Boliche lleva una buena vida en Weston, ciudad al norte de Miami. En 2017 compró una cómoda casa de 385 mil dólares, que hoy puede costar medio millón. La puso a nombre de Hernández de Luque Brothers LLC,[10] una firma que comparte con su esposa en Florida. Maneja al menos una estación de gasolina de su propiedad en Weston. Habla con acento barranquillero, que salpica con bendiciones a Dios y expresiones religiosas de pastor evangélico.

---

[10] División de Corporaciones de Florida, Hernández de Luque Brothers LLC. Gerentes: Jorge L. Hernández y Mónica De Luque. Sociedad activa, creada el 15 de junio de 2016.

CAPÍTULO 31

La broma macabra

En octubre de 2016, el gobernador del estado de Táchira, José Gregorio Vielma Mora, dirigió una solicitud formal al gobierno central de Venezuela en la que pidió la exención de impuestos de importación de 10 millones de combos de alimentos y se aseguró de no dejar por fuera la consigna revolucionaria del momento: "Se hará con la intención de garantizar la mayor suma de felicidad para nuestro pueblo".

A la luz de lo que se descubriría dos años después, la frase de Vielma Mora sonaba a broma macabra. Reporteros del portal Armando.info y del periódico *El Excelsior* de México demostraron que la leche en polvo de las cajas Clap prácticamente solo tenía de leche la leyenda del empaque y que los alimentos enviados habían sido sobrefacturados en un 112 por ciento. Con base en pruebas de laboratorio de la Universidad Central de Venezuela, los reporteros Patricia Marcano, Claudia Solera y Roberto Deniz demostraron la pésima calidad del líquido lechoso que enfermaba a niños de los barrios humildes de Venezuela. Publicado en febrero de 2018 bajo el ingenioso título de "La mala leche de los Clap", el reportaje puso al descubierto la maniobra más insensible y perversa de Saab y Pulido en su explotación de las divisas venezolanas.

Aun comprando productos de buena calidad, los empresarios hubieran podido ganar millones de dólares en utilidades y sin competencia alguna, toda vez que los contratos les fueron adjudicados directamente. Pero prefirieron estirar al máximo las utilidades importando a Venezuela una suerte de harina ligeramente láctea que producía diarrea y vómitos a los niños, muchos de ellos con preocupantes cuadros de desnutrición.

Para tener una idea de la rentabilidad del negocio, considérese que en 2016, cuando Vielma Mora pidió la exención tributaria para aumentar la felicidad de la población, el gobierno venezolano aprobó 340 millones de dólares para la compra de alimentos. Alrededor de esos años la utilidad neta de la industria alimenticia en México era casi de un 20 por ciento, lo que indica que entre vendedores e intermediarios podrían haberse repartido 68 millones de dólares.

El memorando que autorizaba la importación fue recibido por el teniente coronel José Salvador Bolívar, presidente de Cobiserta (Comercializadora de Bienes y Servicios del Táchira), una empresa comercial del Estado creada por el gobernador del Táchira para la distribución de los abastos. El coronel Bolívar, muy cercano a Vielma Mora, fue condenado en Venezuela a cuatro años de cárcel por acaparamiento.

Durante una conferencia en una librería de Caracas,[1] la periodista Marcano de Armando.info explicó que la investigación se inició gracias a denuncias de fuentes que les informaban a los reporteros desde México sobre la mala calidad de los productos enviados a Venezuela. Al mismo tiempo, los periodistas de Armando.info recibían las quejas de madres venezolanas en el sentido de que sus hijos se estaban enfermando. La calidad de la leche era tan mala que en el caso de una de las marcas analizadas, un niño tendría que beber entre 13.1 y 41 vasos del líquido cada 24 horas para alcanzar el requerimiento mínimo de calcio. "Lo que nos conseguimos fue un gran desastre [...] Cuando recibimos los análisis científicos resultó que la información que decían los paquetes en su tabla nutricional no coincidía con el contenido, con el producto", dijo Marcano. "Cuando ves las ocho

---

[1] "La mala leche de los Claps": foro de Armando.info con Patricia Marcano, 24 de julio de 2018.

324

marcas te das cuenta que mienten en todo, mienten porque lo que reporta en los empaques no coincidía con lo que estaba adentro".

La mayor parte de las críticas apuntaban a la marca MacLeche que las madres preferían combinar con leche de arroz y fororo (harina de maíz) para neutralizar el efecto en el sistema digestivo de sus hijos. Desde el público que escuchaba la conferencia intervino un joven que se identificó como médico de Salud Pública de la Universidad Central, quien explicó que los niños que tomaban la mezcla de la leche de las Claps con otros suplementos de preparación doméstica presentaban un crecimiento "enlentecido". "Al hacerles un examen de edad ósea vemos que los centros de calcificación están comprometidos, entonces el daño que está causando la distribución de este producto que no ha sido auditado es terrible", explicó el médico.

A lo largo de los diez años de relaciones incestuosas de Saab y Pulido con el gobierno de Venezuela, los empresarios pasaron por cinco grandes modelos de enriquecimiento instantáneo. Arrancaron con Cadivi, siguieron con el Fondo Global de Construcción, fracasaron en la incursión petrolera con Trenaco y se embarcaron en las Clap, para luego ingresar a la edad del oro.

La sigla Clap de las cajas de alimentos con arroz, granos, enlatados y leche en polvo que se distribuyen en barrios venezolanos, corresponde a las iniciales de los Comités Locales de Abastecimiento y Producción, creados por decreto de emergencia en abril de 2016 ante la agudización de la escasez alimentaria del país. La tasa de escasez había llegado en febrero de 2014 a la cifra récord de 28 por ciento. Fue el último año en el que el gobierno venezolano reportó este índice. Desde entonces la realidad se ha encargado de informar los porcentajes con las imágenes de gente desesperada buscando desperdicios de comida en los contenedores de basura. Los comités deben encargarse de la distribución y venta de las cajas a precios subsidiados.

El gobierno venezolano reportó que a finales de 2017 se habían creado 31.600 comités en beneficio de seis millones de familias, y que se habían repartido 90 millones de cajas. Aunque el negocio para

Saab y Pulido aparentemente era menos rentable que el de vivienda, tenía el aliciente de que para 2016 los dólares preferenciales de Cadivi solo se autorizaban para alimentos, según me explicó el diputado Carlos Paparoni, uno de los políticos de la oposición venezolana que más conoce las tretas de los empresarios. "Ellos comenzaron haciendo esto más que todo como un favor a la revolución", comentó Paparoni. El favor les salió caro porque el escándalo puso en evidencia una estructura "que al final, más allá de tratar de ocultar a quién pertenecía, lo que hacía era legitimar dinero, buscando que uno perdiera el rastro", agregó el congresista.

Candados delatores

La infraestructura montada por los empresarios colombianos para la compra, exportación de alimentos y el posterior movimiento de los ingresos podría ser motivo de estudios académicos de economías subterráneas. Diseñada presuntamente para no dejar huella mediante la incorporación de sociedades en Hong Kong, Inglaterra, Turquía, México, Panamá y Colombia, el entramado fallaba desde el mismo flanco que permitió a los policías antinarcóticos europeos en los años noventa identificar la pandilla de Pulido: la desconfianza interna. En Europa, Pulido le ponía candados a los contenedores de cocaína. En las empresas de los Clap los socios pusieron a su parentela. Un hijo de Saab, otro de Pulido y un exfuncionario diplomático colombiano de fácil trazabilidad en términos de contagio político, participaron en la empresa clave del negocio. Paparoni me explicó que no era un descuido sino una de las prevenciones propias de la personalidad paranoica de Saab de no dejar todo bajo el control de extraños.

En la cúspide de la estructura estaba la compañía Group Grand Limited (GGL), creada en marzo de 2013 en el distrito Wan Chai, al norte de Hong Kong, con un capital de 10.000 dólares.[2]

---

[2]   Registro de Compañías de Hong Kong, número de compañía 1871367,

GGL se presentaba como una firma inversionista con intereses en agricultura, ganadería, comercialización de lácteos y exportación e importación. Tenía una filial en la zona de Polanco de la Ciudad de México, constituida cuatro años después. En septiembre de 2017, junto con los reporteros de Univisión Juan Cooper y Patricia Clarembaux, obtuvimos documentos que revelaban que Naín Saab Certain, el hijo actor de Alex Saab, y Emmanuel Enrique Rubio González, hijo de Pulido, estaban vinculados a la sociedad. El primero, entonces de solo veinte años, figuró como director en la casa matriz de Hong Kong hasta el 24 de febrero de 2017. Emmanuel aparecía en los registros de la filial en México desde mayo. La filial de México estaba controlada por la firma de china en un 99 por ciento y por el venezolano español Santiago Uzcátegui Pinto en uno por ciento.

La fiscal venezolana Luisa Ortega me dijo en una entrevista que Uzcátegui, un empresario de unos 41 años, es una ficha clave del rompecabezas de Saab. De acuerdo con la publicación *El Estímulo*,[3] Uzcátegui hizo varios viajes a México desde Miami en el primer semestre de 2017 en vuelos privados y comerciales. Después de crear la empresa entregó el control de la misma a Rubio y a Andrés Eduardo León Rodríguez, según Martha Cotoret de la publicación *Contra Réplica* de México.

El hijo de Saab fue reemplazado en la sociedad de Hong Kong dos semanas después de caer como una bomba en la plana mayor de la organización la noticia de que el Departamento del Tesoro había designado al vicepresidente Tareck El Aissami como narcotraficante internacional, basándose en la ley Designación de Narcóticos Extranjeros (Foreign Narcotics Kingpin Designation Act).

---

incorporada el 8 de marzo de 2013. Nombre en inglés: Renown Business Consultant Limited.

[3] "Proveedor de los Clap fundó empresa en México violando la ley migratoria", redacción de *El Estímulo*, 10 de octubre de 2018.

El Aissami fue el funcionario que recibió con un abrazo a Saab cuando estaba quebrado. En la misma decisión, el Tesoro incluyó al empresario venezolano multimillonario Samark López Bello, quien también había exportado alimentos a Venezuela de acuerdo con el diputado Paparoni. La salida de circulación de Samark dejó el campo abierto para Saab y no parece haber sido una mala noticia para el gobierno venezolano. "La gran diferencia que tenía Saab con todos los testaferros venezolanos era el nivel de riesgo al que estaba dispuesto a jugar", opina Paparoni.

En medio de este temporal, Saab decidió sacar a su hijo Naín de la compañía y lo reemplazó por su paisano barranquillero, Javier Ernesto Betancourt Valle, excónsul de Colombia en Nueva York. El periodista Daniel Coronell les recordó a los lectores de su columna en la revista *Semana* quién era Betancourt y cómo llegó a ser cónsul en 2005 por una componenda político judicial del entonces presidente Álvaro Uribe.[4] Explica Coronell que Uribe puso a Betancourt en ese cargo diplomático como parte "de las prebendas pagadas a congresistas de la comisión primera de la Cámara que aprobaron la reforma constitucional que hizo posible la reelección del entonces mandatario". El escándalo se conoció como la Yidispolítica. Betancourt es cuñado del entonces representante a la Cámara, Jaime Amín, uno de los congresistas que votó a favor de la reforma. Como lo explicó Coronell, aunque los congresistas Yidis Medina, Teodolino Avendaño e Iván Díaz Mateus fueron condenados por aceptar la recompensa, "Amín jamás fue procesado a pesar de que esta no fue la única cuota que recibió por su voto. Hoy es senador de la república de la bancada del Centro Democrático". Amín es actualmente embajador de Colombia en Emiratos Árabes.

Betancourt ingresó así al club de los farsantes de Saab. El excónsul del presidente Uribe, enemigo histórico de Maduro, aceptó

---

[4] "Con su lado Maduro", Daniel Coronell, columna revista *Semana*, 8 de agosto de 2017.

ponerse de pararrayos de una compañía en problemas que los operadores del mandatario bolivariano usaban para lucrarse con el hambre de Venezuela. "La corrupción no conoce fronteras. Ni geográficas, ni ideológicas", concluyó Coronell.

Cuando se esperaba que se distanciase de GGL, Betancourt defendió la honradez de la firma diciendo que había sido una de varias compañías que suministraron a Venezuela "de manera legal, apegada a las leyes de contratación y con total transparencia, servicios y productos".[5] Además, catalogó de falsas las denuncias de la fiscal venezolana Luisa Ortega en el sentido de que Maduro tenía intereses en GGL. Una vez más, Ortega tuvo que pagar el precio de haber llegado tarde a destapar el guiso, como llaman los venezolanos a los escándalos de corrupción. "No se entiende cómo quien fuera fiscal general de Venezuela durante años, hubiese no solo callado los supuestos hechos sobre los cuales ahora hace un *show* mediático sino que es totalmente absurdo que no hubiese tomado acciones legales cuando tuvo todo el poder y sobre todo, la obligación legal de adelantar la investigación penal en la República Bolivariana de Venezuela", dijo entonces el exfiscal colombiano Mario Iguarán, a quien Betancourt le dio poder para defender su nombre y el de la empresa.[6] El excónsul finalmente no tomó ninguna acción legal contra Ortega ni se pronunció en defensa de la transparencia de GGL cuando Armando.info publicó los reportajes de la mala leche de los Clap. Betancourt fue interrogado por autoridades de Estados Unidos que investigan a Saab y Pulido y podría ser llamado como testigo en contra de los empresarios. A pesar de las abrumadoras evidencias, Saab negó que tuviera alguna relación con GGL. Así se lo dijo a la Unidad Investigativa de *El Tiempo*. "No hago parte de la empresa vinculada a los alimentos. Y jamás hemos dado regalos ni comisiones a ningún

---

[5]   "Excónsul Betancourt rechaza señalamientos de exfiscal por Tomás Betín", *El Heraldo*, Colombia, 28 de agosto de 2017.
[6]   "Exfiscal Iguarán asume defensa de señalados socios de Maduro", Unidad Investigativa de *El Tiempo*, 30 de agosto de 2017.

miembro del Gobierno ni al presidente por ninguna de las obras o proyectos que hemos realizado", respondió el empresario.[7]

La conexión mexicana

GGL contrató en México a una veintena de empresas que se comprometieron a cumplir con el pedido masivo de alimentos del gobierno de Venezuela. Uno de los grandes cargamentos salió desde el puerto de Veracruz el 8 de febrero de 2017, con más de 21 mil kilos de atún enlatado, leche en polvo, pasta, aceite vegetal, harina de maíz, lentejas, mayonesa y salsa de tomate.

Días después llegó a Cobiserta, en la zona industrial de Barranca, estado Táchira. La firma responsable del envío fue El Sardinero Es Servicio de SA de CV, de Querétaro, propiedad del empresario mexicano Jorge Carlos Fernández Francia, un personaje de bajo perfil favorecido con múltiples contratos oficiales de alimentos en México. De acuerdo con una investigación de Íñigo Arredondo, de *El Universal* de México, el conglomerado El Sardinero, que se presentaba con diferentes nombres a una misma licitación, obtuvo 194 contratos públicos desde el 2002 hasta 2019.[8] La Secretaría de Función Pública prohibió en 2014 a todas las dependencias de los gobiernos federal y estatal celebrar contratos con Comercializadora El Sardinero por dos años y cinco meses por falsear datos en un proceso de licitación. Pero la sanción quedó sin efecto menos de un año después por decisión de un juez de amparo, informó el diario. Aun así la empresa fue retirada del directorio de proveedores.

Fernández, de 54 años, quien se define en su portal como "un fanático de la comida", escribió un consejo que siguieron al pie de la letra los periodistas de Armando.info para denunciar el verdadero

---

[7]   "Habla Saab, el colombiano señalado de ser el socio oculto de Maduro", Unidad Investigativa de *El Tiempo*, 25 de agosto de 2017.

[8]   "Contratos a modo. Red de empresas gana miles de millones", *El Universal* de México, Íñigo Arredondo, 10 de junio de 2019.

contenido de algunos productos de las Clap: "Las etiquetas de los alimentos contienen una gran cantidad de información: calorías, tamaño de la porción y las cantidades de grasa, azúcar, vitaminas y fibra que contiene un alimento, entre otras cosas. Pero, ¿saben los consumidores cómo utilizar esta información de forma eficaz?".

Intenté ponerme en contacto con Fernández escribiéndole a sus portales. Nunca respondió. El periodista Antonio María Delgado, de *El Nuevo Herald*, publicó un artículo en el que afirmaba no solo que el contratista había sido favorecido por el gobierno mexicano pese al escándalo de los Clap, sino que su empresa estaba bajo investigación en Estados Unidos.[9] En una carta enviada al diario, una apoderada de El Sardinero aseguró que la empresa se había limitado a comprar y armar las cajas Clap, "las cuales incluían productos de los fabricantes más prestigiados de nuestro país" todo lo cual se hizo "en estricto apego a las leyes".

Además de El Sardinero, grandes empresas productoras de alimentos de México se sumaron al negocio de oportunidad de las exportaciones exprés a Venezuela. Antes de que estallara el escándalo periodístico de las Claps y después de haber salido de Venezuela, la fiscal Ortega envió una denuncia al procurador general de México, Raúl Cervantes. Según un oficio que me envió Ortega, el señalamiento fue presentado el 30 septiembre de 2017 para que se investigara "la utilización de mecanismos corruptos para insertar dinero corrupto en el sistema financiero" de México por parte de GGL. Citaba como accionistas a Shadi Naín Saab, a quien identificó como "familiar directo" de Alex Saab. Según ella, los alimentos habían sido adquiridos a sobreprecio y eran de mala calidad.[10]

---

[9]   "Pese al escándalo con los venezolanos, El Sardinero obtiene jugoso contrato en México", por Antonio María Delgado, *El Nuevo Herald*, 12 de septiembre de 2019, versión digital.

[10]   La solicitud inicial de investigación esta citada en un oficio del Despacho de la fiscal general de la República dirigido a Alberto Elías Beltrán, procurador general de la República de México (E) el 2 de noviembre de 2018 desde Bogotá.

"El peruano más pana"

Para darle una idea al lector de cómo se irradiaban las conexiones internacionales de estas firmas que se montaron al carnaval de las exportaciones, tomé como ejemplo una de ellas, FB Foods LLC CA, que se promueve como vendedora de "abarrotes al mayoreo". El lenguaje de su página de internet es más de una bodega de barrio que de empresa de proyección internacional. "Podrás realizar tus pedidos a cualquier hora del día, desde cualquier sitio y dispositivo con conexión a Internet y recibirlo de lunes a sábado en tu establecimiento. Sí, sí, has leído bien, ¡Sábado incluido!", dice la promoción del portal de la empresa. De acuerdo con las bases de datos consultadas, FB Foods es una multinacional. La firma aparece registrada en los siguientes países:

Panamá, en mayo de 2017.

Hong Kong, en enero de 2018.

Líbano, el 21 de marzo de 2018 según información publicada por Bjorn Kjelstad de la firma Sayari, especializada en bases de datos de propiedad y relaciones comerciales a nivel global.

Reino Unido, en mayo de 2018.

Venezuela.

El representante y aparente propietario de la firma es José Enrique Cachut D'Sola, un peruano-venezolano de 46 años.

El 24 de diciembre de 2020 llamé al teléfono registrado en el portal de internet de la empresa, que tenía el código 305 de Miami. Esperaba que me respondiera un contestador automático y solo quería confirmar que se trataba del conmutador de FB Foods LLC.

Al segundo tonó respondió un hombre. Pregunté por Cachut por si acaso. El hombre dijo "Sí, dígame". "¿Usted es el señor Cachut?". "Así es", confirmó. Un poco sorprendido, le expliqué el proyecto de este libro y añadí que el nombre de su empresa aparecía ligado a los negocios de Saab y Pulido, de acuerdo con una investigación de la justicia mexicana. En un marcado acento venezolano, Cachut reconoció que hizo exportaciones de alimentos pero que negoció directamente con el gobierno de Venezuela, sin pasar por los empresarios colombianos. En ningún momento negó que los conociera. Confirmó, además, que era peruano luego de que cité sus comentarios en las redes en el que se presentaba con esa nacionalidad. Un artículo en el Portal Dólar Today cita a Cachut diciendo que quiere ser "el peruano más pana de los venezolanos".

Cuando me disponía a hacerle otras preguntas interrumpió un poco disgustado diciendo que una entrevista de este tipo, un 24 de diciembre en la tarde, le parecía inapropiada y "sospechosa". Lo primero lo entendí y me disculpé dos veces explicándole que no esperaba que él respondiera el teléfono general de la compañía; lo segundo no me quedó claro, pero dejé hasta ahí la entrevista.

Los registros públicos muestran a Cachut como propietario de un apartamento de tres habitaciones en el piso séptimo del edificio Mint, del centro de Miami, por el que pagó 650 mil dólares el 27 de diciembre de 2016.[11] No abrumaría con más nombres de empresas y socios al lector, pero es importante subrayar que los pagos de las despensas salieron de por lo menos cuatro grandes fuentes que al final ofrecerían pistas sobre quiénes financiaban la operación: la primera y más evidente fue, como ya dije, GGL de Hong Kong, pero al mismo nivel la investigación mexicana reveló la existencia de Million Rise Industries Limited, Mass Joy Industries Ltd. y Mulberry Proje Yatirim Anonim Sirketi. Lo interesante es que uno de los beneficiarios de Million Rise, también registrada en Hong Kong, es Tussef Smaill Abou Nassif, pareja de Delcy Rodríguez, vicepresidenta de Venezuela.

---

[11]   Portal Miami-Dade Property Apparaiser.

Carpetazo

Las indagaciones de la Unidad de Inteligencia Financiera de México, UIF, pasaron a la Subprocuraduría Especializada en Investigación de Delincuencia Organizada (Seido). La base del trabajo estaba adelantada y lo que faltaba no parecía complicado porque los investigadores de la Seido tenían acceso a las cuentas congeladas de los implicados para establecer cuánto, cómo y de dónde recibieron la financiación de las operaciones. Además, estaban en capacidad de acceder a los conocimientos de embarque de los alimentos y verificar los precios en el mercado internacional para establecer si estaban inflados. Y lo más fácil, contaban con la infraestructura para hacer análisis forenses de la calidad de los productos. No tenían excusa que les imposibilitara practicar las pruebas porque los alimentos ya habían sido consumidos. Y en un puerto mexicano estaban a punto de ser despachados a Venezuela 1.300 contenedores con cajas Clap de los mismos implicados.

No es claro si alguna de las diligencias pendientes se realizó, pero al menos no se hicieron públicas. El caso es que el 18 de octubre de 2018, el subprocurador Alonso Israel Lira Salas hizo un anuncio que dejó boquiabiertos a más de uno. Sin aceptar preguntas de los periodistas y citando solo el nombre de los sospechosos (Alex N, Emmanuel N, Santiago N y Andrés N), Lira anunció que la justicia había llegado a un "acuerdo reparatorio" con los imputados sin consecuencias penales. Basándose en un estatuto del código federal que contempla mecanismos alternativos de solución de controversias en materia penal, el organismo justificó que los imputados se comprometieran a entregar tres millones de dólares a la oficina del Alto Comisionado de las Naciones Unidas para los Refugiados, Acnur. También aceptaron que no realizarían ningún acto comercial con el gobierno de Venezuela, directa o indirectamente. Lira terminó el comunicado diciendo que "el resultado de las investigaciones y las acciones tomadas son muestra de la inquebrantable decisión del Gobierno de México en el combate a la corrupción y el lavado de dinero, al tiempo que refrenda su firme compromiso con el bienestar del pueblo venezolano".[12]

Una lectura sin suspicacias jurídicas del comunicado de prensa plantea de entrada varios interrogantes. Lira primero se refiere a Alex N, Emmanuel N, Santiago N y Andrés N como sospechosos, lo que indica que no había cargos en su contra. Es más, de Alex N dice que "aparentemente" estaba relacionado con autoridades de Venezuela. A renglón seguido el subprocurador ya no habla de sospechosos sino de imputados que supuestamente son diferentes a los "N". Pero a estos los mantiene bajo el absoluto anonimato, sin ni siquiera mencionar el nombre de pila ni cuántos son. La declaración de Lira en el ocaso del sexenio del presidente Enrique Peña Nieto tenía todos los visos de un vulgar carpetazo, como le dicen en México al archivo amañado de investigaciones oficiales.

"Todo ilegal"

A principios de septiembre de 2018, el secretario de Hacienda y Crédito Público anunció el nombramiento de Santiago Nieto Castillo como nuevo titular de la UIF. Nieto, abogado de la Universidad Autónoma, venía de un huracán. Había sido destituido de la Fiscalía Especializada para la Atención de Delitos Electorales (Fepade) en medio de su indagación del escándalo Odebrecht.

En una entrevista con el diario *The Wall Street Journal*, el exfuncionario dijo que habían intentado sobornarlo para que guardara silencio y no inculpar al presidente Peña Nieto ni a su mano derecha, Emilio Lozoya. Nieto asumió funciones el 13 de diciembre de 2018 y uno de sus primeros desafíos fue tratar de revertir lo que había hecho el gobierno anterior con la investigación de los alimentos.

---

[12] Comunicado 1090/18, Fiscalía General de la República, 18 de octubre de 2018.

Le pedí a Santiago Nieto que me contara lo que encontró en relación con el manejo de la investigación de la exportación de alimentos: "todo ilegal, abiertamente ilegal", me respondió. "La verdad que no me extrañó porque he podido detectar redes de corrupción altas en varios ámbitos del gobierno de Peña Nieto, no me extrañó en lo absoluto".[13] Sus indagaciones lo llevaron inicialmente a descubrir que de los 14 implicados solamente comparecieron cuatro al acuerdo reparatorio. El acuerdo "nunca pasó por un control judicial" y en el documento incluyeron cláusulas deleznables legalmente, como imponer una multa de solo tres millones de dólares a los infractores "a pesar de que se habían detectado 156 millones de dólares en las operaciones".

Los acusados debían haber afrontado una sanción "igual o superior a las irregularidades detectadas", dijo. De cualquier forma los tres millones no deberían haberse entregado a la Acnur sino a la tesorería de la Federación porque en este caso las víctimas no eran particulares sino el Estado. "Si el delito era el lavado de dinero por vender mercancía de mala calidad a sobreprecio a Venezuela, la sanción no puede ser la repetición de la misma conducta. Y aquí aprobaron volver a mandar 300 contenedores a Venezuela", explicó.

¿Llegaron al menos los tres millones de dólares a Acnur? Silvia Garduño, vocera del organismo en México me aseguró que sí y que se utilizaron para "operaciones humanitarias en las Américas en 2019". Rehusó identificar a los donantes citando la confidencialidad del acuerdo reparatorio, pero mencionó a quienes no aportaron. "Acnur no recibió ningún fondo, ya sea como parte del acuerdo o de cualquier otra manera, de Grand Group Limited, el señor Alex Saab y o el señor Álvaro Pulido, y esos nombres no están relacionados como dueños o representantes legales de las empresas que fueron parte del acuerdo". En cuanto a la posible ilegalidad de la donación señalada por Nieto con el argumento de que debía haberse depositado en el Tesoro de la

---

[13] Entrevista realizada el 11 de enero de 2021.

Federación y no en Naciones Unidas, respondió que Acnur la recibió "de buena fe confiando en la autoridad de diferentes entidades del gobierno involucradas".[14]

Nieto recuerda que al profundizar en la investigación en la que terminó participando también el gobierno de Estados Unidos, encontró que había más empresas involucradas y que varias continuaban operando en el mismo esquema. "Estaba la pareja de la vicepresidente de Venezuela y una empresa llamada Rice&Beans", explicó. En la primera etapa recaudaron información de veinticinco empresas y personas físicas y morales relacionadas. En ese momento presentó una primera denuncia por lavado de dinero a la que se sumaron luego otras dos.

¿Por qué lavado?, le pregunté.

"La ilicitud provenía de que se trataba de recursos públicos que estaban siendo utilizados para otros fines, porque al final del día no se trataba de una entrega gubernamental, sino de una venta gubernamental de estos productos de baja calidad. Por otro lado, tenía que ver con el tema de la contratación, posiblemente a través de mecanismos fraudulentos de las propias empresas mexicanas. Muchas de ellas con características de empresas fachada".

Nieto decidió congelar 217 cuentas bancarias de 19 personas y sociedades que habrían participado en el negocio de los alimentos de Venezuela. Me enteré de que las seis restantes no fueron intervenidas a solicitud del gobierno de Estados Unidos que ya las venía investigando. La denuncia sostenía que los implicados presuntamente habían participado en una triangulación de recursos con el fin de ocultar el origen y destino final del dinero. La lista parecía el directorio de quién es quién en la industria alimenticia de México.

---

[14] Acnur entregó la información en correos electrónicos y durante una entrevista telefónica el mes de enero de 2021.

La reportera Claudia Solera de *El Excelsior*, por un lado, y el portal de Transparencia de Venezuela, por el otro, hicieron un laborioso trabajo de recaudación de información de 36 compañías involucradas en el negociado de las cajas Clap con un perfil de cada una y el papel que jugó en el esquema.[15] "Solo en la compra de pasta, trigo, harina de maíz y leche y otros productos lácteos, que se hicieron de México para Venezuela, entre 2016 y agosto de 2018, se gastaron 590 millones de dólares americanos, y de acuerdo a los hallazgos de la investigación, al menos 140 millones de dólares podrían corresponder a sobreprecio", señaló Transparencia Venezuela.

Nieto denunció también ante la Fiscalía Anticorrupción a los funcionarios que participaron en el acuerdo reparatorio. Entre ellos, me dijo, dos personas de la Unidad de Inteligencia Financiera, cuatro funcionarios del Ministerio Público, sus jefes directos e indirectos hasta llegar al encargado del despacho de la Fiscalía General de la República, Alberto Elías Beltrán. "Unos por acción, los que habían firmado el acuerdo reparatorio, y otros por omisión", agregó.

Todo esto está todavía en el papel. La Fiscalía, una entidad liderada por un funcionario que no tiene muy buenas relaciones con Nieto, no ha judicializado las denuncias. Varias de las empresas han presentado recursos de amparo pidiendo el descongelamiento de las cuentas. La oficina de Nieto ha respondido negando esos recursos con el argumento de que existe un interés de la DEA en esas cuentas, de acuerdo con un oficio recibido por su oficina. El subprocurador Alonso Israel Lira Salas, quien hizo el anuncio del acuerdo reparatorio, sin aceptar preguntas de los periodistas, salió de su cargo en diciembre y seis meses después debió pedir un recurso de amparo de emergencia para evitar un arresto por uso indebido de recursos de la Procuraduría.

---

[15] "Empresas cómplices del gobierno Venezolano", capítulo México, Transparencia Venezuela, sin fecha.

CAPÍTULO 32

El Plan Marshall

Marshall Billingslea estaba en contacto casi a diario con sus amigos venezolanos de la oposición para que lo mantuvieran actualizado de las novedades del régimen de Maduro, su tema de combate favorito. Billingslea dirigía la división de Financiación del Terrorismo del Departamento del Tesoro. En una de esas conversaciones alrededor de 2018, las fuentes de Caracas le hablaron de una catástrofe ecológica monumental en el Arco Minero de Venezuela, producto de la explotación incontrolable de yacimientos de oro. El arco es una zona formada por tres estados del sur de Venezuela con una rica reserva de recursos minerales. Se calcula que las reservas de oro, cobre, diamante, coltán, hierro y bauxita pueden llegar a siete mil toneladas. Como Billingslea sabía que la información de Venezuela viaja de boca en boca y en el camino se le van pegando leyendas, pidió imágenes de satélite de la zona desde 2000 hasta 2018 para comprobarlo con sus propios ojos.

"Quedé en shock", me dijo Billingslea.[1] Lo que antes era una selva tupida con algunos parches de deforestación, ahora parecía un desolador paisaje lunar. Dentro de la mancha de color arcilloso sin verdes de una de las fotografías se podía ver la nata roja del mercurio usado para el procesamiento del oro, me explicó. "Hay tanto mercurio en el agua que la contaminación durará más de 100 años". Las lagunas de

---

[1]   Entrevista por Skype realizada el 19 de enero de 2021.

los cernideros servían de caldo de cultivo de sancudos transmisores del dengue y la fiebre amarilla, le dijeron sus fuentes venezolanas. Como reminiscencia de la selva quedaban solo muñones de troncos talados. Eran los vestigios de la más reciente dentellada que el gobierno venezolano le había dado al rico suelo del país para obtener divisas de emergencia que le permitieran mantenerse en el poder y cubrir necesidades primarias de la población. Básicamente, el gobierno compraba oro a diestra y siniestra, lo fundía y lo enviaba a Turquía e Irán para pagar comida. Un destino ideal, según Billingslea. "Turquía es un país conocido por traficar con oro como parte de esquemas de evasión de sanciones. Lo aprendieron a hacer durante las sanciones a Irán en los años de Obama".

Como lo escribió Jack Walsh, reportero de la Asociación de Especialistas de Certificación de Sanciones (ACSS),[2] "sería difícil inventarse otra forma de intercambio con más inmunidad a las sanciones internacionales que el oro. El oro posee valor global, raramente experimenta fluctuaciones drásticas de precio y a diferencia del petróleo, es fácil de almacenar, esconder y transportar. El oro virtualmente no se puede rastrear una vez que abandona el país de origen y es refinado", agregó.

Billingslea se había interesado en el esquema del oro porque, contrario a lo que le decían los líderes de la oposición, que Alex Saab estaba financiando de su bolsillo la operación de los Claps después de la ofensiva internacional contra su infraestructura, él creía que los fondos salían del negocio del metal. Más del 75 por ciento de los alimentos que se consumen en Venezuela son importados. Con más pruebas en su mano, el funcionario logró demostrar que no había tal filantropía del empresario colombiano. La comida era pagada con oro y el gran intermediario de la operación era Saab. Venezuela fue la prioridad de

---

[2]   "Smugler's Paradise: How Venezuela is Using Blood Gold to Circumvent U.S. Sanction", por Jack Walsh, reportero de la Asociación de Especialistas de Certificación de Sanciones (ACSS).

Billingslea durante los tres años que estuvo en el Tesoro. Cuando se hace un inventario de las acciones de Estados Unidos contra el gobierno de Venezuela, cualesquiera que sean las objeciones de su efectividad, no queda duda de que las de mayor alcance salieron de su oficina.

Billingslea fue nombrado por el presidente Trump a mediados de 2017. Al tomar posesión, el abogado de Alabama dejó en claro que habría más acción y menos retórica contra Maduro. Según el diputado venezolano de oposición, Carlos Paparoni, Billingslea fue uno de los primeros funcionarios gringos que comprendió que el presidente Maduro "estaba mutando hacia el crimen organizado". Se dieron cuenta de que "movían la plata y la legitimaban a la mejor manera de la quinta generación del narcotráfico". Al final de su paso por el Tesoro y pese a la oposición de otros funcionarios que querían concentrarse en Irán, Corea del Norte y Hezbollah, Billingslea se dio el gusto de inscribir en el registro de personas y negocios sancionados por Estados Unidos a la familia Maduro, sus ministros más importantes, intermediarios y sus operadores, entre quienes se destacaban Saab y Pulido y varios miembros de la familia inmediata de ambos.

"Ganamos", me dijo, al explicar que logró concentrarse en Venezuela, "pero yo no estaba motivado por ningún cálculo geoestratégico. Estaba motivado puramente por los abusos de los derechos humanos del régimen de Maduro, el coraje de los miembros de la Asamblea Nacional. Lo que le han hecho al pueblo de Venezuela es un crimen contra la humanidad". Según sus cálculos, el saqueo más grande a un Estado en el último siglo en todo el mundo ha sido el de Venezuela. "No es lo que hemos visto en Libia o Rusia, el dinero robado en Venezuela lo supera porque, de nuevo, por su producción de petróleo, de oro, de recursos naturales, todo ha sido robado", explicó. "Se robaron el arte, todo el arte, los tesoros nacionales, el patrimonio. Todo se fue. La saquearon. El seguimiento de los bienes asociados con esto tomará una década o más".

Billingslea también es de la opinión de que quien mueve los hilos del poder y las intrigas en el gobierno es Cilia Flores, la primera dama.

"Ella es ciertamente más inteligente de lo que es él y está en el corazón de esta camarilla de cleptocracia corrupta. Sancionar a Maduro era una cosa, pero sacar a Maduro del poder significaba que teníamos que encontrar su dinero y ella juega un papel clave en eso".

La libertad de movimiento de Billingslea en su cargo se explica por el destacado lugar que ocupaba Venezuela en la agenda de estreno de la presidencia de Trump. Para tener una idea de la ansiedad que apuraba a la nueva administración de enviar un mensaje de guerra al régimen de Maduro, hay que recordar que la Ofac designó como narcotraficante al vicepresidente de Venezuela a escasas horas de haber sido confirmado el nuevo jefe del Tesoro, Steven Mnuchin. El exbanquero de Goldman Sachs tomó juramento el 13 de febrero como secretario tras una votación en el Senado de 53 votos a favor y 47 en contra. Ese mismo día el Tesoro anunció la designación como narcotraficantes del vicepresidente Tareck El Aissami y del empresario Samark López Bello, este último identificado como testaferro del vicepresidente. De manera que la primera conferencia de prensa de Mnuchin no fue para presentar las estrategias presupuestales del nuevo gobierno o el futuro de las sanciones a Rusia sino para flamear el discurso de Trump contra Maduro. "El presidente Trump quiere enviar un mensaje claro al pueblo de Venezuela de que Estados Unidos está de su lado", dijo Mnuchin.

Maduro pidió a Washington que se retractara de la decisión de bautizar como narco a El Aissami y salió en su defensa con una lista de victorias en la guerra contra el narcotráfico. Aseguró que capturó a 102 capos de la droga y que 21 fueron extraditados a Estados Unidos por lo que fue felicitado por las autoridades de este país. "Es como una venganza del narcotráfico sumado a la ultraderecha venezolana que se fue a Washington a pedir estas medidas", dijo Maduro. A los medios de Estados Unidos poco les importó la sanción. En ese momento había estallado el escándalo del consejero nacional de Seguridad, Michael Flynn, y la conexión rusa. Lo que sí produjo titulares meses después fue el anuncio de Trump de que no descartaba una opción militar contra Venezuela.

Luces y sombras

En la frondosa burocracia del gobierno de Estados Unidos irrumpen del anonimato de vez en cuando funcionarios que asumen como propias las batallas de segundo orden que libra este país en todo el mundo. Unos terminan de héroes y otros como villanos. La guerra contra Maduro tuvo como paladín a Billingslea. El condecorado diplomático tenía en su bagaje una sobresaliente y en cierto punto cuestionada trayectoria en el gobierno federal. Venía de trabajar entre militares. Empezó su carrera pública en los años noventa como asesor del senador ultraconservador Jesse Helms. A comienzos de este siglo fue nombrado segundo asistente del secretario de Defensa, experto en Rusia y proliferación de armas de destrucción masiva. Llegó a ser subsecretario asistente del Secretario de Defensa para operaciones especiales; trabajó para la Armada (Navy) de Estados Unidos y ocupó una alta posición en la Otán en el sector de inversión en Defensa. Entre uno y otro puesto público trabajó en el sector privado como director de investigaciones financieras de Deloitte.

Una mancha indeleble en su hoja de vida surge cada vez que es postulado a un cargo público. Activistas de derechos humanos responsabilizan a Billingslea de haber promovido el uso de la tortura y otros métodos de interrogatorio durante el gobierno de George W. Bush. Se basan en el voluminoso reporte bipartidista del Congreso de Estados Unidos que documentó el programa de torturas sistemáticas autorizado por funcionarios del gobierno contra prisioneros sospechosos de terrorismo en Abu Ghraib, Guantánamo y Bagram.[3] En los albores del gobierno de Bush, Billingslea trabajaba como subasistente

---

[3] Inquiry Into the Treatment of Detainees in US Custody, Report of the Committee of Armed Services United States Senate, 20 de noviembre de 2008.

del Secretario de Defensa, Donald Rumsfeld, para operaciones especiales y conflictos de baja intensidad. Citando esos antecedentes, Amnistía Internacional y otras organizaciones sin fines de lucro pidieron en 2019 que la Comisión de Relaciones Exteriores del Senado rechazara la nominación de Billingslea como subsecretario para Seguridad Civil, Democracia y Derechos Humanos del Departamento de Estado. La comisión no aprobó la postulación. "Ha habido amplias evidencias de que el señor Billingslea estimuló el uso de métodos de interrogatorios que se equiparan a la tortura u otros tratamientos crueles, inhumanos y degradantes cuando trabajaba para la administración Bush", dijo Daphne Eviatar, directiva de Amnistía Internacional.[4] Durante las audiencias del Senado, Billingslea, quien estaba en el Pentágono el día en que el avión de American Airlines se estrelló contra el edificio, atribuyó su falta de juicio en este escándalo a los "días oscuros" que siguieron al 11 de septiembre. "Si me llamaran, y espero que no ocurra de nuevo, a presentar mi opinión en estos asuntos, yo cumpliría la ley sin duda y rechazaría cualquier cosa que no esté en el Manual del Ejército", aseguró.

El bloque de búsqueda

Cuando Billingslea llegó al Tesoro, PDVSA ya había sido saqueada. Lo que le llamó la atención, y lo encolerizó, fue el juego político que había montado Maduro alrededor de las cajas Claps. Se enteró de que el gobierno y sus candidatos postizos utilizaban las cajas como mercancía electoral. Supo además que militares y políticos saqueaban las cajas, retirando los productos más apetecidos, antes de llegar a la gente necesitada. Para el funcionario, el saqueo a la petrolera estatal era terrible, pero "nada comparable con el robo de comida y medicina del pueblo venezolano, y transfiriendo dinero a cuentas

---

[4]   Marshall Billingslea should not be confirmed for under secretary for civilian security, democracy, and human righths, Amnesty International, 19 de septiembre de 2019.

privadas alrededor del mundo". Es en esa búsqueda en la que aparece Saab en su radar.

"Empecé a escuchar rumores de la participación de Alex Saab en la distribución de las cajas Clap. Me quedó claro que había un esquema masivo de comisiones que se manejaba a través del programa", recuerda el funcionario. En ese punto, Billingslea organizó prácticamente un bloque de búsqueda internacional del empresario. Localizó sociedades, cuentas, testaferros y propiedades. En el otoño de 2017 empezó a compartir la información de inteligencia de Saab y Pulido con un grupo al que se refería como "amigos de Venezuela". Básicamente se trataba de exministros de finanzas, líderes de la oposición venezolana y funcionarios a cargo de los organismos antilavado de dinero de Colombia, México, Panamá y Argentina. En esos encuentros el propio Billingslea explicó la estructura del Group Grand Limited (GGL), la casa matriz del negociado de los alimentos y sus conexiones con México y Colombia. Cuando entrevisté a Billingslea, sabía de memoria los nombres del enjambre de empresas que se derivaban de GGL. De acuerdo con sus cálculos, luego plasmados en los comunicados de sanciones del Tesoro, en la cadena de compraventa de las cajas Claps, el 70 por ciento del dinero invertido por el gobierno en la operación se lo robaban.

Para cerrar más el cerco a Saab y Pulido, varios funcionarios se reunieron con Billingslea en Panamá en junio de 2018. En una sala de juntas de un hotel del canal se sentaron delegados de Colombia, México y el país anfitrión. Según lo reportó Joshua Goodman de la agencia AP,[5] en la reunión los funcionarios del Tesoro "distribuyeron una lista de compañías sospechosas que creen que altos funcionarios venezolanos han utilizado en todo el mundo para desviar millones de dólares en contratos de importación de alimentos pese al hambre que padece la rica nación". Billingslea le dijo al reportero

---

[5] "As Venezuelans Go Hungry, Trump Targets Food Corruption", Joshua Goodman, AP, 24 de septiembre de 2018.

que los altos funcionarios y empresarios "saben que vamos por ellos y saben que vamos por ellos a nivel multinacional porque estamos empezando a ver cómo las redes se transforman y las nuevas compañías ficticias surgen y las existentes se debilitan".

En 2019, me explicó Billingslea, su oficina empezó a detectar un mayor control centralizado en la extracción de oro por parte del gobierno de Maduro. Venezuela exportó 23.6 toneladas de oro por un valor de 900 millones de dólares a Turquía en los primeros nueve meses de 2018. "Empecé a ver más firmas turcas involucradas en el programa de Clap". El funcionario viajó a Turquía y les advirtió a las empresas de ese país que si se involucraban en el comercio del oro para burlar las sanciones, "el tesoro las perseguirá".

Dos meses después de la cumbre en Panamá se produjo el estruendoso fracaso del arresto de Saab en Colombia a raíz del aviso que le dio un policía a su equipo de defensa. Sin ocultar su disgusto gestualmente, Billingslea me dijo que prefería no hablar del tema porque es un asunto de la órbita del Departamento de Justicia. Aunque casi nunca ha figurado en los medios colombianos, Billingslea no es ajeno a las relaciones de Colombia con Washington. Los tres contratistas estadounidenses que estuvieron secuestrados por las Farc en Colombia durante cinco años y rescatados en 2008, estaban bajo sus órdenes. Al momento del secuestro, las Farc aseguraron que uno de ellos era agente de la CIA. Billingslea trabajaba entonces para el Pentágono.

Las sanciones impuestas a Saab, su familia y asociados quedaron consolidadas en el extenso pronunciamiento de la Ofac de mediados de 2019, ya comentado en otro capítulo. El gobierno de Estados Unidos concluyó que Saab usó parte de las utilidades que obtuvo de los contratos de alimentos "para pagar sobornos a funcionarios gubernamentales para la importación de alimentos a través del estado de Táchira". Entre los beneficiados de los sobornos mencionó a Vielma Mora y a Rodolfo Clemente Marco Torres. Marco había sido nombrado jefe de Comercialización Socialista de la recién creada Gran Misión de Establecimiento Soberano en julio de 2016. Fue sancionado desde enero de 2018 por favorecer a Saab y Pulido en los contratos Clap. También fue vetado por el gobierno de Panamá por blanqueo de capitales en marzo de ese año junto con otros 54 funcionarios.

Uno de los puntos interesantes del pronunciamiento de la Ofac es que el gobierno insistió en la conexión de los empresarios colombianos con la familia presidencial. Según el organismo, "Saab también siguió proporcionando comisiones ilegales a Los Chamos […] para mantener el acceso a funcionarios del gobierno de Venezuela y seguir ganando lucrativos contratos públicos". La Ofac hace mención a las empresas Asasi Food FZE, Mulberry Project Yatirim Anonim Sirketi (Mulberry) y GGL. "Desde 2016, cuando Saab se reunió con Los Chamos y Maduro para analizar la importación de alimentos en nombre del gobierno de Venezuela, Saab y Pulido han ganado cientos de millones de dólares del lucro generado por este ardid corrupto", asegura el comunicado.

Hasta este punto estas son las únicas pruebas que ha presentado el gobierno de Estados Unidos de una relación de beneficio mutuo de los empresarios con la familia presidencial. En ningún momento se habla de testaferrato, una expresión que Billingslea usa en español a falta de una mejor en inglés. El funcionario está convencido de que Saab sí actuó como testaferro de los Maduro, pero dice que la información adicional sobre el tema no la puede comentar porque es parte del acervo probatorio del juicio en Miami.

La obsesión de Billingslea con el caso de Saab llegó a un punto en que el funcionario les hizo llegar al empresario y a su socio, Álvaro Pulido, a Caracas sendas gorras con el logo del Departamento del Tesoro en cuyas viseras escribió: "*I see you soon*" (¡Nos veremos pronto!).

Las garras de la Ofac

A la Ofac se le facilita actuar con mayor celeridad que a la justicia penal en Estados Unidos, con la discutible ventaja de que sus decisiones, en la práctica, tienen las consecuencias de un fallo judicial.

Las sanciones de la Ofac son producto de un procedimiento administrativo muy discrecional que se nutre de fuentes de inteligencia, los llamados sapos de agencias federales, reportes que comparten los gobiernos aliados y pesquisas propias. Como se sabe, los informantes y acusados que se declaran culpables de delitos en Estados Unidos son entrevistados extensamente por agentes del FBI, la DEA, Seguridad Nacional y CIA, entre otros, para enriquecer casos que estos vienen trabajando. Algunos de los hechos relatados por estas fuentes o que están descritos en informes confidenciales por los servicios de inteligencia de otras partes del mundo, no son tan contundentes como para llevarlos ante la justicia, pero suficientemente comprometedores como para abrir expedientes administrativos de la Ofac.

El procedimiento ha sido duramente criticado porque en la práctica el proceso del organismo invierte la carga de la prueba. Es decir, que en lugar de que el gobierno demuestre la culpa, los sancionados deben probar su inocencia. No es un proceso abierto al público y las discusiones entre los abogados defensores y los funcionarios de las Ofac son de ordinario verbales. Algunos abogados que deben lidiar con la Ofac me han dicho que el primer consejo para que avance un caso en esta oficina es no llevarle la contraria al funcionario que está a cargo. Si el abogado se atreve, los funcionarios aplican en forma rigurosa y con parsimonia burocrática todo el catálogo de normas disponibles para enredar aún más al sancionado.

Los efectos de una sanción de la Ofac son fulminantes. Aunque en principio parecen concebidos solo para prohibir a ciudadanos y residentes de Estados Unidos que se involucren en negocios con los implicados, en la práctica la sanción es lo más parecido a una proscripción financiera internacional. Hay que recordar que los boletines de la Ofac llegan a los bancos de todo el mundo. La mayoría de los funcionarios encargados de los controles de lavado de dinero prefieren curarse en salud y cerrar las cuentas de los sancionados, aún sin tener la obligación de hacerlo. De la misma manera proceden las compañías de tarjetas de crédito.

En una carta de tono antiimperialista que envió a La W en diciembre de 2020, Saab se quejó del sistema. "La Ofac es una simple oficina que no puede juzgar ni acusar a nadie, pero que Estados Unidos usa para 'sancionar' y 'asustar' a todos los que apoyan a los países y a los gobernantes que para ellos son una amenaza. Rusia-China-Venezuela-Turquía-Irán son los principales miembros de esa 'prestigiosa' y vergonzosa lista que ellos inventaron". Al gobierno de Estados Unidos poco le interesan esos ataques. Su filosofía se basa en que puede hacer negocios y mantener relaciones comerciales con los países y personas con quienes les venga en gana.

CAPÍTULO 33

Una cita con Trump

El Bombardier Global 5000 en el que se desplazaba Saab por el mundo había ingresado desde comienzos del año 2020 en el radar de los venezolanos que siguen los movimientos de la flota aérea del régimen de Maduro con la paciencia de los observadores de pájaros silvestres. Uno de ellos, que se identifica como Simón Bolívar, escribió el 8 de marzo en inglés en su cuenta de Twitter que el avión había salido de Caracas, hizo escala en Argelia y continuaba a Irán. El Bombardier está registrado en San Marino y pertenece a David Faraco, exteniente de la Fuerza Aérea, actualmente dueño de Altair Jet Corp de Panamá, agregó el tuitero. Pedro Mario Burelli, un exejecutivo de PDVSA que vive en Estados Unidos, reportaba el mismo día que un Bombardier Global "propiedad de un superenchufado" vuela a Cartagena, Caracas, Argel y Teherán.

Aparentemente, el avión había hecho una escala en Cartagena antes de cruzar el océano. "¿A quién llevará a Irán, país donde el coronavirus está fuera de control? ¿Cómo es que una empresa basada en West Palm Beach contrata con un régimen sancionado?", se preguntaba Burelli, quien estuvo atento al regreso del avión. El 10 de marzo, con una foto de pantalla que mostraba la ruta desde Turquía, comentaba Burelli que posiblemente ya estaba de regreso a Caracas. El enigmático Simón Bolívar agregó: "Noten cómo eludió el espacio aéreo de Marruecos ¿Quién podría estar abordo? ¿A Tareck El Aissami no se le ha visto en varios días, y está requerido por la DEA?" Un tuitero identificado como Arrecho creó incluso un *hashtag* con la matrícula del avión.

De la bitácora del Global no se supo más hasta el 12 de junio, cuando la periodista venezolana Maibort Petite escribió desde Estados Unidos a las 9:57 p. m.: "Alex Saab, acusado de ser testaferro de Nicolás Maduro, fue detenido en Cabo Verde". La noticia se volvió viral. Petite me dijo que había recibido la información directamente de un funcionario de la isla africana que estudió con ella en Francia.[1] A partir de la chiva de Petite, (el tubazo, le dicen los venezolanos), los sitios en la red dedicados al seguimiento de vuelos en vivo se congestionaron y las redes sociales se llenaron de pantallazos de la ruta del avión de Saab. También las redes sociales alertaban de una aeronave del Departamento de Justicia que había salido hacia Cabo Verde desde Manassas, Virginia.

Al conocer la noticia, abrí el portal flightradar24 que rastrea las rutas de las aeronaves y encontré que en la mañana del 12 de junio había llegado a Cabo Verde un avión ejecutivo Lear Jet que salió de Fortaleza, Brasil. Una fuente del gobierno federal se interesó en el hallazgo por cuanto encajaba en la sospecha de que Saab no había llegado a la isla en el Global sino en el avión que salió de Brasil y haría un transbordo para despistar a los gringos. No fue posible confirmar esa maniobra, pero resulta extraño que la DEA o el gobierno local no hubieran retenido el Global en Cabo Verde, sino que permitieran que regresara a las pocas horas a Venezuela. Abordo iba el hijo de Saab.

Según el informe de la policía judicial de Cabo Verde, los inspectores Domingo de Pina y Mauricio Monteiro fueron despachados al aeropuerto Amílcar Cabral para notificar la orden de aprensión a Saab basándose en una alerta roja de Interpol. De acuerdo con el reporte, Saab viajaba a bordo del Global de matrícula T7-JIS proveniente de Maiquetía, que haría una corta parada para abastecerse de combustible y continuar a Teherán. Lo acompañaba su hijo Shadi Naín Saab Certain, quien presentó un pasaporte extranjero expedido en Colombia

---

[1]   Entrevista realizada el 9 de febrero de 2021.

(PE) y en el que aparecía con una fecha de nacimiento (1965) anterior a la de su papá. En el mismo avión viajaban los pilotos David Faraco, Allan Sergio Scott Ardenko y Francisco J. Velásquez. Scott figura en los registros de pilotos de Estados Unidos con una dirección en Coral Springs, Florida.

El arresto, según la fuente de Petite, se produjo en el aeropuerto, no dentro de la aeronave. En ese momento, Saab mostró un pasaporte ordinario de ciudadano venezolano, pero dijo que se encontraba en misión diplomática. Semanas después alegaría que los policías de la isla que participaron en la operación habían sacado de su maletín documentos que lo acreditaban como diplomático y que se los habían ocultado a los jueces. Como consecuencia de esto, explicó Baltasar Garzón, abogado del equipo de defensa de Saab, no fue posible sustentar el argumento en ese momento de que el carácter de enviado especial de Saab era inviolable. De acuerdo con una carta del primero de abril de 2020, firmada por el canciller venezolano Jorge Arreaza, Saab tenía estatus de enviado especial del gobierno venezolano para procurar "insumos de gran necesidad para nuestro país en el contexto de la pandemia por el covid-19"[2] y hacer gestiones para la compra de alimentos y medicinas "con las organizaciones correspondientes de la República Islámica". Para reforzar su estatus diplomático, el 24 de diciembre Saab fue nombrado Representante Permanente Alterno de Venezuela en la Unión Africana.

La agenda de Saab en Irán estaba repleta. Según los documentos presentados por sus abogados en la corte federal de Miami, entre el 13 y el 16 de junio tenía citas con la empresa Irán Garmet para "avanzar en el tema de la importación de alimentos" y el envío urgente de algunos medicamentos. También debía coordinar un

---

[2]   Ministerio del Poder Popular para Relaciones Exteriores de la República Bolivariana de Venezuela. Oficio dirigido al ciudadano Alex Saab Morán por el ministro Jorge Arreaza el primero de abril de 2020.

"nuevo envío urgente de cinco millones de barriles de gasolina para este mes corriente".

La misma fuente de Petit le dijo que una vez notificado de la detención, Saab fue trasladado a otro avión que lo llevaría a Estados Unidos. ¿Se trataba de la aeronave que salió de Virginia? Los agentes de la DEA y el FBI querían evitar que se repitiera la fuga de Aruba del Pollo Carvajal, el exjefe de inteligencia y contrainteligencia de Hugo Chávez sacado de la isla por el gobierno venezolano tras enterarse de que sería arrestado con fines de extradición. Carvajal, buscado por la justicia de Estados Unidos, había sido nombrado cónsul en Aruba en enero de 2014 cuando fue detenido por autoridades del protectorado holandés. Según versiones de José de Córdoba, corresponsal de *The Wall Street Journal*, el gobierno de Venezuela amenazó con sanciones económicas y militares al enterarse de la detención. Carvajal fue liberado.

El plan de sacar a la carrera a Saab de la isla fracasó. El empresario fue llevado a la cárcel de Ribeirinha. En las semanas siguientes sus abogados locales y los extranjeros se encargaron de montar una abrumadora artillería de defensa y de relaciones públicas. Los abogados radicaron recursos, objeciones y apelaciones que dilataron la extradición. Sin ahondar en tecnicismos legales, el argumento de fondo de la defensa ha sido que Cabo Verde no respetó el estatus diplomático de Saab y cometió fallas graves en la notificación de la orden de arresto basándose en la circular roja de Interpol.

Mientras tanto un delegado colombiano de Saab entró en contacto con los agentes del gobierno de Estados Unidos a cargo del caso. En una de las reuniones, el emisario les hizo una sorpresiva propuesta a los agentes: dijo que Saab quería reunirse con el presidente Trump para entregarle información que garantizaría su victoria electoral. Según el intermediario, Saab revelaría información altamente "sensible" de Irán y la venta de misiles a Venezuela. En ese momento la segunda esposa de Saab, sus dos hijos y los dos del anterior matrimonio, estaban en Caracas y no se les permitía salir del país. Meses después fueron enviados a Rusia. Los pilotos Faraco, Scott y Velásquez también se encontraban con su libertad restringida y bajo interrogatorio de los servicios de inteligencia del Sebín. El gobierno sospechaba que uno de ellos había entregado la información del vuelo a Estados Unidos. Sin disimular sus rostros de extrañeza ante la propuesta del emisario de Saab, los agentes le explicaron que en este país las cosas funcionaban de otra manera y que si había voluntad de cooperación Saab la debía plantear en la corte donde afronta los cargos. En una entrevista con la agencia rusa de noticias RT, Saab hizo una intrigante referencia al tema de su potencial cooperación. Denunció que el objetivo de la extralimitación judicial por motivos políticos de EE.UU. en su búsqueda internacional "es debilitar al presidente Maduro y a su Gobierno, intentando utilizarme para extraer 'información para usar en su contra'".[3]

El 17 de marzo de 2021, se anunció que el Tribunal Supremo de Justicia de Cabo Verde autorizó la extradición de Saab a Estados Unidos.

---

[3] "Alex Saab: Intentan utilizarme para debilitar a Maduro", *El Nacional*, Venezuela, cuatro de febrero de 2021